Kompendien
für Studium, Praxis und Fortbildung

Prof. Dr. Birgit Hoffmann | Prof. Peter-Christian Kunkel

Kinder- und Jugendhilferecht

Fälle und Lösungen

4. Auflage

Nomos

Die Deutsche Nationalbibliothek verzeichnet diese Publikation in der Deutschen Nationalbibliografie; detaillierte bibliografische Daten sind im Internet über http://dnb.d-nb.de abrufbar.

ISBN 978-3-8329-7773-3

4. Auflage 2013

Vorwort zur 4. Auflage

In diesem Übungsbuch werden Alltagsfälle zum Kinder- und Jugendhilferecht aus der Praxis der Jugendämter vorgestellt und gelöst. Das Werk wurde von Frau Prof. Dr. Fricke zusammen mit Herrn Dipl. SA Söchtig vor 10 Jahren konzipiert. Frau Fricke ist letztes Jahr gestorben, Herr Söchtig ist altershalber als Autor ausgeschieden. In Dankbarkeit führen wir ihr Werk fort. Seit dem Erscheinen der 3. Auflage im Jahre 2008 ist der Gesetzgeber nicht untätig geblieben. So sind das Gesetz über Verfahren in Familiensachen und in Angelegenheiten der freiwilligen Gerichtsbarkeit zum 1.9.2009, das Bundeskinderschutzgesetz zum 1.1.2012 und die letzten Vorschriften des Gesetzes zur Reform des Vormundschaftsrechts am 5.7.2012 in Kraft getreten. Das Bundeskinderschutzgesetz enthält in Art. 1 ein neues Gesetz: das Gesetz zur Kooperation und Information im Kinderschutz (KKG) und in Art. 2 zahlreiche Änderungen des SGB VIII.
Neben neuer Literatur und Rechtsprechung waren daher die umfangreichen Gesetzesänderungen in die Neuauflage einzuarbeiten. Rechtsstand dieser Auflage ist der 1. August 2012.

Mannheim/Kehl, August 2012 *Hoffmann/Kunkel*

Inhaltsverzeichnis

Bearbeitungs- und Literaturhinweise

A. Literaturhinweise zum Kinder- und Jugendhilferecht:

Die Zitate in diesem Skript beziehen sich in erster Linie auf folgende Kommentare:

- **Fieseler/Schleicher/Busch/Wabnitz** (Hrsg.): Gemeinschaftskommentar zum SGB VIII, Neuwied Stand: 47. Erg. Lief. Mai 2012 *(Luchterhand)*
- **Kunkel** (Hrsg.): Kinder- und Jugendhilfe, mit Exkurs zur Beistandschaft und Anhang Verfahren und Rechtsschutz, Lehr- und Praxiskommentar, LPK-SGB VIII, 4. Aufl., Baden-Baden 2011 *(Nomos)*
- **Mrozynski**: Kinder- und Jugendhilfegesetz (SGB VIII), Textausgabe mit Erläuterungen, 5. Aufl., München 2009 *(C.H. Beck)*
- **Münder/Meysen/Trenczek** (Hrsg.): Frankfurter Kommentar zum SGB VIII, Kinder- und Jugendhilferecht, 6. Aufl., Baden-Baden 2009 (*Nomos*)
- **Schellhorn/Fischer/Mann/Kern**: SGB VIII, 4. Aufl., Neuwied 2012 (*Luchterhand).*
- **Wiesner** (Hrsg.): SGB VIII. Kinder- und Jugendhilfe, 4. Aufl., München 2011 (*C.H. Beck*)

Das Zitieren aus Kommentaren erfolgt nicht nach Seitenzahlen, sondern nach § und Randnummer (Rn.). Die Kommentarbearbeiter werden gegebenenfalls aufgeführt, z.B. Wiesner/Struck, SGB VIII, § 17 Rn. 14.

Teilweise werden aktuelle Probleme der Praxis unter Wiedergabe anderer weiterführender Literatur ausführlicher dargestellt, um interessierten Lesern den Einstieg für eine eigene vertiefte Auseinandersetzung mit den in Praxis und Wissenschaft diskutierten Fragestellungen zu ermöglichen.

Studierenden zur Anschaffung empfohlene systematische Darstellungen des Kinder- und Jugendhilferechts:

- **Fieseler/Herborth**: Recht der Familie und Jugendhilfe. Arbeitsplatz Jugendamt/Sozialer Dienst, 7. Aufl., Neuwied 2010 *(Luchterhand)*
- **Kunkel**: Jugendhilferecht, Systematische Darstellung für Studium und Praxis, 7. Aufl., Baden-Baden 2012 *(Nomos)*
- **Münder/Wiesner/Meysen**: Kinder- und Jugendhilferecht, Handbuch, 2. Aufl., Baden-Baden 2011 *(Nomos)*

B. Zitierweise bei Wiedergabe der Gesetze:

Die Kinder- und Jugendhilfe ist im SGB VIII geregelt. Das SGB VIII ist ein Artikel im Kinder- und Jugendhilfegesetz (KJHG). Die richtige Zitierweise ist daher entweder §... SGB VIII oder Art. 1 §... KJHG.

C. Einige im Buch verwandte Abkürzungen:

a.a.O.	am angegebenen Ort
AG	Amtsgericht
AufenthG	Aufenthaltsgesetz
B	Beschluss
BGBl	Bundesgesetzblatt
BGH	Bundesgerichtshof
BKiSchG	Bundeskinderschutzgesetz
BR	Bundesrat
BSG	Bundessozialgericht
BT	Bundestag
BVerwG	Bundesverwaltungsgericht
DIJuF	Deutsches Institut für Jugendhilfe und Familienrecht
DIV	Deutsches Institut für Vormundschaftswesen
E	Entscheidung
EGMR	Europäischer Gerichtshof für Menschenrechte
FamFG	Gesetz über das Verfahren in Familiensachen und in den Angelegenheiten der freiwilligen Gerichtsbarkeit
FamG	Familiengericht
FamRZ	Zeitschrift für das gesamte Familienrecht
FPR	Familie, Partnerschaft, Recht (*Zeitschrift*)
FuR	Familie und Recht (*Zeitschrift)*
gA	gewöhnlicher Aufenthalt
GVG	Gerichtsverfassungsgesetz
HzE	Hilfe zur Erziehung
JAmt	Jugendamt *(Zeitschrift)*
JugWohl	Jugendwohl (*Zeitschrift)*
KindRG	Kindschaftsrechtsreformgesetz
KKG	Gesetz zur Kooperation und Information im Kinderschutz
KSÜ	Kinderschutzübereinkommen
MSA	Minderjährigenschutzabkommen
m.w.N.	mit weiteren Nachweisen
NDV	Nachrichtendienst des Deutschen Vereins *(Zeitschrift)*
OLG	Oberlandesgericht
OVG	Oberverwaltungsgericht
PStG	Personenstandsgesetz
PStV	Personenstandsverordnung
RsDE	Beiträge zum Recht der sozialen Dienste und Einrichtungen
SaBl	Sammelblatt von Rechtsvorschriften des Bundes und der Länder
SpFH	Sozialpädagogische Familienhilfe
str.	strittig
VG/VerwG	Verwaltungsgericht
VGH	Verwaltungsgerichtshof
ZfJ	Zentralblatt für Jugendrecht (*Zeitschrift)*
ZFSH/SGB	Zeitschrift für Sozialhilfe und Sozialgesetzbuch
ZKJ	Zeitschrift für Kindschaftsrecht und Jugendhilfe
ZPO	Zivilprozessordnung

D. Bearbeitung der Fälle in diesem Buch:

Zu den Fällen: Die Fälle beschäftigen sich mit Problemlagen, die so oder so ähnlich im Bereich eines jeden Jugendamts in Deutschlandbestehen können. Ähnlichkeiten mit realen Fallgestaltungen sind gewünscht, allerdings ist ein Bezug auf konkrete Fälle nicht beabsichtigt. Die didaktische Absicht, anhand typischer Alltagsfälle juristisches Handlungswissen zu vermitteln, stand bei der Fallgestaltung im Vordergrund.
Bearbeitungshinweise: Zum vertiefenden Verständnis empfiehlt es sich, alle in den Aufgaben und Fällen zitierten Paragraphen bei der Bearbeitung sorgfältig durchzulesen! Einen Einstieg in die Fallbearbeitung ermöglichen die *Einführungen,* die in den einzelnen *Übungsblättern* und den dort aufgeführten *Fragen, Aufgaben und Fällen* vorangestellt ist. Es empfiehlt sich, zunächst zu versuchen, die jeweiligen Fälle allein anhand der einschlägigen Rechtsnormen zu lösen – etwa mit Hilfe der aktuellen Auflage der »Gesetze für Sozialberufe« des Nomos-Verlags. Die hier vorgestellten Praxisfälle lassen sich nicht immer einfach und mühelos in das Paragraphengerüst des SGB VIII bzw. anderer Gesetzes einordnen. Das liegt u.a. daran, dass viele der in der Praxis auftauchenden Fragen dieser durch das Kinder- und Jugendhilfegesetz (KJHG) 1991 gesetzlich neu geregelten Materie in Rechtsprechung und Literatur noch nicht umfassend erschlossen worden sind. Vielfach fehlt es überhaupt an einer einschlägigen Rechtsprechung der Verwaltungsgerichte (eine vollständige, aktualisierte Übersicht zu Rechtsprechung finden Sie im Internet unter „Extras/Materialien“ auf www.nomos-shop.de/19715). Manche der in diesem Buch behandelten Probleme werden in der Fachliteratur bisher kaum oder gar nicht erörtert; oft gibt es auch noch keine »herrschende Meinung« in der juristischen Literatur (zu dieser s. „Gesetze und Materialien“ auf www.nomos-shop.de/19715). Somit sind in vielen Einzelfällen verschiedene Lösungen denkbar und begründbar und daher akzeptabel. Auch die zahlreichen *unbestimmten Rechtsbegriffe* im SGB VIII führen weg von einer automatisierten Technik der Rechtsanwendung und fordern die Bearbeiterinnen und Bearbeiter der Übungsblätter auf, bei der *Auslegung* der Rechtsnormen über deren *Sinn und Zweck* nachzudenken. Die im Buch gegebenen Bearbeitungshinweise sollen eine Hilfe bei der Erarbeitung einer eigenen Lösung sein. Studierende, die mit diesem Buch arbeiten wollen, profitieren nach den Erfahrungen der Autoren besonders von einer regelmäßigen gemeinsamen Arbeit in Kleingruppen.

Autor und Autorin wünschen:

Viel Spaß und Erfolg bei der Fallbearbeitung!!

ÜBUNGSBLATT 1

SGB VIII, Kapitel 1: Allgemeine Vorschriften

Das erste Kapitel des Sozialgesetzbuchs – Achtes Buch – Kinder- und Jugendhilfe (SGB VIII) enthält **allgemeine Vorschriften (§§ 1–10 SGB VIII).**

Literaturhinweise:
Kunkel, Jugendhilferecht, Kap. 2
Münder/Wiesner, Handbuch, Kap. 1, 2, 3.0

Einführung

Wegen ihrer grundlegenden Bedeutung sind die Leitlinien des SGB VIII im Folgenden aufgeführt:

§ 1: Recht auf Erziehung, Elternverantwortung, Jugendhilfe
§ 2: Aufgaben der Jugendhilfe
§ 3: Freie und öffentliche Jugendhilfe
§ 4: Zusammenarbeit der öffentlichen Jugendhilfe mit der freien Jugendhilfe
§ 5: Wunsch- und Wahlrecht
§ 6: Geltungsbereich
§ 7: Begriffsbestimmungen
§ 8: Beteiligung von Kindern und Jugendlichen
§ 8a: Schutzauftrag bei Kindeswohlgefährdung
§ 8b: Fachliche Beratung und Begleitung zum Schutz von Kindern und Jugendlichen
§ 9: Grundrichtung der Erziehung, Gleichberechtigung von Mädchen und Jungen
§ 10: Verhältnis zu anderen Leistungen und Verpflichtungen

Zu § 1 SGB VIII – Recht auf Erziehung, kinder- und familienfreundliche Umwelt
Aus der vorrangigen *elterlichen Erziehungsverantwortung* (Art. 6 Abs. 2 S. 1 GG) und dem *staatlichen Wächteramt* (Art. 6 Abs. 2 S. 2 GG) wird das Programm der Jugendhilfe in § 1 SGB VIII entwickelt. *Das Recht auf Erziehung* jedes jungen Menschen und *das Recht auf Förderung der Entwicklung zu einer eigenverantwortlichen und gemeinschaftsfähigen Persönlichkeit* (§ 1 Abs. 1 SGB VIII) wird hervorgehoben und die öffentliche Jugendhilfe beauftragt, zur Verwirklichung dieses Rechts beizutragen (§ 1 Abs. 3 SGB VIII). Das Dreiecksverhältnis Kind – Eltern – Staat wird angesprochen: »Staatliche« Erziehung ergänzt und unterstützt die Erziehung durch die Eltern. Diese Aussage des Grundgesetzes wird im SGB VIII vorausgesetzt und in § 1 Abs. 2 SGB VIII noch einmal wörtlich wiederholt. Pflichten und Rechte der

Eltern im Verhältnis zu ihren Kindern und umgekehrt der Kinder gegenüber ihren Eltern sind dagegen im Einzelnen im Bürgerlichen Gesetzbuch (BGB) geregelt *(Recht der elterlichen Sorge, §§ 1626ff. BGB)*, da es sich insoweit um ein Rechtsverhältnis zwischen Privatpersonen handelt.
Vereinfacht ausgedrückt gilt Folgendes: Das Grundgesetz schützt in Art. 6 GG das verantwortungsvoll ausgeübte *Elternrecht* vor staatlichen Eingriffen. Es garantiert zugleich das *Kindswohl.* Der Staat ist jedoch berechtigt und verpflichtet, auch Maßnahmen gegen den Willen der Eltern zu ergreifen, um ein Kind bei Verwahrlosung oder anderem Versagen der Eltern zu schützen, und hat den Auftrag Eltern und ihren Kindern Unterstützung und Beratung anzubieten.
Neben der Darlegung der Erziehungsaufgaben gem. SGB VIII im Verhältnis zum Elternrecht gem. Art. 6 GG enthält § 1 Abs. 3 Nr. 4 SGB VIII die Verpflichtung der Jugendhilfe, dazu beizutragen, *positive Lebensbedingungen für junge Menschen und ihre Familien sowie eine kinder- und familienfreundliche Umwelt zu erhalten oder zu schaffen.*
Das Schaffen von Bedingungen zum Erreichen dieser Ziele ist ebenso wie das Wahrnehmen des staatlichen Wächteramts Aufgabe aller staatlichen Institutionen und nicht nur der öffentlichen Träger der Jugendhilfe. Gerade das Wächteramt im engeren Sinne kann das Jugendamt nur in Verantwortungsgemeinschaft mit dem Familiengericht wahrnehmen, denn im Grundsatz ist allein das Familiengericht befugt, Maßnahmen gegen den Willen der Eltern zu ergreifen. Nur im Rahmen einer Inobhutnahme nach § 42 SGB VIII besteht eines Befugnis der Fachkräfte des Jugendamts zum Handeln gegen den Willen der Eltern. Für das Wahrnehmen von Anzeichen für eine Kindswohlgefährdung ist eine Kooperation mit den Schulen und der Schulverwaltung von besonderer Bedeutung, da alle Kinder und Jugendlichen durch die in Deutschland bestehende Schulpflicht Kontakt zu Lehrern und Lehrerinnen haben.

Zu § 2 SGB VIII – Aufgaben der Jugendhilfe

Nach § 2 Abs. 1 SGB VIII umfasst die Jugendhilfe *Leistungen* und *andere Aufgaben* zugunsten junger Menschen und Familien. Leistungen und andere Aufgaben werden in § 2 Abs. 2 und Abs. 3 SGB VIII konkretisiert. Leistungen und andere Aufgaben unterscheiden sich beispielsweise in Bezug auf die Befugnis von Trägern der freien Jugendhilfe zu ihrer Wahrnehmung (§ 3 Abs. 2 und Abs. 3 SGB VIII).
Andere Aufgaben sind in der Regel keine Sozialleistung im engeren Sinne wie beispielsweise die Verpflichtung zur Beurkundung bestimmter Erklärungen im Jugendamt (§ 2 Abs. 3 Nr. 12 SGB VIII) oder die Verpflichtung zur Inobhutnahme von Kindern und Jugendlichen bei Gefahren für ihr Wohl (§ 2 Abs. 3 Nr. 1 SGB VIII).

Zu §§ 3, 4 SGB VIII – Freie und öffentliche Jugendhilfe und ihre Zusammenarbeit

Bereits bedingt durch ihre geschichtliche Entwicklung ist Jugendhilfe durch eine Vielfalt von Trägern unterschiedlicher Wertorientierungen und dementsprechend durch einen Reichtum an Inhalten, Methoden und Arbeitsformen geprägt. Im Bereich der Leistungen (§ 2 Abs. 2 SGB VIII) besitzen Träger der freien Jugendhilfe eine originäre Zuständigkeit, sind auf einen Auftrag des Trägers der öffentlichen Jugend-

hilfe nicht angewiesen. Andere Aufgaben können durch sie nur wahrgenommen werden, wenn Träger der öffentlichen Jugendhilfe sie beauftragen (§ 3 Abs. 2 und Abs. 3 SGB VIII).
Öffentliche und freie Jugendhilfe sollen partnerschaftlich zusammenarbeiten, die öffentliche Jugendhilfe soll die freie Jugendhilfe fördern (vgl. zu Einzelheiten §§ 4, 73 f. SGB VIII). Leistungsansprüche von Kindern, Jugendlichen, Müttern und Vätern etc. bestehen jedoch nur gegenüber den Trägern der öffentlichen Jugendhilfe, die eine Verpflichtung zur Gewährleistung eines ausreichenden Angebots besitzen (§§ 3 Abs. 2 S. 2, 79 f. SGB VIII).

Zu § 5 SGB VIII – Wunsch- und Wahlrecht

Nach § 5 SGB VIII haben *Leistungsberechtigte,* also in der Regel die personensorgeberechtigten Eltern als selbst Leistungsberechtigte bzw. als gesetzlicher Vertreter ihres leistungsberechtigten Kinds, ein »Wunsch- und Wahlrecht« bezüglich der die Leistungen erbringenden Einrichtungen und/oder Dienste und der Gestaltung der Hilfe. Ihr »Wunsch- und Wahlrecht« umfasst das gesamte Spektrum vorhandener Angebote der Träger der freien und der öffentlichen Jugendhilfe. Weitere Angebote hat der Träger der öffentlichen Jugendhilfe nur zu schaffen, wenn er durch das vorhandene Angebot seiner Gewährleistungsverpflichtung nicht nachkommt. Die Möglichkeit zur Nutzung des Wunsch- und Wahlrechts setzt demnach voraus, dass die öffentliche Jugendhilfe im Rahmen ihrer Planungs- und Gesamtverantwortung ein vielfältiges Angebot an Leistungen durch verschiedene Träger – etwa konfessionell gebundene und nicht konfessionell gebundene – zur Verfügung stellt.
Zudem ist zu beachten, dass ein Wunsch- und Wahlrecht nur besteht, sofern durch Wunsch und Wahl nicht unverhältnismäßige Mehrkosten entstehen, §§ 5, 36 Abs. 1 S. 4 SGB VIII. Nach §§ 5 Abs. 2 S. 1, 36 Abs. 1 S. 5 SGB VIII soll dem Wunsch auf Unterbringung des Kinds oder Jugendlichen im Rahmen von Hilfe zur Erziehung in einer Einrichtung, mit der der Träger der öffentlichen Jugendhilfe keine Vereinbarung über Inhalt, Umfang und Qualität der Leistungsangebote (Leistungsvereinbarung) nach § 78b SGB VIII getroffen hat, zudem nur entsprochen werden, wenn die Erbringung der Leistung nach Maßgabe des Hilfeplans geboten ist.
Das Wunsch- und Wahlrecht ist generell insbesondere bei Leistungen zur Förderung von Kindern in Tageseinrichtungen und in Tagespflege (§§ 22 ff. SGB VIII), bei der Hilfe zur Erziehung (§§ 27 ff. SGB VIII) sowie bei der Hilfe für junge Volljährige (§ 41 SGB VIII) von Bedeutung. Gerade bei Hilfe zur Erziehung wird vielfach bereits nur die Einrichtung oder die Pflegefamilie geeignet im Sinne des § 27 Abs. 1 SGB VIII sein, die von den Personensorgeberechtigten und dem Kind bzw. Jugendlichen akzeptiert wird. Dem entspricht, dass nach § 36 Abs. 2 S. 2 SGB VIII die Personensorgeberechtigten als Leistungsberechtigte, aber auch das Kind bzw. der Jugendliche an der Entscheidung über den Bedarf, die zu gewährende Art der Hilfe sowie im Einzelnen erforderliche weitere Leistungen zu beteiligen sind.
Das Wunsch- und Wahlrecht bezieht sich auf das »Wie« der Hilfe, nicht auf das »Ob«, also nicht darauf, ob die Voraussetzungen für eine Leistung überhaupt vorliegen. Bezüglich des »Ob« gilt der Grundsatz der Amtsermittlung, § 20 SGB X. Ausnahmsweise bezieht sich das Wunsch- und Wahlrecht auch auf die »Art der Hilfe« (also das

»Ob«), nämlich dann, wenn der jugendhilferechtliche Bedarf im Einzelfall durch mehrere Hilfearten gedeckt werden kann – etwa durch verschiedene Hilfearten bei »Hilfe zur Erziehung« (siehe §§ 28–35 SGB VIII).

Zu § 6 SGB VIII – Jugendhilfe für junge Ausländer

Gemäß § 6 Abs. 2 SGB VIII können Ausländer *Leistungen* der Kinder- und Jugendhilfe nach dem SGB VIII nur beanspruchen, »wenn sie *rechtmäßig* oder aufgrund einer ausländerrechtlichen Duldung ihren *gewöhnlichen Aufenthalt* im Inland haben.« Ob dies der Fall ist, bestimmt sich nach den Regelungen im Aufenthaltsgesetz. Der *»gewöhnliche Aufenthalt«* wird in § 30 Abs. 3 SGB I definiert. Er besteht dort, wo der »tatsächliche Lebensmittelpunkt« des Ausländers ist. Abgestellt wird auf die Dauer des bisherigen und des künftig zu erwartenden Aufenthalts und auf eine »soziale Integration«. Bei Asylbewerbern wird ein bisheriger Aufenthalt von mindestens einem Jahr als ausreichend angesehen. Ein kürzerer Aufenthalt reicht jedoch dann aus, wenn aufgrund der Verpflichtungen Deutschlands nach dem Haager Kinderschutzübereinkommen oder nach anderen internationalen Abkommen Jugendhilfeleistungen beansprucht werden können.

Bei einem unbegleitet eingereisten minderjährigen Asylsuchenden kann ein gewöhnlicher Aufenthalt zudem bereits bei der Einreise gegeben sein, wenn sein Aufenthalt von vornherein auf längere Dauer angelegt ist. Unabhängig von der Frage, ob Leistungen der Kinder- und Jugendhilfe beansprucht werden können, ist das Jugendamt nach § 42 Abs. 1 S. 1 Nr. 3 SGB VIII verpflichtet, ein ausländisches Kind oder einen ausländischen Jugendlichen, der unbegleitet nach Deutschland einreist und dessen Personensorge- oder Erziehungsberechtigten sich nicht in Deutschland aufhalten, in Obhut zu nehmen. Insoweit genügt also der *»tatsächliche Aufenthalt«* des ausländischen Kinds oder Jugendlichen in Deutschland.

Zu § 8 SGB VIII – Beteiligung von Kindern und Jugendlichen

Nach § 8 Abs. 1 SGB VIII sind Kinder und Jugendliche an allen sie betreffenden Entscheidungen zu beteiligen. Es handelt sich insoweit primär um eine *Anhörungsverpflichtung*. Die Beteiligung nach § 8 SGB VIII ist von der Verfahrensbeteiligung nach § 12 SGB X zu unterscheiden, die voraussetzt, dass der Minderjährige selbst Antragsteller bzw. Adressat eines Verwaltungsakts ist oder durch das Jugendamt zu einem entsprechenden Verfahren hinzugezogen wurde. Die Beteiligung nach § 12 SGB X führt zu bestimmten Rechten im Verfahren wie einem Recht auf Akteneinsicht.

§ 8 Abs. 3 SGB VIII regelt die Voraussetzungen, bei deren Vorliegen Kinder und Jugendliche (zunächst) ohne Kenntnis des oder der zur Personensorgeberechtigten, also insbesondere ohne Kenntnis sorgeberechtigter Eltern, einen Anspruch auf Beratung haben. Dies ist der Fall, wenn die Beratung aufgrund einer Not- und Konfliktlage erforderlich ist und solange durch die Mitteilung an die oder den Personensorgeberechtigten der Beratungszweck vereitelt würde. Bei der Entscheidung über die Auslegung des Wortes „solange“ ist neben der Möglichkeit zum Aufbau eines Vertrauensverhältnisses mit dem Kind zu bedenken, dass letztlich auch die Personensorgeberechtigten mit dem Erbringen von Leistungen einverstanden sein müssen bzw. sich aktiv in die Leistungen einzubringen haben. Es gilt daher, auch zu ihnen ein Vertrauensverhältnis aufzubauen.

Zu § 8a SGB VIII – Schutzauftrag bei Kindeswohlgefährdung
Durch das Kinder- und Jugendhilfeweiterentwicklungsgesetz (KICK) wurde im Jahr 2005 der seit jeher bestehende Schutzauftrag der Jugendhilfe in § 8a SGB VIII konkretisiert. § 8a SGB VIII legt eine bestimmte Vorgehensweise für die Fälle fest, in denen gewichtige Anhaltspunkte für eine Kindswohlgefährdung bestehen (§ 8a Abs. 1, 2, 3 und 4 SGB VIII). Zudem wurde die Verpflichtung des öffentlichen Trägers normiert, durch Vereinbarungen mit den Trägern der freien Jugendhilfe sicherzustellen, dass deren Fachkräfte den Schutzauftrag in entsprechender Weise wahrnehmen (§ 8a Abs. 4 SGB VIII). Von besonderer Bedeutung im Schutzsystem sind Tageseinrichtungen und Schulen, da sie von (nahezu) allen Kindern vom dritten Lebensjahr an besucht werden (zu Einzelheiten vgl. *Übungsblatt 9*). Mit Inkrafttreten der Regelungen des Bundeskinderschutzgesetzes am 1.1.2012 sind Lehrer und Lehrerinnen ausdrücklich verpflichtet, Anzeichen für eine Kindeswohlgefährdung nachzugehen und gegebenenfalls das Jugendamt zu informieren, wenn anderenfalls von einem Andauern der kindeswohlgefährdenden Lage auszugehen ist (vgl. zu Einzelheiten § 4 KKG). Neben Lehrerinnen und Lehrern haben u.a. auch Ärzte und Psychologen entsprechende Verpflichtungen (vgl. § 4 KGG).

Zu § 10 SGB VIII – Verhältnis zu anderen Leistungen und Verpflichtungen
§ 10 SGB VIII regelt das Vorrang-Nachrang-Verhältnis zwischen Leistungen der Jugendhilfe und anderen Sozialleistungen. Für die Praxis ist diese Regelung von besonderer Bedeutung, da mit der Verpflichtung zur Leistung in der Regel auch die Verpflichtung zur Kostentragung – und sei es über eine nachträgliche Erstattung der Kosten zwischen verschiedenen Sozialleistungsträgern, § 104 SGB X – verbunden ist.
Grundsätzlich werden Leistungsverpflichtungen anderer Sozialleistungsträger und der Schulen durch eine Verpflichtung der öffentlichen Jugendhilfe zu Leistung nach dem SGB VIII nicht berührt (§ 10 Abs. 1 SGB VIII). So sind Leistungen der Opferentschädigung auch dann vorrangig vor Leistungen der Jugendhilfe, wenn als Folge der Gewalttat Ansprüche auf Leistungen der Jugendhilfe bestehen. Daneben können ergänzende Ansprüche auf Leistungen nach dem SGB VIII bestehen. Sonderregelungen gelten für das Verhältnis von Leistungen nach dem SGB VIII und solchen nach dem SGB II und SGB XII (§ 10 Abs. 3 und Abs. 4 SGB VIII).

Fragen, Aufgaben und Fälle

1. Welche Pflichten und Rechte haben Eltern gegenüber ihren Kindern, wo sind diese geregelt und in welchem Verhältnis stehen diese Rechte und Pflichten zu Rechten und Pflichten der öffentlichen Jugendhilfe?

2. Welche Aufgaben obliegen den Trägen der öffentlichen Jugendhilfe und wo sind diese geregelt?

3. In welchem Umfang erbringen Träger der öffentlichen bzw. der freien Jugendhilfe »Leistungen« bzw. »andere Aufgaben«?

4. An welcher Stelle ist im SGB VIII etwas über Leistungsverpflichtungen der Träger der öffentlichen Jugendhilfe ausgesagt? Sind auch Träger der freien Jugendhilfe (z.B. Kirchen, Wohlfahrtsverbände, § 75 Abs. 3 SGB VIII) grundsätzlich *verpflichtet,* Jugendhilfeleistungen zu erbringen?

5. Welcher Paragraph im SGB VIII normiert den Grundsatz des Vorrangs der freien vor der öffentlichen Jugendhilfe, das sogenannte »Subsidiaritätsprinzip«? Was bedeutet dieses Prinzip?

6. Rangverhältnis zwischen Jugendhilfe und Sozialhilfe

6.1 Welche Aussage trifft § 10 Abs. 4 S. 1 SGB VIII *allgemein* zum Verhältnis zwischen Sozialhilfe und Jugendhilfe?

6.2 Wie ist im Besonderen in § 10 Abs. 4 S. 2 und S. 3 SGB VIII das Verhältnis der »*Eingliederungshilfe für Behinderte*« (§§ 53 ff. SGB XII) zur *Jugendhilfe für behinderte Kinder und Jugendliche* gem. SGB VIII geregelt? Oder anders ausgedrückt: Leistungen nach welchem Gesetz sind für seelisch bzw. körperlich oder geistig behinderte Kinder und Jugendliche vorrangig?

7. Wunsch- und Wahlrecht

7.1 Fall: Für die 5jährige Beate soll Hilfe zur Erziehung in Form der Heimerziehung (§§ 27, 34 SGB VIII) vom Jugendamt gewährt werden. Nach der Besichtigung dreier Heime entscheiden sich die zur Personensorge berechtigten Eltern von Beate für Heim A mit einem Tagessatz von 150 Euro pro Tag. Die vom Jugendamt vorgeschlagene Unterbringung in Heim B mit einem Tagessatz von 120 Euro lehnen sie ab. Muss dem Wunsch der Eltern von Beate entsprochen werden?

7.2 Fall: Die anderthalb Jahre alte Anna soll nach den Vorstellungen des Jugendamts in einer Pflegestelle untergebracht werden (Hilfe zur Erziehung gem. §§ 27, 33 SGB VIII). Die zur Personensorge berechtigten Eltern wünschen eine Heimunterbringung (Hilfe zur Erziehung gem. §§ 27, 34 SGB VIII), da nach ihrer Auffassung die Gefahr einer innerlichen Ablösung Annas von ihnen und der Entwicklung starker Bindungen an die Heimerzieher geringer wäre als bei der Unterbringung in einer anderen Familie. Außerdem gehen die Eltern davon aus, dass regelmäßige Elternbesuche im Heim leichter durchzuführen wären als in einer Pflegestelle. Das Jugendamt hätte für die Pflegestelle monatlich ca. 650 Euro, für die Heimunterbringung monatlich 3500 Euro aufzuwenden. Ist der Wahl der Hilfeart durch die Eltern trotz der erheblich höheren Kosten einer Unterbringung im Heim zu entsprechen? Welche anderen Vorgaben sind bei der Entscheidung zu beachten?

7.3 Fall: Für den 12jährigen Sven ist Hilfe zur Erziehung in Form der Heimunterbringung gem. §§ 27, 34 SGB VIII erforderlich. In Ausübung seines Wahlrechts besteht der allein zur elterlichen Sorge berechtigte Vater auf einem weit entfernten Heim für Sven, weil seine Lebensgefährtin sehr gute Erfahrungen mit eben diesem Heim gemacht habe, in dem auch ihr Kind untergebracht gewesen sei. Er sei bereit und in der Lage, Sven trotz der Entfernung auch in diesem Heim regelmäßig zu besuchen. Die Unterbringung in einem näher an seinem Wohnort gelegenen Heim, die ihm seitens der Fachkraft im Jugendamt vorschlagen wird, lehnt er ab. Beide Heime sind nach ihrer Konzeption gleich gut geeignet, dem erzieherischen Bedarf von Sven zu entsprechen. Sven wünscht ebenfalls seine Unterbringung in dem weiter entfernten Heim. Ist den Wünschen von Sven und seinem Vater zu entsprechen? (Zu den Voraussetzungen einer Hilfe zur Erziehung gem. §§ 27 ff. SGB VIII vgl. *Einführung* zu *Übungsblatt 5*).

8. Jugendhilfe für junge Ausländer

8.1 In welchen Konstellationen haben junge Ausländer Ansprüche

a) auf Jugendhilfeleistungen nach dem SGB VIII?

b) nach dem Haager Kinderschutzübereinkommen?

8.2 Fall: Der 15jährige Ausländer Hung, ein Asylbewerber mit befristeter Aufenthaltserlaubnis nach §§ 10 Abs. 3, 25 Abs. 3, 60 Abs. 7 Aufenthaltsgesetz (AufenthG) lebt seit einem Jahr in Deutschland. Der für ihn gem. § 14 Asylverfahrensgesetz gestellte Asylantrag ist unanfechtbar abgelehnt worden. Gleichwohl ist die Abschiebung zunächst für die Dauer von drei Jahren ausgesetzt worden. Hung spricht deutsch, besucht die Schule und ist »sozial gut integriert«. Stehen ihm Leistungen der Jugendhilfe nach dem SGB VIII zu?

8.3 Fall: Dem Jugendamt in A.dorf wird der 15 Jahre alte, indische Staatsbürger Singh, der »unbegleitet« auf dem Flughafen in Frankfurt gelandet ist, im Verteilungsverfahren (vgl. § 15a AufenthG) von der zuständigen Asylbehörde zugewiesen. Singh wurde nach dem Tod seiner Eltern von seinen Verwandten ins Flugzeug gesetzt, um einer Zwangsrekrutierung durch eine terroristische Vereinigung im indisch-pakistanischen Grenzgebiet zu entgehen. Das Familiengericht bestellt das Jugendamt zum Vormund von Singh. Mit der Wahrnehmung der Aufgaben der Vormundschaft wird die Fachkraft im Jugendamt, Frau Meise, beauftragt (§ 55 Abs. 2 SGB VIII). Diese beantragt als zur Personensorge Berechtigte Hilfe zur Erziehung in Form einer Heimerziehung gem. §§ 27, 34 SGB VIII, da der durch Flucht und Verlust der Familie traumatisierte Jugendliche nicht ohne pädagogische Betreuung unter Erwachsenen in einer Gemeinschaftsunterkunft leben könne. In einem halben Jahr ist mit der Ablehnung des für Singh gestellten Asylantrags zu rechnen. Es ist wahrscheinlich, dass er anschließend abgeschoben wird.

a) Prüfen Sie, ob ein Anspruch auf eine Jugendhilfeleistung nach dem SGB VIII besteht. Hält Singh sich rechtmäßig in Deutschland auf und hat er hier einen »gewöhnlichen Aufenthalt«?

b) Kann anstelle der Unterbringung in einer Gemeinschaftsunterkunft die Leistung »Heimerziehung« gem. §§ 27, 34 SGB VIII beansprucht werden?

c) Ist die Unterbringung von Singh im Rahmen einer Inobhutnahme nach § 42 SGB VIII möglich?

d) Kommt eine Jugendhilfemaßnahme und somit auch eine Heimunterbringung als »Hilfe zur Erziehung« nach dem Kinderschutzübereinkommen in Betracht?

9. Jugendhilferecht als öffentliches Recht; Sozialverwaltungsrecht gem. SGB I, SGB VIII und SGB X

9.1 Wie unterscheiden sich sogenannte *Muss-, Soll-* und *Kann-Bestimmungen* voneinander? (Bsp. für *Muss-Bestimmung:* § 27 SGB VIII; *Soll-Bestimmung:* § 41 Abs. 1 SGB VIII; *Kann-Bestimmung:* § 21 S. 2 und 3 SGB VIII).

9.2 Was ist ein *Verwaltungsakt* (§ 31 SGB X), und wer erlässt Verwaltungsakte auf dem Gebiet des SGB VIII?

9.3 Vor welchem Gericht kann der Anspruchsberechtigte auf Jugendhilfeleistungen klagen, wenn das Jugendamt – auch auf seinen Widerspruch hin – keine Leistungen bewilligt?

9.4 Was ist Grundlage des Rechtsverhältnisses zwischen Trägern der freien Jugendhilfe und dem Leistungsberechtigten/Leistungsadressaten.

10. Verwaltungsverfahren und Gerichtsverfahren

10.1 Welche unterschiedlichen Verfahren werden in § 8 SGB VIII erwähnt?

10.2 Welche Gesetze regeln das Verfahren

- vor dem Jugendamt (Verwaltungsverfahren!)?
- vor dem Verwaltungsgericht?
- vor dem Familiengericht?

Lösungen zu Übungsblatt 1

SGB VIII, Kapitel 1: Allgemeine Vorschriften

1. Gem. Art. 6 Abs. 2 S. 1 GG sind Pflege und Erziehung der Kinder das natürliche Recht der Eltern und die zuvörderst ihnen obliegende Pflicht. Über ihre Betätigung wacht die staatliche Gemeinschaft (»staatliches Wächteramt«). Die Wiederholung dieses pflichtgebundenen Elternrechts in § 1 Abs. 2 SGB VIII weist darauf hin, dass auch die Jugendhilfe dieses »Primat der Elternerziehung« hinzunehmen hat, allerdings nur bis zur Grenze der Kindswohlgefährdung (vgl. auch Art. 6 Abs. 3 GG). Bei konkreter Kindswohlgefährdung besteht eine Verpflichtung der fallverantwortlichen Fachkraft Jugendhilfemaßnahmen anzubieten und notfalls durch Anregung von Eingriffen in die elterliche Sorge nach §§ 1666, 1666a BGB auch gegen den Elternwillen einzuleiten (vgl. § 8a Abs. 2 SGB VIII). Die fallverantwortliche Fachkraft besitzt eine Garantenstellung gegenüber dem Minderjährigen, deren Verletzung bei einer Schädigung des Kinds oder Jugendlichen auch strafrechtliche Konsequenzen haben kann. Rechte und Pflichten von Eltern gegenüber ihren Kindern betreffen das dem Privatrecht – Familienrecht – zuzuordnende Verhältnis zwischen beiden. Einzelheiten der elterlichen Sorge für minderjährige Kinder sind in den §§ 1626 ff. BGB geregelt. Zu unterscheiden sind insbesondere die Sorge für die Person des Kinds (Personensorge) und die für das Vermögen des Kinds (Vermögenssorge).

Ergebnis: Die Eltern sind gem. §§ 1626 ff. BGB zur Wahrnehmung der elterlichen Sorge zum Wohle ihrer minderjährigen Kinder verpflichtet und berechtigt. Das pflichtgebundene Recht der Eltern wird durch Art. 6 Abs. 2 GG bis zur Grenze der Kindswohlgefährdung vor staatlicher Intervention geschützt. Lediglich im Bereich der schulischen Bildung und Erziehung wird das Erziehungsprimat der Eltern bereits auf der Ebene des Grundgesetzes eingeschränkt (Art. 7 GG).

2. Zu den Aufgaben der Träger der öffentlichen Jugendhilfe gehören gem. § 2 Abs. 1 SGB VIII Leistungen und andere Aufgaben. Welche *Leistungen* das SGB VIII vorsieht, ergibt sich aus § 2 Abs. 2 SGB VIII, die *anderen Aufgaben* sind in § 2 Abs. 3 SGB VIII aufgeführt. *Leistungen* bezwecken in der Regel eine Unterstützung von Eltern oder anderen Sorge- bzw. Erziehungsberechtigten in der Wahrnehmung ihrer Erziehungsverantwortung. Leistungen der Jugendhilfe sind somit präventiver Kinderschutz. Bei den *anderen Aufgaben* fehlt eine einheitliche Struktur. So unterschiedliche Aufgaben wie *»Inobhutnahme«* (§ 2 Abs. 3 Nr. 1 SGB VIII), die *»Erteilung der Pflegeerlaubnis«* (§ 2 Abs. 3 Nr. 3 SGB VIII), die *»Mitwirkung des Jugendamts im familiengerichtlichen Verfahren«* (§ 2 Abs. 3 Nr. 6 SGB VIII) und die *»Beistandschaft, Amtspflegschaft, Amtsvormundschaft«* des Jugendamts (§ 2 Abs. 3 Nr. 11 SGB VIII) gehören hierher.

3. § 3 Abs. 2 S. 1 SGB VIII: *Leistungen* werden von Trägern der freien und von Trägern der öffentlichen Jugendhilfe erbracht. § 3 Abs. 3 S. 1 SGB VIII: *Andere Aufgaben* werden von Trägern der öffentlichen Jugendhilfe wahrgenommen. Sie können, allerdings nicht ausnahmslos, auf Träger der freien Jugendhilfe zur Ausführung übertragen werden (§ 76 Abs. 1 SGB VIII). Die *Verantwortlichkeit* für die Erfüllung der anderen Aufgaben verbleibt stets beim Träger der öffentlichen Jugendhilfe (§ 76 Abs. 2 SGB VIII).

4. *Leistungsverpflichtungen* richten sich an die Träger der öffentlichen Jugendhilfe, § 3 Abs. 2 S. 2 SGB VIII. Es gibt keine gesetzliche Verpflichtung der Träger der freien Jugendhilfe, Leistungen zu erbringen.

5. § 4 SGB VIII regelt die Zusammenarbeit der öffentlichen mit der freien Jugendhilfe und enthält in Absatz 2 das *passive Subsidiaritätsprinzip*: Soweit geeignete Einrichtungen, Dienste und Veranstaltungen von *anerkannten* Trägern der freien Jugendhilfe (vgl. § 75 SGB VIII) *betrieben werden oder rechtzeitig geschaffen* werden, soll die öffentliche Jugendhilfe von eigenen Maßnahmen absehen. Nach Absatz 3 besteht zudem die Verpflichtung, die freie Jugendhilfe zu fördern (*aktives Subsidiaritätsprinzip*).

6. Gem. § 10 Abs. 4 S. 1 SGB VIII gehen die *Leistungen* nach dem SGB VIII Leistungen nach dem SGB XII vor. Es gilt also allgemein: Jugendhilfe vor Sozialhilfe. Das Sozialamt kann einen Hilfesuchenden somit in bestimmten Fällen darauf verweisen, Leistungen beim Jugendamt zu beantragen. Eine Sonderregelung enthält § 10 Abs. 4 S. 2 SGB VIII: Maßnahmen der Eingliederungshilfe nach dem SGB XII für junge Menschen, die *körperlich* oder *geistig* behindert oder von einer solchen Behinderung bedroht sind, sind vorrangig nach dem SGB XII vom Träger der Sozialhilfe zu gewähren. Hier gilt also: Sozialhilfe vor Jugendhilfe. *Seelisch* behinderte Kinder sind in § 10 Abs. 4 S. 2 SGB VIII nicht erwähnt. Für sie bleibt es bei der generellen Aussage in § 10 Abs. 4 S. 1 SGB VIII. Ihnen sind vorrangig Jugendhilfeleistungen vom Träger der öffentlichen Jugendhilfe (Jugendamt) zu gewähren. § 35a SGB VIII regelt den Anspruch seelisch behinderter Kinder und Jugendlicher auf Eingliederungshilfe nach dem SGB VIII.

7.1 Fall: Zu prüfen ist, ob die Eltern von Beate im Rahmen des ihnen in § 36 Abs. 1 S. 4 SGB VIII eingeräumten »Wunsch- und Wahlrechts« die Einrichtung wählen können und ihrer Wahl zu entsprechen ist oder ob ihre Wahl wegen so genannter »unverhältnismäßiger Mehrkosten« vom Jugendamt abgelehnt werden darf. Es ist demnach der unbestimmte Rechtsbegriff der *»unverhältnismäßigen Mehrkosten«* auszulegen. Es fehlt ein allgemeiner Maßstab für die Feststellung der Grenze bis zu der die Kosten der Leistungserbringung gemäß Wahl und Wunsch der Leistungsberechtigten die Kosten überschreiten dürfen, die bei Nichtberücksichtigung des Wunsch- und Wahlrechts entstünden. Dieser ist auch nicht denkbar, da ein reiner Kostenvergleich nicht den Vorgaben des SGB VIII entspricht. Vielmehr sind die

Mehrkosten in ein angemessenes Verhältnis zur Bedeutung des Wunsches zu setzen. Wahl und Wunsch müssen sich zudem auf eine *geeignete* Leistung beziehen. Überwiegend werden Mehrkosten bis zu 20 % (Münder/Meysen/Trenzeck, SGB VIII, § 5 Rn. 24) als nicht unverhältnismäßig bezeichnet. Angesichts der Lage der kommunalen Haushalte kann die Praxis vor Ort jedoch von diesem Rahmen erheblich abweichen. Zudem sind entsprechende Regelungen nur eine Orientierungshilfe, denn abzuwägen sind die Gesichtspunkte des Einzelfalls.
Legt man diesen Maßstab hier zugrunde, so ergibt sich: Die von den Eltern gewählte Einrichtung ist um 25 % kostspieliger als die vom Jugendamt »angebotene«, geeignete Einrichtung. Darauf ist aber nicht abzustellen, sondern auf die *Durchschnittskosten* eines Heims mit einem vergleichbaren Leistungsangebot. Aber auch dann, wenn der Betrag von 120 Euro pro Tag diesen Durchschnittskosten im überörtlichen Vergleich entspräche und damit höhere Kosten als die, die in der Praxis ohne weiteres bei Ausübung des Wunsch- und Wahlrechts akzeptiert werden, anfallen würden, ist das relativ geringfügige Überschreiten dieser Grenze hinzunehmen, da die Eltern ihr Wunsch- und Wahlrecht verantwortlich ausgeübt haben. Es kann daher erwartet werden, dass sie während der Heimunterbringung ihres Kinds gut mit dem Träger der öffentlichen Jugendhilfe zusammenarbeiten werden. Das wiederum könnte dazu führen, dass die »Rückkehroption« für das Kind in sein Elternhaus erhalten bleibt, was nicht nur fachlich anzustreben ist, sondern letztlich zur Vermeidung weiterer Kosten beitragen würde.
Es ist ferner zu beachten, dass die Wahlmöglichkeit der Leistungsberechtigten sich bei bestimmten voll- und teilstationären Leistungen, § 78a SGB VIII, im Grundsatz auf Einrichtungen beschränkt, § 36 Abs. 1 S. 5 SGB VIII, mit denen der Träger der öffentlichen Jugendhilfe Vereinbarungen nach § 78b SGB VIII (Leistungs-, Entgelt- und Qualitätsentwicklungsvereinbarung) abgeschlossen hat.

Ergebnis: Dem Wunsch der Eltern von Beate ist zu entsprechen.

7.2 Fall: Die Besonderheit des Sachverhalts liegt darin, dass es hier zunächst nahe liegend erscheint, nicht einen *Kostenvergleich* zwischen zwei gleichartigen Einrichtungen (Heimen) vorzunehmen, sondern zwischen dem (teuren) Heim, das die Eltern von Anna ausgewählt haben, und der vergleichsweise »preiswerten« Pflegestelle, die das Jugendamt vorschlägt. Ließe man einen solchen Vergleich zu, so würde dieser dazu führen, dass den Leistungsberechtigten eine Wahl »Heim statt Pflegestelle« wegen unverhältnismäßiger Mehrkosten des Heims im Vergleich zur Pflegestelle verwehrt wäre. Vor der Prüfung der »unverhältnismäßigen Mehrkosten« ist jedoch die grundsätzliche *Eignung* der von den Eltern gewünschten Hilfeart festzustellen. Hier ist aus fachlicher Perspektive davon auszugehen, dass die Unterbringung in einer Pflegefamilie für ein Kind im Alter von anderthalb Jahren wie Anna die gem. § 27 SGB VIII *einzig geeignete Hilfeform* ist, wenn eine außerhäusliche, nicht nur vorübergehende Unterbringung erforderlich ist. Die Wahl eines Heimes scheitert somit bereits an der mangelnden Eignung dieser Hilfe.

Ergebnis: Der Wahl und dem Wunsch der Eltern, Anna statt in einer Pflegestelle in einem Heim unterzubringen, ist nicht zu entsprechen.

7.3 Fall: Häufig wird den Fachkräften in der Jugendhilfe vorgegeben, Kinder und Jugendliche »lebensweltbezogen« ortsnah unterzubringen und so Einrichtungen, Wohngruppen usw. zu bevorzugen, die sich im näheren Umkreis des bisherigen Lebensmittelpunkts des Kinds oder Jugendlichen befinden. In der Regel erleichtert dies den weiteren Kontakt zu den Eltern und zu Freunden ebenso wie den Besuch der bisherigen Schule. Das Beispiel zeigt, dass es im Einzelfall gute Gründe geben kann, das Kind weiter entfernt unterzubringen, insbesondere dann, wenn dadurch nicht die Gefahr einer weiteren Entfremdung zwischen Eltern und Kind entsteht. Hier überlässt der Vater die Auswahl des geeigneten Heims nicht dem Träger der öffentlichen Jugendhilfe, sondern trifft in Ausübung seines Wunsch- und Wahlrechts nach § 36 Abs. 1 S. 4 und 5 SGB VIII eine Entscheidung, die zu akzeptieren ist, da sie nicht mit unverhältnismäßigen Mehrkosten verbunden ist. Es ist davon auszugehen, dass mit dem vom Vater gewählten Heim eine Leistungsvereinbarung gem. § 78b SGB VIII getroffen wurde. Zudem wünscht auch Sven selbst seine Unterbringung in dieser Einrichtung.

Ergebnis: Der Wahl des personensorgeberechtigten Vaters und seines 12jährigen Sohnes Sven auf Unterbringung in dem weiter entfernt gelegenen Heim ist gem. § 36 Abs. 1 S. 4 SGB VIII zu entsprechen.

8.1

a) Die *Voraussetzungen für das Gewähren von Leistungen für junge Ausländer* sind in § 6 Abs. 2 SGB VIII geregelt: Erforderlich ist, dass der Ausländer rechtmäßig oder aufgrund einer ausländerrechtlichen Duldung seinen gewöhnlichen Aufenthalt in Deutschland besitzt. Im Einzelnen:

Ein *rechtmäßiger Aufenthalt* im Inland ist gegeben, wenn ein Ausländer sich aufgrund zwischenstaatlicher Abkommen ohne besonderen Aufenthaltstitel in Deutschland aufhalten kann oder wenn er einen Aufenthaltstitel nach dem AufenthG besitzt, also ein Visum, eine Aufenthaltserlaubnis oder eine Niederlassungserlaubnis (§§ 4, 6, 7, 9 AufenthG). Daneben kann ein Ausländer trotz Ausreisepflicht aus humanitären oder völkerrechtlichen Gründen zu dulden sein (vgl. § 60a AufenthG).

Der Begriff des gewöhnlichen Aufenthalts wird für die Kinder- und Jugendhilfe in § 30 Abs. 3 S. 2 SGB I definiert: Den gewöhnlichen Aufenthalt hat eine Person nach dieser Regelung dort, wo sie sich unter Umständen aufhält, die erkennen lassen, dass sie an diesem Ort nicht nur vorübergehend verweilt. Bei einem Ausländer ist daher entscheidend, ob von einem längeren Aufenthalt in Deutschland auszugehen ist. Dies setzt in der Regel eine gewisse Dauer des anzunehmenden Aufenthalts voraus (überwiegende Ansicht: zumindest für ein Jahr). Ist von einem dauerhaften Aufenthalt auszugehen, kann zudem auch ohne Voraufenthalt ein gewöhnlicher Aufenthalt begründet werden.

Bedarf der Ausländer einer Aufenthaltsgenehmigung ist, für das Begründen eines gewöhnlichen Aufenthalts zudem das Vorhandensein eines Aufenthaltstitels erforderlich (§ 4 AufenthG). Ein lediglich geduldeter Ausländer begründet daher in Deutschland grundsätzlich keinen gewöhnlichen Aufenthalt. Etwas anderes gilt dann, wenn von einer dauerhaften Duldung auszugehen ist. In dieser Konstellation wird ein gewöhnlicher Aufenthalt begründet. Lediglich geduldete Minderjährige können daher einen Anspruch auf Leistungen nach dem SGB VIII nach § 6 Abs. 2 SGB VIII besitzen.

b) *Jugendhilfeleistungen nach dem Kinderschutzübereinkommen:*
§ 6 Abs. 4 SGB VIII erweitert den Geltungsbereich des SGB VIII über den Geltungsbereich des § 6 Abs. 2 SGB VIII hinaus.
Insbesondere das Haager Kinderschutzübereinkommen (KSÜ) verpflichtet die deutschen Behörden zu notwendigen Schutzmaßnahmen für minderjährige Ausländer. Zu den Schutzmaßnahmen nach dem KSÜ gehören dabei alle Leistungen und anderen Aufgaben nach SGB VIII.
Für die Zuständigkeit eines Vertragsstaats stellt das KSÜ nicht allein auf den gewöhnlichen Aufenthalt eines Minderjährigen ab. Nach Art. 6 Abs. 1 KSÜ ist für Flüchtlingskinder und Kinder, die infolge von Unruhen in ihrem Land in ein anderes Land gelangt sind, ausdrücklich der Vertragsstaat zuständig, in dessen Hoheitsgebiet sich die Kinder tatsächlich aufhalten. Das gleiche gilt für Minderjährige, deren gewöhnlicher Aufenthalt nicht festgestellt werden kann.

8.2 Fall: *»Gewöhnlicher Aufenthalt« eines minderjährigen Asylbewerbers?*
Ansprüche auf Jugendhilfeleistungen für Hung sind gem. § 6 Abs. 2 SGB VIII dann gegeben, wenn dieser seinen *gewöhnlichen Aufenthalt* in Deutschland hat und sich hier »rechtmäßig« aufhält oder seine *Abschiebung ausgesetzt* wurde.
Hung kann derzeit nicht abgeschoben werden. Er hat auch einen *»gewöhnlichen Aufenthalt«* in Deutschland. Gem. § 30 Abs. 3 S. 2 SGB I, der auch für das SGB VIII diesen Begriff definiert, ist der »gewöhnliche Aufenthalt« des jungen Ausländers dort, »wo er sich unter Umständen aufhält, die erkennen lassen, dass er an diesem Ort oder in diesem Gebiet nicht nur vorübergehend verweilt«. Maßgeblich sind also die Dauer des Aufenthalts und die Prognose, dass das Verweilen fortgesetzt wird. Nach 1jährigem Aufenthalt in Deutschland und »sozialer Integration« (deutsche Sprachkenntnisse, Schulbesuch) sowie einer Aussetzung der Abschiebung für die Dauer von zunächst drei Jahren ist *ausnahmsweise* auch bei einem Asylbewerber von einem gewöhnlichen Aufenthalt in Deutschland auszugehen.

Ergebnis: Der Asylbewerber Hung hat seinen gewöhnlichen Aufenthalt in Deutschland. Trotz der Ablehnung seines Asylantrags hat er derzeit eine befristete Aufenthaltserlaubnis. Somit bestehen grundsätzlich Ansprüche auf Jugendhilfeleistungen für Hung gem. § 6 Abs. 2 SGB VIII.

8.3 Fall: Die örtliche Zuständigkeit des Jugendamts A.dorf für Leistungen an Singh folgt aus § 86 Abs. 7 S. 2 SGB VIII, da Singh diesem örtlichen Träger im Verteilungsverfahren zugewiesen wurde.

a) *»Gewöhnlicher Aufenthalt« bei »unbegleiteter« Einreise trotz drohender Abschiebung?*
Nach Stellung eines Asylantrags ist der Aufenthalt »gestattet«, es stellt sich jedoch die Frage, ob ein *»gewöhnlicher Aufenthalt«* Singhs vorliegt, obwohl er anders als Hung noch nicht ein Jahr lang in Deutschland lebt und hier noch nicht »sozial inte-

griert« ist. Nach hier vertretener Auffassung ist dies zu bejahen, denn auch bei Gestattung oder Duldung ist der Verbleib »zukunftsoffen«, solange nicht feststeht, dass der Jugendliche Deutschland zu einem bestimmten Zeitpunkt auch tatsächlich verlassen wird. Somit ist durch die Zuweisung des Minderjährigen Singh an das Jugendamt in A.dorf und die unbestimmte Dauer seines weiteren Verweilens im Bundesgebiet sein Aufenthalt »erkennbar nicht nur vorübergehend« i. S. v. § 30 Abs. 3 S. 2 SGB I geworden. Jugendhilfeleistungen können nach dieser Ansicht also grundsätzlich beansprucht werden. Der Umstand, dass mit der Ablehnung des Asylantrags in einem halben Jahr und mit der anschließenden Abschiebung des Jugendlichen zu rechnen ist, führt zu keiner anderen Beurteilung. Denn der Sachverhalt lässt erkennen, dass ein *Verbot der Abschiebung* gem. § 60 AufenthG wegen einer erheblichen, konkreten Gefahr für Leib, Leben oder Freiheit, deren Bestehen ein weiteres Bleiberecht nach Ablehnung des Asylantrags begründen würde, auch in Zukunft vorliegen könnte. Somit bleibt der Zeitpunkt des Vollzugs der Abschiebung derzeit ungewiss.

Ergebnis: Während des laufenden Asylverfahrens hält Singh sich rechtmäßig im Inland auf. Obwohl er noch nicht ein Jahr lang im Bundesgebiet lebt und seine spätere Abschiebung droht, hat er hier seinen gewöhnlichen Aufenthalt. Daher hat der unbegleitet eingereiste jugendliche Asylbewerber grundsätzlich Ansprüche auf Jugendhilfeleistungen nach dem SGB VIII.

b) *Heimerziehung (Hilfe zur Erziehung) statt Gemeinschaftsunterkunft?*

Eine Unterbringung nach dem Asylbewerberleistungsgesetz scheidet aus; die Unterbringung des 15jährigen Minderjährigen in einer *Gemeinschaftsunterkunft* kommt nicht in Betracht, da er nicht mit seinen Eltern oder einem Elternteil in einer Haushaltsgemeinschaft lebt, vgl. § 2 Abs. 3 AsylbLG, § 47 Abs. 2 AsylVfG.

Die Frage, inwiefern hier die in § 34 SGB VIII aufgeführten Ziele der Heimerziehung (vgl. die Ziffern 1–3 der Vorschrift) überhaupt erreicht werden können und wie das Verfahren gem. § 36 SGB VIII (z.B. Beratung des Jugendlichen, § 36 Abs. 1 S. 1 SGB VIII, Mitwirkung bei der Auswahl der Einrichtung, § 36 Abs. 1 S. 3 SGB VIII) bei einer derartigen Unsicherheit über den zukünftigen Aufenthalt des Jugendlichen zu gestalten ist, kann nicht abschließend beantwortet werden. Frau Meise kann jedoch als Personensorgeberechtigte gem. § 27 SGB VIII die im Einzelfall geeignete Form einer Heimerziehung beanspruchen, die den spezifischen Bedürfnissen eines *möglicherweise* nur *kurzfristig* (das heißt hier ca. ein Jahr) unterzubringenden Ausländers entspricht. Dies folgt einmal daraus, dass bereits § 27 Abs. 2 SGB VIII die Hilfen flexibel nach §§ 28–35 SGB VIII ausrichtet, ferner aus der »Soll«-Formulierung der Ziele des § 34 Nr. 1–3 SGB VIII, welche eine eigene Zielbestimmung bei Heimunterbringung in atypischen Fällen wie bei unbegleitet eingereisten minderjährigen Ausländern zulässt.

Ergebnis: Die allgemeinen Voraussetzungen für die Leistung »Heimerziehung« (Hilfe zur Erziehung) des jugendlichen Ausländers liegen vor, da zu erwarten ist, dass Singh auch nach der zu erwartenden Ablehnung seines Asylantrags für derzeit unbestimmte Zeit in Deutschland bleiben wird und somit auch ein »gewöhnlicher Aufenthalt« im Inland weiterhin gegeben sein wird.

c) *Inobhutnahme gem. § 42 SGB VIII?*
Folgt man der oben unter a) zum *»gewöhnlichen Aufenthalt«* im Sinne des § 6 Abs. 2 SGB VIII vertretenen Auffassung *nicht*, da Singh noch nicht ein Jahr lang in Deutschland lebt und eine soziale Integration noch nicht vorliegt, und entnimmt man ferner der Fallgestaltung, dass der Asylbewerber Singh nach der voraussichtlichen Ablehnung seines Asylantrags in einem halben Jahr, also *binnen Kurzem abzuschieben ist,* so ergibt sich Folgendes:

1. Singh hat keinen gewöhnlichen Aufenthalt in Deutschland.
2. Auch als *Ermessensleistung bei fehlendem gewöhnlichen Aufenthalt* kommt Hilfe zur Erziehung in Form der Heimerziehung nicht in Betracht, da die Zeit für eine planvolle erzieherische stationäre Betreuung nicht ausreicht. Ein Anspruch auf Hilfe zur Erziehung ist daher zu verneinen.

Möglich ist lediglich eine vorübergehende *Unterbringung* des Jugendlichen in einer geeigneten Einrichtung der Jugendhilfe als »*Inobhutnahme*« gem. § 42 SGB VIII möglich (vgl. Übungsblatt 9). Diese Maßnahme setzt als andere Aufgabe der Träger der öffentlichen Jugendhilfe keinen *gewöhnlichen*, sondern gem. § 6 Abs. 1 S. 2 SGB VIII lediglich den *tatsächlichen* (also auch einen vorübergehenden) Aufenthalt voraus.

Ergebnis: Bei tatsächlich drohender sofortiger Abschiebung nach Ablehnung des gestellten Asylantrags ist (wenigstens) eine vorübergehende Unterbringung von Singh in einer Jugendhilfeeinrichtung als Inobhutnahme gem. § 42 Abs. 1 S. 1 Nr. 1 SGB VIII – als Inobhutnahme im Einverständnis mit der Amtsvormündin Frau Meise – möglich.

d) *Jugendhilfeleistung nach dem Haager Kinderschutzübereinkommen?*
Verneint man bei Zugrundelegung der unter c) vertretenen Rechtsmeinung einen gewöhnlichen Aufenthalt und lehnt aus diesem Grunde die Gewährung von Jugendhilfeleistungen gem. § 6 Abs. 2 SGB VIII ab, so ist ferner Folgendes zu berücksichtigen: Verfolgt Frau Meise ihren Plan weiter, eine nicht nur vorübergehende Unterbringung im Wege einer Inobhutnahme zu erreichen, sondern die Heimunterbringung des Jugendlichen als Jugendhilfeleistung gem. §§ 27, 34 SGB VIII, besteht nach *übernationalem Recht* (vgl. § 6 Abs. 4 SGB VIII), konkret nach dem *Haager Kinderschutzübereinkommen (KSÜ),* ein Leistungsanspruch. Nach dem KSÜ sind durch die deutsche Behörden Schutzmaßnahmen für die Person und das Vermögen jedes Minderjährigen zu treffen, der sich tatsächlich in Deutschland aufhält. Alle Leistungen nach dem SGB VIII gehören zu den Schutzmaßnahmen, auch Hilfe zur Erziehung.

Ergebnis: Dem Antrag von Frau Meise auf Hilfe zur Erziehung (§§ 27, 34 SGB VIII) ist stattzugeben und zwar entweder nach § 6 Abs. 2 SGB VIII *oder* – sofern der gewöhnliche Aufenthalt des Minderjährigen Singh im Inland i.S.d § 6 Abs. 2 SGB VIII verneint wird – nach dem Haager Kinderschutzüberkommen, da die Leistung geeignet und notwendig ist, um einen erzieherischen Bedarf zu decken.

9.1

- *Muss-Bestimmung:* Bei »Muss-« oder »Ist-«Vorschriften ist beim Vorliegen der Voraussetzungen der Norm (Tatbestand) die in der Norm definierte Rechtsfolge von der Behörde anzuordnen. Sofern die Norm ein subjektiv-öffentliches Recht des Einzelnen begründet, besteht ein vor Gericht einklagbarer Rechtsanspruch auf ein entsprechendes Handeln der Behörde – beispielsweise den Erlass eines Bescheides, in dem eine Hilfe zur Erziehung gewährt wird.
- *Soll-Bestimmung:* Die Leistung »soll« gewährt werden, wenn die im gesetzlichen Tatbestand aufgeführten Voraussetzungen gegeben sind (»gebundenes Ermessen«; ein Beispiel findet sich in § 41 Abs. 1 S. 1 SGB VIII). Im öffentlichen Recht ist dieses »soll« gewöhnlich als »muss« zu verstehen: Es besteht »regelmäßig« ein Rechtsanspruch auf die Leistung. Nur *ausnahmsweise (im atypischen Fall)* darf die Verwaltung die Erbringung der Leistung verweigern. Den atypischen Fall hat die Behörde nachzuweisen.
- *Kann-Bestimmung:* Hier besteht beim Vorliegen der Voraussetzungen des Tatbestands der Norm Wahlfreiheit der Behörde im Hinblick auf das Anordnen der Rechtsfolge (»freies Ermessen«). Die Behörde hat nach »pflichtgemäßem Ermessen« zu entscheiden. Entsprechende Normen begründen keine subjektiv-öffentlichen Rechte. Es besteht nach diesen Normen lediglich ein Anspruch auf eine fehlerfreie Ausübung des Ermessens bezogen auf die Umstände des Einzelfalls. Eine rechtliche Bindung des Verwaltungsermessens folgt aus dem *Gleichheitsgrundsatz* (Art. 3 GG). Ohne zureichenden sachlichen Grund darf die Verwaltung von einer bisher geübten rechtmäßigen Verwaltungspraxis nicht abweichen *(»Selbstbindung der Verwaltung«)* und einen gleichen Sachverhalt »ungleich« behandeln. Unter anderem in diesen Fällen einer »Selbstbindung« kann das Ermessen der Verwaltung auf Null schrumpfen und dann ein Rechtsanspruch auf eine bestimmte Leistung gegeben sein.

9.2 Gemäß § 31 Abs. 1 S. 1 SGB X ist *Verwaltungsakt* jede Verfügung, Entscheidung oder andere *hoheitliche* Maßnahme, die eine *Behörde* zur *Regelung eines Einzelfalles auf dem Gebiet des öffentlichen Rechts* trifft und die auf *unmittelbare Rechtswirkung nach außen* gerichtet ist. Verwaltungsakte auf dem Gebiet des Kinder- und Jugendhilferechts werden von den Trägern der öffentlichen Jugendhilfe getroffen. Diese Einzelfallentscheidungen fallen im Wesentlichen in die sachliche Zuständigkeit *der örtlichen Träger der öffentlichen Jugendhilfe* – in der Regel den kreisfreien Städten und den Landkreisen – und werden dort als Angelegenheit der laufenden Verwaltung von der nach den organisatorischen Vorgaben des Trägers der öffentlichen Jugendhilfe zuständigen Fachkraft im Jugendamt getroffen (vgl. §§ 85 Abs. 1, 69 Abs. 1 und Abs. 3, 70 Abs. 2 SGB VIII). Verwaltungsakt ist beispielsweise das Bewilligen einer Hilfe zur Erziehung, das Erteilen einer Pflegeerlaubnis oder eine Inobhutnahme. Träger der freien Jugendhilfe erlassen keine Verwaltungsakte. Ein Verwaltungsakt kann schriftlich, mündlich oder in anderer Weise erlassen werden. Er wird mit seiner Bekanntgabe wirksam, §§ 33 Abs. 2, 39 Abs. 1 SGB X. Ein schriftlicher Verwaltungsakt gilt mit dem dritten Tag nach Aufgabe zur Post als bekanntgegeben, § 37 Abs. 2 SGB X. (Siehe auch Übungsblatt 14).

9.3 Eine *Jugendhilfeleistung, auf die nach dem SGB VIII ein Rechtsanspruch besteht,* kann vor dem *Verwaltungsgericht* eingeklagt werden, da es sich um eine *öffentlich-rechtliche Streitigkeit nicht verfassungsrechtlicher Art* handelt, die nicht durch Bundesgesetz einem anderen Gericht (z.B. dem Zivilgericht oder dem Sozialgericht) zugewiesen ist (vgl. § 40 Abs. 1 VwGO). Vor Erhebung einer *Anfechtungsklage* (Ziel: Feststellung der Rechtswidrigkeit eines Verwaltungsaktes) oder einer *Verpflichtungsklage* (Ziel: Verpflichtung der Behörde zum Erlass eines Verwaltungsaktes wie dem Bewilligen einer Hilfe zur Erziehung) ist in den meisten Ländern nach deren Verwaltungsverfahrensgesetz ein Überprüfen der Entscheidung durch die Verwaltung selbst in einem *Vorverfahren* (§ 68 VwGO), dem sogenannten Widerspruchsverfahren, erforderlich. Es ergeht entweder ein Abhilfebescheid, der ein verwaltungsgerichtliches Verfahren entbehrlich macht, oder ein Widerspruchsbescheid. Dieses Vorverfahren wird durch *Widerspruch* bei der *Behörde*, die den Verwaltungsakt erlassen hat, eingeleitet (§§ 69, 70 VwGO).

9.4 Träger der freien Jugendhilfe können keine Verwaltungsakte erlassen. Das Rechtsverhältnis zwischen ihnen und dem Leistungsadressaten/Leistungsberechtigten ist dem *Zivilrecht* zuzuordnen. In der Regel wird ein schriftlicher oder mündlicher *Vertrag* Grundlage der Rechtsbeziehung sein. Der Träger der freien Jugendhilfe kann daher nach seiner von ihm aufgestellten Konzeption, entsprechend seiner Leistungsfähigkeit und seiner ideologisch-weltanschaulichen Ausrichtung bestimmte Personen von seinen Angeboten ausschließen. Er ist nicht verpflichtet, mit einer bestimmten Person einen Vertrag abzuschließen, wird erst durch den Vertrag zur Leistung verpflichtet und kann einen Vertrag auch kündigen.
Hingegen sind Träger der öffentlichen Jugendhilfe verpflichtet, denjenigen Leistungen zu gewähren und gegebenenfalls diese Leistung auch selbst anzubieten, die einen Anspruch auf die entsprechenden Leistungen besitzen, da die vom Gesetz aufgestellten Voraussetzungen der Leistung vorliegen (vgl. § 3 Abs. 2 S. 2 SGB VIII).

10.1 Nach § 8 Abs. 1 SGB VIII sind Kinder und Jugendliche von der Fachkraft im Jugendamt in geeigneter Weise auf ihre Rechte in *Verwaltungsverfahren*, *Verfahren vor den Familiengerichten* sowie den *Verwaltungsgerichten* hinzuweisen.

10.2 Das *jugendhilferechtliche Verwaltungsverfahren* wird primär im SGB VIII, SGB I und SGB X geregelt. Regelungen im SGB VIII gehen solchen im SGB I und SGB X grundsätzlich vor. So enthält das SGB VIII zahlreiche Sondervorschriften zur Datenerhebung und Datenübermittlung (vgl. §§ 61 ff. SGB VIII). Das SGB I (Allgemeiner Teil des Sozialgesetzbuchs) enthält gemeinsame Vorschriften für alle Sozialleistungsbereiche wie die sozialrechtliche Handlungsfähigkeit in § 36 SGB I oder eine Definition des gewöhnlichen Aufenthaltsorts in § 30 Abs. 3 S. 2 SGB I. Im SGB X finden sich Regelungen zur Durchführung von *Verfahren* durch sämtliche, im SGB aufgeführte Sozialleistungsträger – neben den örtlichen Trägern der Jugendhilfe etwa durch die Krankenkassen oder die ARGEn.
Das *Verfahren vor dem Verwaltungsgericht* ist in der Verwaltungsgerichtsordnung (VwGO) geregelt.

Das familiengerichtliche Verfahren ist im (FamFG) geregelt. Kenntnisse des familiengerichtlichen Verfahrens sind für die Fachkräfte der Kinder- und Jugendhilfe von besonderer Bedeutung, da zahlreiche Beziehungen zwischen den Aufgaben der Träger der öffentlichen Jugendhilfe nach dem SGB VIII und der Familiengerichte nach dem BGB bestehen. So nehmen Jugendhilfe und Familiengericht in Verantwortungsgemeinschaft das staatliche Wächteramt wahr, oder hat das Jugendamt in bestimmten familiengerichtlichen Verfahren wie in Kindschafts- und Abstammungssachen mitzuwirken, § 50 SGB VIII.

ÜBUNGSBLATT 2

SGB VIII, Kapitel 2: Leistungen der Jugendhilfe, 1. Abschnitt

Im ersten Abschnitt des Kapitels wird die **Jugendarbeit,** die **Jugendsozialarbeit** sowie der **erzieherische Kinder- und Jugendschutzes** behandelt **(§§ 11–15 SGB VIII).**

Literaturhinweise:
Kunkel, Jugendhilferecht, Kap. 3.1.3
Münder/Wiesner, Handbuch, Kap. 3.1

Einführung

Jugendarbeit (§ 11 SGB VIII) ist gekennzeichnet durch: *Freiwilligkeit der Teilnahme an ihren Veranstaltungen, starke altersspezifische Gliederung, die Vielfalt der Organisationen, Träger und Arbeitsformen.* Sie zeichnet sich zudem durch *Selbstorganisation, Ganzheitlichkeit und Partizipation* aus. § 12 SGB VIII hebt dementsprechend die besondere Bedeutung der **Jugendverbände** hervor. In § 13 SGB VIII wird der Tätigkeitsbereich der **Jugendsozialarbeit** beschrieben. Leistungen der Jugendsozialarbeit richten sich an Kinder und Jugendliche, die aufgrund gesellschaftlicher Problemlagen wie den Folgen von Migration oder Geschlecht, aber auch Drogenabhängigkeit, Lernbehinderung etc. *sozial benachteiligt sind* Die sozialpädagogischen Hilfen umfassen vorrangig *berufliche Ausbildung und Eingliederung in die Arbeitswelt sowie Schulsozialarbeit.* Die Aufgaben des präventiven, **erzieherischen Kinder- und Jugendschutz** werden in § 14 SGB VIII geregelt.

Fragen, Aufgaben und Fälle

1. Jugendarbeit

1.1 Unterscheiden Sie *Jugendarbeit* und *Jugendsozialarbeit.* Grenzen Sie diese Maßnahmen auch von Maßnahmen nach den §§ 16 ff. SGB VIII (*Förderung der Erziehung in der Familie*) und nach den §§ 27 ff. SGB VIII (*Hilfe zur Erziehung*) ab.

1.2 Können *Angebote der Jugendarbeit* auch Personen über 27 Jahre einbeziehen?

2. Jugendverbände, Jugendgruppen; Förderung

2.1 Was unterscheidet *Jugendverbände* und *Jugendgruppen* von anderen *Trägern der freien Jugendhilfe* (vgl. auch §§ 74, 75 SGB VIII)?.

2.2 Unter welchen Voraussetzungen sind einzelne Vorhaben eines Jugendverbandes oder dieser selbst auf Dauer zu fördern?

3. Jugendsozialarbeit

3.1 Welche Rechtsgrundlagen schafft das SGB VIII für *betreute Wohngemeinschaften/Jugendwohnheime* für benachteiligte junge Menschen?

3.2 Ist eine Kostenbeteiligung des Jugendlichen/Volljährigen bzw. seiner Eltern bei einer Maßnahme der Jugendsozialarbeit vorgesehen, die mit einer Unterbringung des Jugendlichen/Volljährigen außerhalb seines Elternhauses verbunden ist?

4. Fall: Klaus, der 19 Jahre alt ist, nimmt an einer berufsvorbereitenden Maßnahme eines Berufsbildungswerks gem. § 51 SGB III – Arbeitsförderung – teil. Die Maßnahme wird durch die Agentur für Arbeit finanziert, die auch die Kosten der schulischen Förderung innerhalb der Maßnahme sowie einer sozialpädagogischen Betreuung am Arbeitsplatz übernimmt.
Aufgrund von Auseinandersetzungen in der Familie muss Klaus Ende des Monats zu Hause ausziehen. Seine Eltern haben ihn aus der Wohnung geworfen. Klaus könnte einen Platz in einem Wohnheim des Berufsbildungswerks erhalten. Die Unterbringungskosten würden ohne Verpflegung 210 Euro monatlich betragen. Hat Klaus gegenüber dem Jugendamt einen Anspruch auf Übernahme der Kosten der Unterbringung?

5. Fall: Alle Vorstandsmitglieder eines im örtlichen Jugendring vertretenen Verbands in der Rechtsform eines eingetragenen Vereins sind zwischen 28 und 55 Jahre alt. Der Verein beschäftigt sich unter anderem damit, die Kinderbetreuung in einer Obdachlosensiedlung zu verbessern. Die Kinder sind zwischen 6 und 12 Jahre alt und sämtlich Mitglieder des Vereins. Handelt es sich bei dem Verein um einen förderungswürdigen Jugendverband i.S.d. § 12 SGB VIII?

6. Fall: Ein Verein beantragt beim Jugendamt die finanzielle Förderung einer einwöchigen Fahrt im Rahmen der verbandlichen Jugendarbeit nach Auschwitz/Polen. Bei den Teilnehmern handelt es sich um 12 Personen im Alter zwischen 20 und 27 Jahren sowie um 8 Personen zwischen 30 und 65 Jahren. Ist die Fahrt für alle Teilnehmer vom Jugendamt zu bezuschussen?

Lösungen zu Übungsblatt 2

SGB VIII, Kapitel 2: Leistungen der Jugendhilfe, 1. Abschnitt

1.1 Adressaten der *Jugendarbeit* (§ 11 SGB VIII) sind junge Menschen. Junger Mensch ist nach § 7 Abs. 1 Nr. 4 SGB VIII, wer noch nicht 27 Jahre alt ist. In der Praxis finden sich eher wenige Angebote für junge Menschen, die bereits volljährig sind. Bei den vorhandenen Angeboten handelt es sich vielfach um Jugendzentren und Jugendkulturhäuser. Den Leistungen der *Jugendarbeit* und des *erzieherischen Jugendschutzes* (§ 14 SGB VIII) mit Kindern und Jugendlichen ist ein stark *präventiver Charakter* gemeinsam. Demgegenüber setzen die Leistungen der *Jugendsozialarbeit* (§ 13 SGB VIII) *soziale Benachteiligungen oder individuelle Beeinträchtigungen* voraus. Charakteristisch sind *zielgruppenspezifische Angebote*, wie etwa die Arbeit mit Mädchen und jungen Frauen oder mit jungen Menschen aus zugewanderten Familien. In § 16 SGB VIII (Allgemeine Förderung der Erziehung in der Familie) geht es dagegen nicht um gruppenspezifische Angebote für alle jungen Menschen oder um solche, die die soziale Integration besonders belasteter junger Menschen in ihrer Lebenswelt (Schule, Ausbildung, Beruf) zum Inhalt haben. Vielmehr sind Adressaten der Leistung »Mütter, Vater, andere Erziehungsberechtigte und junge Menschen«. Die Erziehungsfähigkeit der Familie soll gestärkt werden. In §§ 27 ff. SGB VIII ist im Gegensatz zu den vorgenannten Leistungen der Jugendhilfe, deren Angebot der Träger der öffentliche Jugendhilfe zwar zu gewährleisten hat, aber auf die der Einzelne keinen subjektiv-öffentlichen Anspruch besitzt, ein individueller Rechtsanspruch des oder der *Personensorgeberechtigten auf »Hilfe zur Erziehung« (HzE)* gesetzlich festgeschrieben. Voraussetzung der Leistungsgewährung ist das Bestehen eines erzieherischen Bedarfs im Einzelfall, zu deren Behebung eine geeignete und notwendige Hilfe vorhanden ist.

1.2 Jugendarbeit richtet sich nach § 11 Abs. 1 SGB VIII primär an junge Menschen, also an alle, die noch nicht 27 Jahre alt sind (§ 7 Abs. 1 Nr. 4 SGB VIII). Allerdings können nach § 11 Abs. 4 SGB VIII Angebote der Jugendarbeit auch Personen, die das 27. Lebensjahr vollendet haben, »in angemessenem Umfang« einbeziehen. Die Regelung trägt zum einen dem Umstand Rechnung, dass durch längere Schul- und Ausbildungszeiten auch die Entscheidungen für die eigene Lebensplanung später getroffen werden. Zum anderen ist die Regelung in Zusammenhang mit der Förderung der Jugendverbände nach § 12 SGB VIII zu sehen. Gerade selbstverwaltete Angebote – etwa selbstverwaltete Jugendhäuser und Kulturzentren – werden oft von Gruppen gestaltet, bei denen ein Teil derjenigen, die sich engagieren, bereits das 27. Lebensjahr vollendet hat.

2.1 Der Gesetzgeber hat der Jugendverbandsarbeit in § 12 SGB VIII eine eigene Vorschrift gewidmet. Es besteht eine *zwingende Förderungsverpflichtung* zugunsten

der Jugendverbände und der Jugendgruppen, ohne dass ein einzelner Jugendverband direkt aus § 12 SGB VIII einen nach Art – Unterstützung durch Räumlichkeiten, Sach- bzw. Geldmittel – und Höhe bestimmbaren Rechtsanspruch auf Förderung herleiten kann. Ein solcher Rechtsanspruch auf Förderung kann sich im Einzelfall aus den Festsetzungen des Jugendhilfeplans ergeben und setzt im Übrigen, wie die Verweisung auf § 74 SGB VIII in § 12 Abs. 1 SGB VIII zeigt, die Erfüllung der dort normierten Förderungsvoraussetzungen (Erfüllen der fachlichen Voraussetzungen für die geplante Maßnahme, Gewähr für eine zweckentsprechende und wirtschaftliche Verwendung der Mittel, Verfolgen gemeinnütziger Ziele, Erbringen einer angemessenen Eigenleistung und Gewähr für eine den Zielen des Grundgesetzes förderliche Arbeit) voraus.
Eine zwingende Förderungsverpflichtung besteht gegenüber anderen Trägern der freien Jugendhilfe nicht, die nach dem Wortlaut der §§ 4 Abs. 3, 74 Abs. 1 SGB VIII lediglich gefördert werden »sollen«.

2.2 Während die »Projektförderung«, die Förderung einzelner Vorhaben, im pflichtgemäßen Ermessen des Trägers der öffentlichen Jugendhilfe liegt, setzt eine Förderung des Jugendverbandes *auf Dauer* (»institutionelle Förderung«) in der Regel eine *Anerkennung als Träger der freien Jugendhilfe* voraus, § 74 Abs. 1 S. 2 SGB VIII. Durch diese Anerkennung erhält der Träger der freien Jugendhilfe einen bevorzugten Status im Rahmen der partnerschaftlichen Zusammenarbeit mit dem Träger der öffentlichen Jugendhilfe (vgl. beispielsweise §§ 71 Abs. 1 Nr. 2, 76, 78 SGB VIII). Ein Jugendverband hat gemäß § 75 Abs. 2 SGB VIII einen Anspruch auf Anerkennung als Träger der freien Jugendhilfe, wenn er auf dem Gebiet der Kinder- und Jugendhilfe mindestens drei Jahre tätig gewesen ist, sich somit bereits bewährt hat. Zudem müssen weitere Voraussetzungen für eine Anerkennung vorliegen, vgl. § 75 Abs. 1 SGB VIII.
Die Anerkennung als Träger der freien Jugendhilfe ist ein Verwaltungsakt. Sie fällt in die Zuständigkeit des Jugendhilfeausschusses des Jugendamts, da es sich nicht um ein Geschäft der laufenden Verwaltung handelt, §§ 70 Abs. 1 und Abs. 2, 71 Abs. 2 Nr. 3 SGB VIII.

3.1 Rechtsgrundlage für *betreute Wohngemeinschaften/Jugendwohnheime* als Leistung der Jugendhilfe für benachteiligte junge Menschen ist § 13 Abs. 3 SGB VIII. Maßnahmen nach § 13 Abs. 3 SGB VIII sind von der Hilfe für junge Volljährige gem. § 41 SGB VIII abzugrenzen, die ebenfalls Ausbildungs- und Beschäftigungsmaßnahmen einschließt. Abgrenzungsmaßstab ist die Intensität der pädagogischen Unterstützung, die bei der Hilfe nach § 41 SGB VIII im Vordergrund steht.

3.2 Bei der Unterbringung in einer *sozialpädagogisch begleiteten* Wohnform gem. § 13 Abs. 3 SGB VIII werden der *Jugendliche bzw. der junge Volljährige und dessen Eltern* gem. §§ 91 Abs. 1 Nr. 1, 92 Abs. 1 Nr. 1, Nr. 2, Nr. 5 SGB VIII aus ihrem Einkommen zu den Kosten der Unterkunft herangezogen. Junge Volljährige sind zudem aus ihrem Vermögen zu den Kosten vollstationärer Leistungen heranzuziehen

(§ 92 Abs. 1a SGB VIII). Eltern sollen nachrangig zu den Kosten herangezogen werden (§ 94 Abs. 1 S. 3 SGB VIII).

4. Fall: Hier wird nach dem Recht der Arbeitsförderung des SGB III eine berufsfördernde Bildungsmaßnahme vom zuständigen Sozialleistungsträger durchgeführt. Grundsätzlich gehen gem. § 10 Abs. 1 SGB VIII Verpflichtungen und Leistungen *anderer* denen der Kinder- und Jugendhilfe vor. Die Leistungen der Arbeitsförderung haben also Vorrang vor den Leistungen der Jugendhilfe. Dies gilt aber nur dann, wenn die vorrangig geschuldeten Leistungen nach SGB III demselben Zweck wie die Jugendhilfe dienen und den Bedarf auch voll decken. Ist Letzteres nicht der Fall, muss der Träger der öffentlichen Jugendhilfe eventuell *(ergänzend)* Leistungen erbringen. Es ist daher zu prüfen, ob die Leistung der Agentur für Arbeit dem gleichen Zweck wie die Leistung der Jugendhilfe dient und eine ergänzende Geldleistung (Unterkunftskosten) vom Jugendamt verlangt werden kann. Für die Abgrenzung zwischen Leistungen der Agentur für Arbeit und des Jugendamts ist auf die *überwiegende Zielsetzung* der Maßnahmen abzustellen. Danach ist die Agentur für Arbeit zuständig, wenn es vorrangig um die *berufliche Bildung* geht, das *Jugendamt,* wenn eine auswärtige Unterbringung aus erzieherischen Gründen erfolgen muss. Das Jugendamt hat für die *soziale Betreuung und Persönlichkeitsbildung* eines jungen Menschen Sorge zu tragen. Geldleistungen sind in der Jugendhilfe generell nur als Annexleistung zu einer sozialpädagogischen Leistung vorgesehen (vgl. §§ 39, 40 SGB VIII). Aus diesem Grunde kann die Zahlung von Mietkosten (Geldleistung) nur im Zusammenhang mit einer pädagogischen Hilfe vom Jugendamt verlangt werden. Im Fall wird jedoch außer einer Geldzahlung keine weitere pädagogische Hilfe gewährt oder beansprucht, da auch die sozialpädagogische Betreuung am Arbeitsplatz *von der ARGE* übernommen wird. Die sozialpädagogische Betreuung erstreckt sich jedoch nicht auf den Bereich des selbständigen Wohnens des jungen Volljährigen außerhalb des Elternhauses. Somit ist eine Unterbringung in einer *sozialpädagogisch begleiteten Wohnform*, wie in § 13 Abs. 3 SGB VIII nach dem Jugendhilferecht möglich, nicht vorgesehen. Aus diesem Grunde kann der Träger der öffentlichen Jugendhilfe die Kosten der Unterkunft nicht als Teil des notwendigen Unterhalts des jungen Menschen gem. § 13 Abs. 3 SGB VIII übernehmen.

Ergebnis: Klaus kann eine Übernahme eines Teils der Unterkunftskosten nicht gem. § 13 Abs. 3 SGB VIII als ergänzende Leistung der Jugendhilfe verlangen, da keine sozialpädagogisch begleitete Wohnform vorliegt und (bloße) Geldleistungen, wie oben ausgeführt, in der Jugendhilfe nur als »Annex« (Anhängsel) einer erzieherischen Hilfe gewährt werden dürfen. Klaus hat zu prüfen, ob eine Übernahme der Kosten nach dem SGB III in Betracht kommt (vgl §§ 56, 62 SGB III).

5. Fall: Die Binnenstruktur des Verbands entspricht nicht den Vorgaben, die § 12 Abs. 2 SGB VIII für einen förderungswürdigen Jugendverband aufstellt. Selbstorganisation der Jugendarbeit, gemeinschaftliche Gestaltung und Mitverantwortung durch *junge Menschen* dürften hier nicht gegeben sein, auch wenn es überwiegend als hinreichend gilt, wenn die Stimmen der Jugendlichen im Jugendverband wesentliches Gewicht haben. Die Geschicke des Vereins können in einem wesentlichen Teilbereich (Kinderbetreuung in einer Obdachlosensiedlung) überhaupt nicht von seinen Mitgliedern (Kinder zwischen 6 und 12 Jahren) bestimmt werden. Hier haben – wie auch für die übrigen Angelegenheiten, die zu den Aufgaben des Vereins gehören – Vorstandsmitglieder das Sagen, die sämtlich die obere Altersgrenze, welche § 7 Abs. 1 Nr. 4 SGB VIII für *junge Menschen* aufstellt (27 Jahre), überschreiten.

Ergebnis: Ein förderungswürdiger Jugendverband i.S.v. § 12 SGB VIII liegt nicht vor.

6. Fall: Fraglich ist, ob bei der Förderung der Tätigkeit des Vereins als Jugendverband oder als Träger der freien Jugendhilfe gem. § 74 SGB VIII Zuschüsse für sämtliche Teilnehmer und Teilnehmerinnen der Fahrt vom Jugendamt zu gewähren sind. Gemäß § 74 Abs. 3 S. 1 SGB VIII entscheidet der Träger der öffentlichen Jugendhilfe über die Förderung im Rahmen der verfügbaren Haushaltsmittel nach *pflichtgemäßem Ermessen.* Zudem hat der Verein eine Eigenleistung zu erbringen, bei deren Bemessung dessen *Finanzkraft* und die *sonstigen Verhältnisse* zu berücksichtigen sind, § 74 Abs. 3 S. 3 SGB VIII. Schließlich ist zu berücksichtigen, dass Angebote der *Jugendhilfe jungen Menschen zur Förderung ihrer Entwicklung* zur Verfügung zu stellen sind, § 11 Abs. 1 S. 1 SGB VIII, und nur ausnahmsweise Personen, die das 27. Lebensjahr bereits vollendet haben, in »angemessenem Umfang« einbeziehen können, vgl. § 11 Abs. 4 SGB VIII. Zwar nehmen an solchen Maßnahmen oft ältere Menschen teil, sie müssen jedoch in der Minderzahl sein, damit das Angebot seinen Charakter als Maßnahmen der Jugendarbeit behält. Berücksichtigt man diese Gesichtspunkte, so ergibt sich, dass das Jugendamt nicht ermessensfehlerhaft handelt, wenn es nur für die 12 Teilnehmer und Teilnehmerinnen der Fahrt, die zwischen 20 und 27 Jahre alt sind, Zuschüsse an den Verein zahlt. Etwas anderes mag dann gelten, wenn ältere Teilnehmer bzw. Teilnehmerinnen – ggf. aus eigenem Erleben z.B. als Verfolgte während der Zeit des Nationalsozialismus – bereits während der Reise für eine pädagogische Aufarbeitung der Reise nach Auschwitz beitragen könnten. Dafür gibt es in der Darstellung des Sachverhalts jedoch keine Anhaltspunkte.

Ergebnis: Für die acht älteren Teilnehmer ist die Fahrt nicht zu bezuschussen.

ÜBUNGSBLATT 3

SGB VIII, Kapitel 2: Leistungen der Jugendhilfe, 2. Abschnitt

Der zweite Abschnitt des Kapitels behandelt die **Förderung der Erziehung in der Familie (§§ 16–21 SGB VIII)**.

Literaturhinweise:
Kunkel, Jugendhilferecht, Kap. 3.1.1
Münder/Wiesner/Meysen, Handbuch, Kap. 3.2

Einführung

Der zweite Abschnitt enthält vorbeugende *allgemeine Hilfen für Familien*, um Erziehungs- und Entwicklungsstörungen junger Menschen möglichst zu vermeiden. Im Mittelpunkt der Jugendhilfe soll nicht die Behebung von Defiziten, sondern das Fördern der Entwicklung von Fähigkeiten, Strategien und Ressourcen für eine eigenständige Lebensführung und der Aufbau von Kompetenzen für eine eigenverantwortliche Partizipation am gesellschaftlichen Leben stehen.
Es ist zu beachten, dass § 20 SGB VIII – *Betreuung und Versorgung des Kindes in Notsituationen* – nur die Betreuung und Versorgung des Kinds im *eigenen Haushalt* regelt und keine Rechtsgrundlage für eine *Unterbringung* des Kindes darstellt. Im Unterschied hierzu ermöglicht § 70 Abs. 4 SGB XII im Rahmen, einer Hilfe *zur Weiterführung des Haushalts* eine *vorübergehende anderweitige Unterbringung von Haushaltsangehörigen*.

Fragen, Aufgaben und Fälle

1. Ein Jugendamt führt eine Maßnahme der *Familienerholung einschließlich erzieherischer Kinderbetreuung* durch. Sind die Eltern an den Kosten der Maßnahme zu beteiligen?

2. Sorge- und Umgangsrecht; Aufgaben des Jugendamts
2.1 Fall: Die Eheleute Huber leben getrennt und wollen sich scheiden lassen. Ein Scheidungsantrag wurde beim Familiengericht eingereicht. Gem. § 1671 Abs. 1 BGB hat Frau Huber beantragt, dass das Familiengericht ihr die alleinige elterliche Sorge für die gemeinsame Tochter Kerstin, die 14 Jahre alt ist, überträgt. Kerstin lebt derzeit bei der Mutter, möchte aber lieber zum Vater umziehen. Frau Huber will ihren Mann überhaupt nicht mehr sehen. Kerstin soll ihn nach ihrem Willen möglichst auch nicht besuchen, da er mittlerweile mit einer anderen Frau zusammenlebt. Frau Huber versucht, Kerstin als »Bündnispartner« im Ehestreit zu gewinnen. Nach einem Hinweis des Familiengerichts gem. § 156 Abs. 1 FamFG sucht Frau Huber das Jugendamt auf,

das durch das Familiengericht (vgl. § 17 Abs. 3 SGB VIII) bereits über die Rechtshängigkeit der Scheidungssache Huber informiert worden war.

a) Was ist unter einem »Hinweis« des Familiengerichts in diesem Kontext zu verstehen?

b) Beim Vorliegen welcher Voraussetzungen ist nach § 1671 BGB die gemeinsame elterliche Sorge von Eltern zumindest teilweise durch das Familiengericht aufzuheben?

c) Welche Aufgaben obliegen dem Jugendamt gem. § 17 Abs. 1 SGB VIII?

d) Hat das Jugendamt Kerstin zu beteiligen?

e) Besitzt Kerstin ein Recht auf Umgang mit ihrem Vater, bzw. ist der Vater von Kerstin verpflichtet, den Kontakt mit Kerstin aufrechtzuerhalten?

f) Halten Sie im Fallbeispiel das Bestellen eines Verfahrensbeistands für Kerstin (»Anwalt des Kindes«) gem. § 158 FamFG für erforderlich? Könnte gegebenenfalls auch eine Fachkraft des Jugendamts zum Verfahrensbeistand bestellt werden?

g) Welche Aufgaben hat ein Verfahrensbeistand wahrzunehmen? Inwiefern unterscheiden sich seine Aufgaben von denen einer Fachkraft im Jugendamt, die gem. § 50 SGB VIII, § 162 FamFG im familiengerichtlichen Verfahren durch eine gutachtliche Stellungnahme am Verfahren mitwirkt?

Hinweis: Literatur zur *Verfahrensbeistandschaft: Salgo* u.a.: Verfahrensbeistandschaft. Ein Handbuch für die Praxis, 2. Aufl., Köln 2010. *Röchling (Hrsg.):* Handbuch Anwalt des Kindes. Verfahrensbeistandschaft und Umgangspflegschaft für Kinder und Jugendliche, 2. Aufl., Baden-Baden 2009.

2.2 Fall: Herr Meier erfährt, dass er nicht der biologische Vater von vier, während der Ehe von seiner Ehefrau geborener Kinder ist. Er beschließt, sich scheiden zu lassen und seine Vaterschaft anzufechten, um keinen Unterhalt für die Kinder zahlen zu müssen. Sein Anwalt erzählt ihm, dass er dann aber auch kein Umgangsrecht mehr habe. Ist die Rechtsauffassung des Anwalts zutreffend.

2.3 Fall: Die allein zur elterlichen Sorge berechtigte Mutter des 4jährigen Heiner hat gute Gründe, dass der gewalttätige, wegen Misshandlung Schutzbefohlener vorbestrafte Vater von Heiner sein Umgangsrecht nur unter Beteiligung eines »mitwirkungsbereiten Dritten« wahrnimmt. Das Familiengericht schlägt einen Umgang von zweimal im Monat für jeweils 4 Stunden vor, da Heiner bis vor Kurzem mit beiden Eltern zusammengelebt habe und sehr an seinem Vater hänge. Der »mitwirkungsbereite Dritte« soll nach Wunsch der Mutter ein Mann sein, ein solcher ist jedoch nicht zu finden. Ist »das Jugendamt« verpflichtet, sich als »Dritter« zur Verfügung zu stellen, obwohl nach seiner Behauptung weder Geld noch Personal für diese zeitaufwendige Hilfe zur Verfügung steht? (Vgl. § 1684 Abs. 4 BGB und § 18 Abs. 3 SGB VIII.)

2.4 Fall: In einem Verfahren vor dem Familiengericht gem. §§ 1666, 1666a BGB geht es um Maßnahmen gegen den Stiefvater eines Kinds, der anonym beschuldigt wurde, das Kind während der Abwesenheit der Mutter zu schlagen und vom Schulbesuch abzuhalten. Der Stiefvater bestreitet die Vorwürfe glaubhaft. Er ist inzwischen aus der gemeinsamen Wohnung ausgezogen, möchte aber weiterhin Kontakt zum Kind halten. Das Gericht hört die Beteiligten an und fordert sie auf, gem. § 156 Abs. 1 FamFG eine Beratungsstelle der Jugendhilfe aufzusuchen.

a) Welche Regelung enthält § 156 Abs. 1 FamFG?

b) Hat der Stiefvater ein Umgangsrecht?

c) Hat der Stiefvater einen Anspruch auf Leistungen nach § 18 Abs. 3 SGB VIII?

2.5 Fall: Eine 16jährige schwerbehinderte Pflegetochter, die seit dem dritten Lebensjahr keinen Kontakt zu ihrer leiblichen Mutter hatte, »möchte ihre Wurzeln erforschen« und strebt den Umgang mit der Mutter an. Das Jugendamt möchte ihr helfen. Die leibliche Mutter lehnt einen Umgang jedoch strikt ab. Wie soll sich das Jugendamt verhalten? Kann die Mutter zum Umgang gezwungen werden? (Vgl. §§ 89 f. FamFG.)

3. Fall: Ein Jugendamt möchte in seinem Bereich eine Hausaufgabenbetreuung institutionalisieren. Ziel ist weniger die Vermittlung kognitiven Wissens zur raschen Verbesserung der Schulleistungen als vielmehr die Vermittlung von Arbeitshaltungen (Förderung der Lernfähigkeit). Gedacht ist an folgende Möglichkeiten, die nebeneinander angeboten werden sollen: Einzelunterricht in der Familie eines Kinds oder Gruppenunterricht von Kindern oder Jugendlichen in einem Stadtteil mit vielen Problemfamilien durch mehrere Pädagogen. Der Unterricht findet in einem Jugendzentrum statt. – Handelt es sich in beiden Fällen um Maßnahmen der Förderung der Erziehung in der Familie? Sind die Eltern an den Kosten der Maßnahme zu beteiligen oder kann diese auch kostenlos angeboten werden?

4. Beratung (§ 16 SGB VIII), Jugendberatung, (§ 11 SGB VIII), Erziehungsberatung als Hilfe zur Erziehung (§ 28 SGB VIII)

4.1 Versuchen Sie, die Begriffe *Jugendberatung (§ 11 Abs. 3 Nr. 6 SGB VIII), (präventive) Beratung (§ 16 Abs. 2 Nr. 2 SGB VIII),* und *Erziehungsberatung (§ 28 SGB VIII)* zu unterscheiden.

4.2 Nennen Sie Beispiele für eine Leistung nach den genannten Paragraphen.

4.3 Darf für die Inanspruchnahme von Angeboten der Beratung in allgemeinen Fragen der Erziehung und Entwicklung junger Menschen ein Kostenbeitrag erhoben werden?

5. Fälle:

5.1 Britta ist gestürzt und hat sich ein Bein gebrochen. Ein dreiwöchiger Krankenhausaufenthalt ist unumgänglich. Ihr Mann Klaus, von Beruf Fernfahrer und nur an den Wochenenden zuhause, weiß nicht, was während der Abwesenheit der Mutter mit den beiden Kindern, die 12 und 13 Jahre alt sind, geschehen soll, da keine Nachbarn oder Verwandten vorhanden sind, die helfen könnten. Welche Leistungen können ihm angeboten werden?

5.2 Abwandlung des Falles: Britta ist nicht verheiratet, sondern alleinerziehende Mutter. Welche Hilfemöglichkeit ist in diesem Fall nach dem SGB VIII gegeben? Warum besteht kein Anspruch nach § 38 SGB V auf eine Haushaltshilfe als Leistung der gesetzlichen Krankenversicherung?

5.3 Die Mutter von zwei 2 und 5 Jahre alten Kindern ist nach einem Verkehrsunfall verstorben. Der Vater der Kinder, der von Beruf Fernfahrer ist, kann sich weder tagsüber noch nachts regelmäßig um die Kinder kümmern. Der Vater wendet sich daher mit der Bitte um Betreuung der Kinder im eigenen Haushalt an das Jugendamt. Das Jugendamt lehnt eine derartige Leistung mit der Begründung ab, sie sei nur zeitlich begrenzt in Notfällen möglich. Mit Recht? Welche praktischen Schwierigkeiten sind bei der Durchführung der Leistung entsprechend den Vorstellungen des Vaters denkbar?

6. Fälle zur Unterbringung in gemeinsamer Wohnform:

6.1 Die 16jährige Schülerin Elvira ist im 7. Monat von ihrem Freund Carlos schwanger. Wegen beengter Wohnverhältnisse und aufgrund dauernder Streitigkeiten in der Familie wird sie nach der Geburt nicht bei ihren Eltern wohnen können.

a) Welche Leistungen kann das Jugendamt Elvira vor und nach der Geburt des Kinds anbieten? Wer ist bezogen auf diese Leistungen Anspruchsberechtigter?

b) Welches Jugendamt ist für die Leistung örtlich zuständig, wenn Elvira noch vor der Geburt des Kinds in ein Mutter-Kind-Heim nicht an ihrem Wohnort, sondern in einer anderen Stadt untergebracht wird?

c) Wie ist die Kostentragung und die Heranziehung zu den Kosten für die Leistungen an Elvira bzw. Matthias geregelt, wenn Elvira nach der Geburt ihres Sohnes Matthias zusammen mit diesem in einem Mutter-Kind-Heim lebt?

6.2 Bei der Geburt ihres Kinds ist die 25jährige Frau Schulz verstorben, der 65jährige Witwer beantragt beim Jugendamt »betreutes Wohnen« zusammen mit dem Säugling, da er sich mit der Pflege und Betreuung des Kleinkinds vollkommen überfordert fühle. Das Jugendamt lehnt ab, da eine Jugendhilfeleistung für einen Mann im Rentenalter ausgeschlossen sei. Herr Schulz pocht darauf, dass die beantragte Hilfe ohne Altersbegrenzung zu gewähren sei. Wer hat Recht?

6.3 Die unverheirateten und im Verhalten noch sehr jugendlich wirkenden 18 und 19 Jahre alten Eltern eines Kleinkinds leben zusammen mit dem Kind in beengten Wohnverhältnissen bei den Eltern der Frau. Sie »schaffen« die Betreuung und Versorgung des Kinds recht gut, brauchen hierbei aber regelmäßig Unterstützung, die zurzeit von der Großmutter des Kinds gewährt wird. Die jungen Leute wollen ausziehen und gemeinsam mit ihrem Kind auf Kosten des Jugendamts in einer geeigneten Wohnform der Jugendhilfe gem. § 19 SGB VIII unterkommen. Das Jugendamt lehnt dies ab und bietet stattdessen allein der Mutter eine Unterbringung in einem Mutter-Kind-Heim an. Die Mutter des Kinds ist verunsichert, der junge Vater frustriert. Er hat parallel eine für ihn nicht bezahlbare 3-Zimmer-Wohnung gefunden. Kommt eine Übernahme der Kosten der Wohnung durch das Jugendamt in Betracht? Gäbe es andere Möglichkeiten, um ein Zusammenleben der Eltern mit ihrem Kind zu ermöglichen?

6.4 Ein Vater hat im Affekt seine Frau, die Mutter dreier gemeinsamer Kinder, getötet. Er verbüßt derzeit eine 5jährige Haftstrafe. Die Mutter ließ ihre Kinder oft bei ihrem Mann zurück und unterhielt Beziehungen zu mehreren Männern. Der Vater versorgte die drei Kinder stets gut und gewissenhaft – auch nach der Tat bis zu seiner Inhaftierung. Seitdem der Vater seine Haftstrafe verbüßt, leben die Kinder in einem Heim, das als Leistung nach dem Opferentschädigungsgesetz durch den Träger von Leistungen der Kriegsopferfürsorge finanziert wird, denn die Kinder haben als Hinterbliebene des Opfers einer Gewalttat Ansprüche auf Opferentschädigung. Auch während der Haftzeit gab es regelmäßige Besuchskontakte und Schriftverkehr zwischen dem Vater und seinen Kindern. Nach Verbüßung von 2/3 der Strafe ist jetzt mit der Entlassung des Vaters zu rechnen. Der Vater beantragt eine Unterstützung gem. § 19 SGB VIII. Er möchte, dass die Kinder nach seiner Haftentlassung im Rahmen des »betreuten Wohnens« gemeinsam mit ihm untergebracht werden.

a) In welchem Verhältnis stehen Leistungsansprüche der Kinder nach dem Opferentschädigungsgesetz (OEG) zu Leistungsansprüchen nach dem SGB VIII?

b) Ist im Fall nach Ende der Haftstrafe ein gemeinsames Wohnen des Vaters mit seinen Kindern bei Unterstützung durch eine sozialpädagogische Familienhilfe gem. §§ 27, 31 SGB VIII möglich?

c) Steht dem Vater nach seiner Haftentlassung eine Hilfe gem. § 19 SGB VIII zu?

6.5 Die 16jährige Viola lebt im Heim, nachdem das Jugendamt ihrer allein personensorgeberechtigten Mutter auf deren Antrag Hilfe zur Erziehung gem. §§ 27, 34 SGB VIII gewährt hat. Als im Heim festgestellt wird, dass Viola von einem anderen Heimbewohner, dem 17jährigen Klaus, schwanger ist, wird der vom zuständigen Jugendamt gem. § 36 Abs. 2 S. 2 SGB VIII aufgestellte Hilfeplan insoweit geändert, als nunmehr eine gemeinsame Lebensperspektive von Mutter und Kind vorgesehen wird. Beide sollen in der Wohngruppe des Heims verbleiben und dort zwei Zimmer bewohnen.
Ist nach der Geburt des Kinds weiterhin Hilfe zur Erziehung für Viola zu leisten oder ist Rechtsgrundlage der Leistungen nunmehr eine Hilfe gem. § 19 SGB VIII?

7. Fall: Haben die Eltern der 12jährigen Kati, die während des ganzen Jahres als Binnenschiffer unterwegs sind, gem. § 21 SGB VIII einen Anspruch gegen den Träger der öffentlichen Jugendhilfe (Jugendamt) auf Übernahme der Kosten des Internats, in dem sie ihre Tochter untergebracht haben?

8. Fall: Der 14jährige Karl hat Schwierigkeiten in der Schule, die sich in nachlassenden Leistungen niederschlagen. Er hat wenig Motivation, etwas zu lernen, Fehlzeiten (Schuleschwänzen) häufen sich, ohne dass die üblichen Mittel (schulische Erziehungsmaßnahmen) etwas nützen. Die Eltern möchten ihren Sohn im Internat unterbringen; die Schule befürwortet dies.
Ist eine Internatsunterbringung gem. § 21 SGB VIII als Jugendhilfeleistung möglich?

Lösungen zu Übungsblatt 3

SGB VIII, Kapitel 2: Leistungen der Jugendhilfe, 2. Abschnitt

1. *Familienerholung einschließlich erzieherischer Kinderbetreuung* gehört gem. § 16 Abs. 2 Nr. 3 SGB VIII zu den Leistungen zur Förderung der Erziehung in der Familie. Gem. § 90 Abs. 1 Nr. 2 SGB VIII gehört dieses Angebot zu denjenigen Angeboten, für deren Inanspruchnahme *Kostenbeiträge* festgesetzt werden können. Allerdings *soll* der Kostenbeitrag gem. § 90 Abs. 2 SGB VIII auf Antrag ganz oder teilweise erlassen werden, wenn die Belastung den Eltern und dem Kind nicht zuzumuten und die Förderung für die Entwicklung des jungen Menschen erforderlich ist. Bei privatrechtlicher Ausgestaltung des Rechtsverhältnisses zwischen dem Anbieter der Leistung – einem Träger der freien oder öffentlichen Jugendhilfe – wird kein Kostenbeitrag erhoben, sondern können *Teilnahmebeiträge* zu entrichten sein. Träger der öffentlichen Jugendhilfe haben, wenn sie Leistungen selbst erbringen, ein Wahlrecht zwischen einer privat- oder einer öffentlich-rechtlichen Ausgestaltung des Benutzungsverhältnisses und somit zwischen der Erhebung eines Kostenbeitrags bzw. dem Fordern eines Teilnahmebeitrags. Teilnahmebeiträge der Träger der freien Jugendhilfe können vom Träger der öffentlichen Jugendhilfe auf Antrag ganz oder teilweise übernommen werden.

Ergebnis: Für die Maßnahme kann ein Kostenbeitrag bzw. ein Teilnahmebetrag vom Jugendamt erhoben werden.

2.1 Fall:

a) Das Familiengericht weist scheidungswillige Parteien, die vor Gericht auch um das Sorge- und Umgangsrecht für ihre minderjährigen Kinder streiten, gem. § 156 Abs. 1 FamFG auf die bestehenden Möglichkeiten der Beratung durch Beratungsstellen und -dienste der Träger der Jugendhilfe hin. Informiert wird das Jugendamt unabhängig von bestehenden Streitigkeiten zwischen den Eltern durch das Familiengericht bereits im Zeitpunkt der Rechtshängigkeit des Scheidungsverfahrens. Das Gericht teilt Name(n) und Anschrift(en) der Eltern mit, um es dem Jugendamt zu ermöglichen, die Eltern über das Leistungsangebot der Jugendhilfe bei Trennung und Scheidung zu unterrichten (vgl. § 17 Abs. 3 SGB VIII).

b) Nach § 1671 Abs. 2 BGB ist einem Antrag auf (teilweise) Übertragung der Alleinsorge stattzugeben, soweit

1. der andere Elternteil zustimmt, es sei denn, dass das Kind, das 14. Lebensjahr vollendet hat, der Übertragung widerspricht, *oder*
2. zu erwarten ist, dass die Aufhebung der gemeinsamen Sorge und die Übertragung auf den Antragsteller (im Fall Frau Huber) dem Wohl des Kinds *am besten* entspricht.

Zudem kann das Gericht einem Elternteil Teile der bzw. die elterliche Sorge entziehen, wenn von dem einen Elternteil eine Gefährdung des Kindewohls im Sinne der §§ 1666, 1666a BGB ausgeht (§ 1671 Abs. 3 BGB). Eine entsprechende Entscheidung ergeht von Amts wegen und setzt keinen Antrag eines Elternteils voraus.

Ergebnis: Obwohl die 14jährige Kerstin dem Antrag ihrer Mutter auf Zuweisung der Alleinsorge widerspricht, kommt das Übertragen der elterlichen Sorge allein auf ihre Mutter, Frau Huber, in Betracht, wenn dies dem Kindswohl am Besten entspricht, § 1671 Abs. 2 Nr. 2 BGB. Ob dies der Fall ist, lässt sich angesichts der knappen Sachverhaltsschilderung nicht abschließend entscheiden.

c) Gem. § 17 Abs. 1 SGB VIII haben Mütter und Väter im Rahmen der Jugendhilfe Anspruch auf Beratung in Fragen der Partnerschaft, wenn sie für ein Kind oder einen Jugendlichen zu sorgen haben oder tatsächlich sorgen. Im Falle der Trennung und Scheidung (§ 17 Abs. 1 Nr. 3 SGB VIII) soll die Beratung helfen, die Bedingungen für eine dem Wohl des Kinds oder des Jugendlichen förderliche Wahrnehmung der Elternverantwortung zu schaffen. Die Beratung kann auch eine Rechtsberatung umfassen, jedoch keine rechtliche Vertretung.

d) § 17 Abs. 2 SGB VIII befasst sich mit der Unterstützung der Eltern bei der Entwicklung eines einvernehmlichen Konzepts für die Wahrnehmung der elterlichen Sorge *unter angemessener Beteiligung des betroffenen Kinds oder Jugendlichen.* In der Praxis werden in der Regel bereits Kinder im Vorschulalter auf verschiedene Art und Weise beteiligt.

Ergebnis: Bei der Beratung durch den Träger der öffentlichen oder freien Jugendhilfe ist Kerstin zu beteiligen.

e) Gem. § 1684 Abs. 1 BGB hat Kerstin ein Recht auf Umgang mit ihrem Vater, und ist dieser zum Umgang mit seiner Tochter *verpflichtet und berechtigt.*

f) § 158 FamFG nennt die Voraussetzungen für die Bestellung eines Verfahrensbeistands durch das Familiengericht. Gem. § 158 Abs. 1 FamFG hat das Gericht dem minderjährigen Kind in Kindschaftssachen einen Verfahrensbeistand zu bestellen, *soweit dies zur Wahrnehmung seiner Interessen erforderlich ist.* § 158 Abs. 2 FamFG beschreibt Konstellationen, in denen das Gericht regelmäßig einen Verfahrensbeistand zu bestellen hat – wie in den Fällen, in denen *das Interesse des Kinds zu dem seiner (beiden) gesetzlichen Vertreter in erheblichem Gegensatz steht,* § 158 Abs. 2 Nr. 1 FamFG. Das wäre bei der Geltendmachung ihres eigenen Umgangsrechtes durch Kerstin z.B. dann der Fall, wenn Herr Huber seiner Umgangspflicht nicht nachkommen möchte oder Frau Huber die Ausübung des Umgangs aktiv hintertreibt, demnach beide Eltern am Umgang von Kerstin mit ihrem Vater nicht interessiert sind. Im Fallbeispiel lässt sich zumindest eine Umgangsvereitelung durch Frau Huber nicht auszuschließen.

Ergebnis: Die Bestellung eines Verfahrensbeistands ist gem. § 158 Abs. 2 Nr. 1 FamFG in diesem hochstreitigen Sorge- und Umgangsrechtsverfahren erforderlich.

g) Der *Verfahrensbeistand* hat ausschließlich die Interessen des Kinds festzustellen und im gerichtlichen Verfahren zur Geltung zu bringen, § 158 Abs. 4 S. 1 FamFG. In seiner gutachtlichen Stellungnahme betrachtet das *Jugendamt* hingegen die Familie insgesamt und berücksichtigt die Interessen aller Familienmitglieder, hat demnach eher einen systemischen Ansatz.

2.2 Fall: Solange Herr Meier zwar nicht biologisch, aber rechtlich *Vater* der Kinder ist, da er im Zeitpunkt ihrer Geburt mit der Mutter der Kinder verheiratet war (§ 1592 Nr. 1 BGB) hat er ein Umgangsrecht und eine Umgangspflicht gem. § 1684 Abs. 1 BGB. Bei einer erfolgreichen Anfechtung der Vaterschaft(en) durch Klage des Herrn Meier gegen seine Kinder vor dem Familiengericht binnen einer Frist von 2 Jahren nach Kenntnis der Umstände, die gegen eine Vaterschaft sprechen (§§ 1600, 1600b Abs. 1 BGB), tritt eine Änderung ein: Mit der rechtskräftigen Feststellung des Gerichts, dass Herr Meier nicht Vater der Kinder ist, endete seine Vaterschaft, § 1599 Abs. 1 BGB, und damit sein Umgangsrecht und seine Umgangspflicht als rechtlicher Vater gem. § 1684 Abs. 1 BGB. Herrn Meier verbleibt jedoch ein Umgangsrecht nach § 1685 Abs. 2 BGB, da er eine enge Bezugsperson der Kinder gewesen ist und für diese tatsächliche Verantwortung getragen hat. Es besteht daher eine *sozial-familiäre Beziehung* zwischen Herrn Meier und den Kindern. Voraussetzung ist ferner, dass *der Umgang dem Wohl der Kinder dient* (§ 1685 Abs. 1 BGB).

Ergebnis: Nach rechtskräftiger Feststellung, dass Herr Meier nicht Vater der Kinder ist, kann er sich bezüglich eines Umgangsrecht zwar nicht mehr auf § 1684 Abs. 1 BGB berufen, da er nicht mehr rechtlicher Vater ist, er könnte aber ein Umgangsrecht aus § 1685 Abs. 2 BGB als sozial-familiäre Bezugsperson der Kinder besitzen.

2.3 Fall: Das Familiengericht plant hier eine Entscheidung über die Durchführung eines »begleiteten Umgangs« gem. § 1684 Abs. 4 S. 3 BGB *in Anwesenheit eines »mitwirkungsbereiten« Dritten.* Eine solche gerichtliche Entscheidung wird dann unumgänglich, wenn eine einverständliche freiwillige Problemlösung nicht erzielt werden konnte. Eine *gerichtliche Regelung des Umgangs des Kinds mit einem Elternteil* unter Einbeziehung eines »Aufpassers« stellt ebenso wie ein vollständiger Ausschluss des Umgangsrechts eine erhebliche Einschränkung des Elternrechts auf Umgang dar und ist nur dann gerechtfertigt, wenn dies zum Wohl des Kinds *erforderlich* ist. *Auf längere Zeit oder auf Dauer* kann eine solche Einschränkung oder ein Ausschluss des Umgangsrechts oder des Vollzugs des Umgangs nur dann angeordnet werden, wenn andernfalls das Wohl des Kinds *gefährdet* wäre, § 1684 Abs. 4 S. 1, 2 BGB. Eine solche Gefährdung des Kinds durch (unbegleitete) Kontakte mit dem anderen Elternteil müsste gegebenenfalls dargelegt und bewiesen werden. In der Praxis kommt es zur Anordnung eines begleiteten Umgangs zum Beispiel bei Verdacht des sexuellen Missbrauchs gegen den »Besuchselternteil«, der Gefahr von Straftaten (z.B. Drogendelikten) während des Umgangs sowie bei geistig behinderten oder psychisch kranken Eltern(teilen).

Dritter beim begleiteten Umgang kann eine namentlich benannte *natürliche Person* oder ein *Träger der Jugendhilfe,* demnach auch der öffentliche Träger der Ju-

gendhilfe, oder ein *Verein* sein. Allerdings kann das Familiengericht nicht über Personal und Haushaltsmittel des Trägers der öffentlichen Jugendhilfe bestimmen und das Jugendamt zur Begleitung von Umgangskontakten »zwingen«.
Rechtsansprüche gegenüber dem Jugendamt auf begleiteten Umgang richten sich vielmehr nach dem SGB VIII. Gem. § 18 Abs. 3 S. 4 SGB VIII soll Jugendhilfe bei der »Herstellung von Umgangskontakten und bei der Ausführung gerichtlicher oder vereinbarter Umgangsregelungen *vermitteln und in geeigneten Fällen Hilfestellung* leisten«. Ihm obliegt somit die Unterstützung bei der Ausübung des Umgangsrechts auch in Fällen, in denen ein Dritter einzubeziehen ist, damit ein Umgang stattfinden kann. Für die Bereitstellung dieser Leistung hat der öffentliche Träger der öffentlichen Jugendhilfe im Rahmen seiner Gesamtverantwortung gem. § 79 Abs. 1 SGB VIII Sorge zu tragen, er ist zur *Finanzierung* des Maßnahme verpflichtet und muss, sofern er nicht eigenes Personal einsetzt, dem nicht ehrenamtlich tätigen Dritten eine Vergütung zahlen.
Falls das Jugendamt Umgangskontakte nicht für so schädlich hält, dass es sie gänzlich ablehnt, sondern ebenso wie das Gericht einen »begleiteten Umgang« befürwortet, könnte so verfahren werden: Die im familiengerichtlichen Verfahren mitwirkende Fachkraft des Jugendamts schlägt dem Gericht Modalitäten des Umgangs vor und benennt auch einen geeigneten »Dritten« zur Umgangsüberwachung oder -begleitung, sofern diese Aufgabe nicht durch das Jugendamt selbst übernehmen werden sollen. Auch die Mutter als Sorgeberechtigte kann Wünsche äußern, konkrete Vorschläge zur Bestimmung eines Dritten machen und auf dessen Eignung eingehen. Letztlich obliegt die Auswahl aber weder ihr, noch dem Jugendamt, sondern in Fällen einer gerichtlichen Umgangsregelung dem Familiengericht. Da das Jugendamt jedoch eigenständig das Vorliegen der Voraussetzungen des § 18 SGB VIII zu prüfen hat, sollte das Familiengericht nur einen Dritten wählen, der auch von den Fachkräften des Jugendamts als geeignet angesehen wird.

Ergebnis: Das Jugendamt sollte dem Familiengericht rechtzeitig vor dessen Entscheidung Vorschläge zum Ausschluss des Umgangs oder zur Ausübung des Umgangsrechts unter Einbeziehung eines den Umgang begleitenden »mitwirkungsbereiten« Dritten unterbreiten.

2.4 Fall:

a) Gemäß § 156 Abs. 1 S. 1 FamFG soll das Gericht in Kindschaftssachen, die die elterliche Sorge bei Trennung und Scheidung, den Aufenthalt des Kinds, das Umgangsrecht oder die Herausgabe des Kinds betreffen, in jeder Lage des Verfahrens auf ein Einvernehmen der Beteiligten hinwirken, wenn dies dem Kindswohl nicht widerspricht. Es weist auf die Möglichkeiten der Beratung durch die Beratungsstellen und -dienste der Träger der Jugendhilfe hin. Zudem hat es Kindschaftssachen vorrangig und beschleunigt durchzuführen, § 155 Abs. 1 FamFG.

b) Während in den bisher behandelten Fällen die Sorgerechtsentscheidung und Umgangsregelung im Zusammenhang mit Trennung oder Scheidung der Eltern anstanden, handelt es sich bei der Umgangsregelung in diesem Fall wohl eher um ein Verfahren, in dem das Familiengericht auf *Anregung* des Jugendamts gem. § 8a

SGB VIII – tätig geworden ist. § 1666 Abs. 1 und Abs. 4 BGB ermöglichen *Maßnahmen des Gerichts* gegen sorgeberechtigte Eltern oder gegen einen *Dritten* wegen deren Handlungen oder Unterlassungen, die das Kindswohl erheblich gefährden.
Die das Kindswohl gefährdenden Handlungen oder Unterlassungen wären hier auf Seiten des Stiefvaters (»Dritten«) die Misshandlung des Kinds und das Abhalten desselben vom Schulbesuch. Das Verhalten der Mutter ist nach der Fallgestaltung dagegen unklar. Weitere Voraussetzung für einen gerichtlichen Eingriff »mit Wirkung gegen den Dritten« ist, dass die Kindswohlgefährdung bisher nicht abgewendet werden konnte. Hier könnte durch den mittlerweile erfolgten Auszug des Stiefvaters die Gefahr abgewendet worden sein und damit die Grundlage für *Maßnahmen des Gerichts* mit Wirkung gegen den Stiefvater entfallen sein.
Zu prüfen bleibt das Bestehen eines Umgangsrechts: Der Stiefvater hat ein Umgangsrecht mit dem Kind nach Trennung vom Elternteil des Kinds, wenn der Umgang dem Wohl des Kinds dient, er eine enge Bezugsperson des Kinds ist und er für das Kind tatsächliche Verantwortung getragen hat, demnach eine sozial-familiäre Beziehung zwischen ihm und dem Kind besteht, § 1685 Abs. 2 BGB. Trotz des längeren Zusammenlebens lässt aber der derzeit nicht widerlegte Misshandlungsverdacht eher den Schluss zu, dass der Umgang des Stiefvaters mit dem Kind dem Kindswohl nicht dient. Der Stiefvater hat daher zurzeit kein Recht auf Umgang. Die Möglichkeit, einen begleiteten Umgang in Anwesenheit eines Dritten« anzuordnen, besteht theoretisch, dürfte hier aber ebenfalls dem Kindswohl zuwiderlaufen.

Ergebnis: Der Stiefvater hat auch dann, wenn er zuvor längere Zeit mit dem Kind in häuslicher Gemeinschaft gelebt hat, kein Recht auf Umgang mit dem Kind, da ein Umgang nicht zweifelsfrei dessen Wohl dient, solange die Misshandlungsvorwürfe nicht ausgeräumt sind (§ 1685 Abs. 2 und Abs. 1 BGB). Ein »begleiteter Umgang« in Anwesenheit eines Dritten dürfte ebenfalls nicht in Betracht kommen (§§ 1685 Abs. 3 i.V.m. § 1684 Abs. 4 S. 3 und 4 BGB).

c) Der Stiefvater kann als grundsätzlich gem. § 1685 BGB Umgangsberechtigter verlangen, dass er vom Träger der öffentlichen Jugendhilfe *beraten* und bei der Ausübung des Umgangsrechts *unterstützt* wird, § 18 Abs. 3 S. 2 SGB VIII. Geht man im vorliegenden Fall jedoch davon aus, dass ein Umgang dem Kindswohl *nicht dient,* gehört zu der Beratung auch die Information dahingehend, dass die gerichtliche Geltendmachung eines vermeintlichen Umgangsrechts letztlich erfolglos bliebe und dem Kind möglicherweise weiteren seelischen Schaden zufügen würde.

Ergebnis: Der Stiefvater hat einen Anspruch auf Beratung und Unterstützung bei der Ausübung des Umgangsrechts.

2.5 Fall: § 1684 Abs. 1 BGB normiert das Recht des Kinds auf Umgang mit jedem Elternteil. Die 16jährige Pflegetochter, die ihre Mutter seit 13 Jahren nicht gesehen hat, ist demnach zum Umgang berechtigt. Das Jugendamt muss sie gem. § 18 SGB VIII beraten und bei der Ausübung des Umgangsrechts unterstützen. Das bedeutet hier wahrscheinlich, dafür Sorge zu tragen, dass der Umgang behutsam »angebahnt« wird, bevor die eigentlichen Kontakte stattfinden, und dass der Umgang gegebenenfalls zur Überwindung der beiderseitigen Befangenheit zunächst einmal

durch einen Dritten gem. § 1684 Abs. 4 SGB VIII »begleitet« wird. Der Dritte sollte hier vermutlich nicht nur »anwesend« sein, sondern aktiv bei der Gestaltung des Umgangs helfen und gegebenenfalls bei der schwerbehinderten Jugendlichen weitere Aufgaben der Beaufsichtigung wahrnehmen.
Allerdings lehnt die Mutter im Fallbeispiel den Kontakt ab. Sie kann vom Jugendamt nicht zur Änderung ihrer Meinung gezwungen, sondern nur über die Vorteile eines Umgangs sowohl für sie als auch für ihre Tochter beraten werden.
Eine gerichtliche Anordnung von Umgangskontakten ist auch gegen umgangsunwillige Elternteile denkbar. Es kommt auch eine Vollstreckung der gerichtlichen Regelung durch ein Festsetzen von zuvor durch das Gericht anzudrohendem Ordnungsmitteln, § 89 FamFG, oder durch Anwendung unmittelbaren Zwangs, § 90 Abs. 1 FamFG, in Betracht. Eine Gewaltanwendung *gegen das Kind* zur Erzwingung von Umgang ist jedoch nicht zulässig, § 90 Abs. 2 FamFG Vor der Vollstreckung eines Umgangstitels gegenüber einem umgangsunwilligen Elternteil ist zudem zu prüfen, ob die Vollstreckung mit dem Kindswohl vereinbar ist (BVerfG 1.4.2008 – 1 BvR 1620/04).

Ergebnis: Eine gerichtliche Anordnung von Umgangskontakten gegen einen umgangsunwilligen Elternteile ist möglich. Die Vollstreckung einer entsprechenden gerichtlichen Umgangsentscheidung mit Zwangsmitteln entspricht jedoch vielfach nicht dem Kindswohl und ist daher in der Praxis selten.

3. Fall: In beiden Fällen handelt es sich um Maßnahmen der *allgemeinen Förderung der Erziehung in der Familie* (§ 16 SGB VIII). Ziel der Förderung ist die Stärkung der familialen Erziehungsmöglichkeiten durch das Vermitteln von Wissen und Werthaltungen ebenso wie durch eine zeitweise Entlastung oder das Anregen von Möglichkeiten zur Selbsthilfe. § 16 Abs. 2 SGB VIII zählt *beispielhaft* wesentliche Inhalte der Förderung auf, nämlich *Familienbildung, Beratung in allgemeinen Fragen der Erziehung (Nr. 2), Angebote der Familienfreizeit- und Familienerholung (Nr. 3).* Die »Hausaufgabenhilfe« in der beschriebenen Weise könnte zu den Maßnahmen der *Erziehungsberatung* gem. § 16 Abs. 2 Nr. 2 SGB VIII gehören, sofern sie nicht eine Maßnahme der in. § 13 Abs. 1 SGB VIII geregelten *Schulsozialarbeit* darstellt. Wie aber besonders Beispiel 1 der Fallgestaltung (Einzelunterricht in der Familie eines Kinds mit dem Ziel der Förderung der Lernfähigkeit) zeigt, geht es weniger um die schulische Ausbildung und soziale Integration benachteiligter Kinder und Jugendlicher *außerhalb des Elternhauses*, wie sie in § 13 SGB VIII geregelt ist, sondern um eine Förderung *der Arbeitshaltungen und der Lernfähigkeit* solcher Kinder aus einem sozialen Brennpunkt, deren Eltern vermutlich mit der in Deutschland auch heute als Aufgabe von Eltern verstandenen Hausaufgabenbetreuung ihrer Kinder überfordert sind. Die gleichen Aspekte gelten für den geplanten Förderunterricht im Jugendzentrum.

Ergebnis: In beiden Fällen handelt es sich um Angebote der Förderung der Erziehung in der Familie durch Beratung gem. § 16 Abs. 1 Nr. 2 SGB VIII, für deren Inanspruchnahme *kein Kostenbeitrag* gem. § 90 SGB VIII festgesetzt werden kann.

4.

4.1 Zur *Jugendarbeit* werden *familienergänzende* Sozialisationshilfen gerechnet, die außerhalb von Schule und Beruf erfolgen und junge Menschen ohne Umweg über die Eltern ansprechen. *Jugendberatung* (§ 11 Abs. 3 Nr. 6 SGB VIII) versteht sich heute in diesem Zusammenhang vielfach als *mobile stadtteilorientierte Jugend- und Freizeitarbeit* und richtet sich häufig an *junge Menschen in spezifischen Gefahrenlagen*. Neben gemeinwesenorientierten Ansätzen gehört auch die Einzelberatung hierher. Demgegenüber richtet sich das Angebot der *Beratung in allgemeinen Fragen der Erziehung* an die *Familie*. Es soll hier deutlich gemacht werden, dass Erziehungsberatung sich – losgelöst vom Einzelfall – auch auf den *präventiven* Bereich erstreckt. Im Gegensatz dazu steht die *Erziehungsberatung* als eine Form der *Hilfe zur Erziehung* gem. §§ 27, 28 SGB VIII. Diese zielt darauf ab, spezifische Entwicklungs-, Erziehungs- und Lebensschwierigkeiten eines Kindes oder Jugendlichen zu beheben.

4.2 Beispiel für Beratung gem. § 11 Abs. 3 Nr. 6 SGB VIII: Ein Streetworker (Sozialarbeiter) informiert einen gewaltbereiten jugendlichen Fußballfan über die Bedeutung eines gegen ihn ausgesprochenen Hausverbots (Verbot des Vereins, das Stadion zu betreten).
Beispiel für Beratung in allgemeinen Fragen der Erziehung und Entwicklung junger Menschen gem. § 16 Abs. 2 Nr. 2 SGB VIII: Das Jugendamt informiert die Eltern aller neugeborener Kinder brieflich über die Entwicklung von Säuglingen und Kleinkindern (Elternbriefe).
Beispiel für Erziehungsberatung gem. §§ 27, 28 SGB VIII: Das Jugendamt gewährt der allein zur elterlichen Sorge berechtigten Frau Schulz, der Mutter von Julia, Hilfe zur Erziehung durch Erziehungsberatung, nachdem Julia durch Diebstähle und Schwänzen der Schule aufgefallen ist.

4.3 Es gilt der Grundsatz des *kostenfreien Zugangs zur Beratung*, während andere im Katalog des § 16 SGB VIII erwähnte Angebote der allgemeinen Förderung der Erziehung in der Familie nicht kostenfrei in Anspruch genommen werden können. Das Erheben von Kostenbeiträgen ist daher in § 90 Abs. 1 SGB VIII nicht vorgesehen.

5. Fälle

5.1 Britta fällt als Mutter, die die überwiegende Betreuung der beiden Kinder übernommen hat, aus gesundheitlichen Gründen für eine Weile aus. Ihr Mann Klaus soll *bei der Betreuung und Versorgung der im Haushalt lebenden Kinder* unterstützt werden, da

- er wegen berufsbedingter Abwesenheit – Klaus ist Fernfahrer und nur an den Wochenenden zuhause – nicht in der Lage ist, während der Woche diese Aufgabe wahrzunehmen (§ 20 Abs. 1 Nr. 1 SGB VIII),
- ferner diese Hilfe erforderlich ist, um das Wohl der Kinder zu gewährleisten (§ 20 Abs. 1 Nr. 2 SGB VIII). Hierfür spricht, dass eine Unterbringung während

der relativ kurzen Zeit von drei Wochen in einem Heim oder einer Pflegestelle einen unverhältnismäßig großen Eingriff bedeuten würde,

- schließlich Angebote der Förderung in Tageseinrichtungen oder in Tagespflege bei den Kindern aufgrund des erforderlichen zeitlichen Umfangs der Hilfe vermutlich nicht ausreichen würden (§ 20 Abs. 1 Nr. 3 SGB VIII).

5.2 Gemäß § 20 Abs. 2 SGB VIII erhalten die Kinder volle Versorgung und Betreuung zuhause, da der die Kinder alleinerziehende Elternteil Britta ausfällt. Die Hilfe ist nur zu leisten, wenn die Betreuung in einer Tageseinrichtung oder Tagespflege nicht ausreicht, wie der Verweis auf § 20 Abs. 1 Nr. 3 SGB VIII klarstellt. Davon ist hier auszugehen. Zum Inhalt der Leistung gehört: Hausaufgabenbetreuung und Spiel mit den Kindern, Aufgaben im Haushalt wie Zubereiten von Mahlzeiten und Reinigung der Wohnräume.
Diese Aufgaben sind auch von einer Haushaltshilfe im Rahmen des § 38 SGB V wahrzunehmen. Gegenüber § 38 SGB V ist die Hilfe nach § 20 SGB VIII nachrangig, § 10 Abs. 1 S. 1 SGB VIII. Dies gilt allerdings nur, wenn im Haushalt ein Kind lebt, das bei Beginn der Haushaltshilfe das 12. Lebensjahr noch nicht vollendet hat oder das behindert und auf Hilfe angewiesen ist. Hier haben beide Kinder das 12. Lebensjahr bereits vollendet. Damit entfällt ein Anspruch auf Leistungen nach dem SGB V und somit besteht kein Vorrang-Nachrang-Verhältnis, sondern allein ein Leistungsanspruch nach dem SGB VIII.

Ergebnis: Im ersten Fall (5.1) besteht gem. § 20 Abs. 1 SGB VIII ein Anspruch des Vaters auf Unterstützung bei der Versorgung und Betreuung der beiden Kinder im elterlichen Haushalt, da von einer Reduzierung des Ermessens des Jugendamts auf Null auszugehen ist; im zweiten Fall (5.2) haben die Kinder beim Ausfall der alleinerziehenden Mutter Britta einen Anspruch gem. § 20 Abs. 2 SGB VIII auf (volle) Betreuung und Versorgung zuhause, da wiederum von einer Reduzierung des Ermessens des Jugendamts auf Null auszugehen ist. Auf die Hilfe gem. § 38 SGB V kann hier wegen des Alters der Kinder nicht verwiesen werden.

5.3 Der Wortlaut des § 20 SGB VIII bietet keinen Anhaltspunkt dafür, dass die Hilfe beim Ausfall des alleinerziehenden Elternteils nur kurzfristig oder vorübergehend gewährt werden könnte. Sie ist vielmehr solange zu leisten, wie die Notsituation besteht (»wenn und solange es für das Wohl des Kindes erforderlich ist«).

Ergebnis: Der Argumentation des Jugendamts ist nicht zu folgen; die Kinder haben einen Anspruch gem. § 20 Abs. 2 SGB VIII auf Betreuung und Versorgung im elterlichen Haushalt. In der Praxis wird es dennoch (leider) häufig zur Unterbringung der Kinder in einem Heim oder in einer Pflegestelle kommen, auch wenn diese mit einer Geschwistertrennung verbunden ist, da es an geeigneten Personen mangelt, die während des Ausfalls der Eltern in einem fremden Haushalt Tag und Nacht tätig werden *möchten* – und im Einverständnis betroffener Eltern – auch *dürfen*.

6. Fälle:

6.1

a) Die 16jährige Elvira könnte gem. § 19 Abs. 1 S. 3 SGB VIII bereits vor der Geburt ihres Kinds in einer geeigneten Wohnform betreut werden. Nach der Geburt des Kinds hat sie dann Anspruch auf gemeinsame Unterbringung mit dem Kind in dieser Wohnform (z.B. Mutter-Kind-Heim), *wenn und solange sie aufgrund ihrer Persönlichkeitsentwicklung dieser Form der Unterstützung bei der Pflege und Erziehung ihres Kindes bedarf* (§ 19 Abs. 1 S. 1 SGB VIII). Dies ist aus mehreren Gründen zu bejahen: Bei der Jugendlichen ist die Persönlichkeitsentwicklung noch nicht abgeschlossen. Von fehlender Reife und mangelnder Selbständigkeit ist auszugehen. Das persönliche Umfeld ist zurzeit wegen der beengten Wohnverhältnisse und der Streitigkeiten in der Familie ungünstig. Besonders im Zusammenhang mit den neuen Aufgaben, die Schwangerschaft und Mutterschaft darstellen, bedarf die Jugendliche daher der Unterstützung durch Unterbringung außerhalb des Elternhauses und durch pädagogische Hilfen bei der Betreuung des Säuglings. Während der Unterbringung soll darauf hingewirkt werden, dass Elvira ihre schulische Ausbildung fortsetzt (§ 19 Abs. 2 SGB VIII). Elvira selbst ist gem. § 19 SGB VIII anspruchsberechtigt (vgl. zur sozialrechtlichen Handlungsfähigkeit einer Minderjährigen § 36 SGB I).

b) Bei einer Unterbringung der schwangeren Jugendlichen im Bereich eines anderen Jugendamts ändert sich an der örtlichen Zuständigkeit nichts. Gem. § 86b SGB VIII bleibt das Jugendamt örtlich zuständig, in dessen Bereich Elvira als nach § 19 SGB VIII Leistungsberechtigte vor Beginn der Leistung ihren gewöhnlichen Aufenthalt hatte. Das ist das Jugendamt der Stadt oder des Kreises, in dem Elvira zusammen mit ihren Eltern lebte. Dieses Jugendamt ist für die pädagogische Hilfe und für die *Kostentragung* zuständig.

c) Zur Hilfe gehört gem. § 19 Abs. 3 SGB VIII der notwendige Unterhalt von Mutter und Kind und ggf. die Krankenhilfe nach § 40 SGB VIII, sofern keine Krankenversicherung besteht. Das heißt, dass das Jugendamt die Heimkosten übernehmen und den Pflegesatz an den Träger des Heims entrichten muss.
Für die *Heranziehung zu den Kosten* bezogen auf *Unterbringung und Betreuung des Säuglings Matthias* gilt: Matthias selbst wird aus seinem *Einkommen,* sofern vorhanden, zu den Kosten herangezogen (§§ 91 Abs. 1 Nr. 2, 92 Abs. 1 Nr. 1, 93 SGB VIII). Ferner haben Elvira und Carlos, sofern er als rechtlicher Vater von Matthias feststeht, einen Kostenbeitrag aus ihrem *Einkommen* zu leisten (§§ 91 Abs. 1 Nr. 2, 92 Abs. 1 Nr. 5, 93). Vorrangig ist Matthias zu den Kosten heranzuziehen (§ 94 Abs. 1 S. 3 SGB VIII).
Heranziehung zu den Kosten bezogen auf *Unterbringung und Betreuung von Elvira:* Elvira selbst kann zu den Kosten herangezogen werden (§§ 91 Abs. 1 Nr. 2, 92 Abs. 1 Nr. 1, 93 SGB VIII). Hingegen sind die Eltern von Elvira nicht zu den Kosten heranzuziehen (§ 92 Abs. 4 S. 2 SGB VIII). Sofern Carlos als Lebenspartner von Elvira gelten kann, kann er zu den Kosten herangezogen werden (§§ 91 Abs. 1 Nr. 2, 92 Abs. 1 Nr. 4 SGB VIII).

6.2 Zwar kommt es bei der Hilfe gem. § 19 SGB VIII auf das Alter der Mütter und Väter nicht an. Doch soll die Betreuung in einer geeigneten Wohnform Hilfe zur *Persönlichkeitsentwicklung* der Mütter und Väter sein und steht im Dienst der Pflege und Erziehung des Kinds. Bei einem 65jährigen Mann dürfte die Persönlichkeitsentwicklung längst abgeschlossen sein. Fehlende Kenntnisse und Erfahrungen bei der Pflege und Erziehung eines Säuglings allein sind kein Grund, die Hilfe zu gewähren. Im Übrigen zeigt auch die Formulierung in § 19 Abs. 2 SGB VIII, in dem es um die Förderung einer schulischen und beruflichen Ausbildung sowie um die Aufnahme einer Berufstätigkeit des Elternteils geht, dass der Gesetzgeber eher jüngere Mütter und Väter im Blick hatte, die allerdings bei Beginn der Leistung das 27. Lebensjahr vollendet haben können.

Ergebnis: Eine Unterbringung in einer gemeinsamen Wohnform für Mütter/Väter und Kinder gem. § 19 SGB VIII ist keine für den Witwer passende Leistung.

6.3 Jeder Elternteil könnte die Unterbringung in einer geeigneten Wohnform zusammen mit dem Kind gem. § 19 SGB VIII beanspruchen. Hingegen ist die Unterbringung der kleinen Familie (Vater, Mutter und Kind) insgesamt nach § 19 SGB VIII nicht möglich. Wenn ein Elternteil die Hilfe gem. § 19 SGB VIII begehrt und in die vom Vater des Kinds ausgewählte Wohnung einziehen möchte, kommt es darauf an, ob der Träger der öffentlichen Jugendhilfe diese Wohnung als »geeignete Wohnform« im konkreten Fall akzeptiert und die sozialpädagogische Betreuung sicherstellt. Da zum »betreuten Einzelwohnen« auch der notwendige Unterhalt von Mutter und Kind gehört (§ 19 Abs. 3 SGB VIII) sind die Mietkosten in diesem Fall vom Jugendamt zu übernehmen.
Da die Eltern, wie dargelegt, allerdings beide mit ihrem Kind zusammenleben wollen, kommt anstelle einer Hilfe nach § 19 SGB VIII auch eine sozialpädagogische Familienhilfe (Hilfe zur Erziehung gem. §§ 27, 31 SGB VIII) in Betracht. Die sozialpädagogische Familienhilfe ist eine rein pädagogische Hilfe, durch die anders als bei der Unterbringung in einer Einrichtung der Lebensunterhalt nicht sichergestellt wird. Für den Lebensunterhalt müssten – wenn ein Arbeitsplatz nicht gefunden werden kann – andere Sozialleistungen wie ALG II, Elterngeld etc. sorgen.

Ergebnis: Adressat einer Leistung gem. § 19 SGB VIII kann nur die Mutter oder der Vater eines Kinds sein. Ein Elternteil könnte im Fallbeispiel »betreutes Einzelwohnen« gem. § 19 SGB VIII beantragen. Alternativ kommt Hilfe zur Erziehung in Form der sozialpädagogischen Familienhilfe in Betracht. Einen entsprechenden Anspruch haben bei gemeinsamer elterlicher Sorge beide Eltern gemeinsam, bei alleiniger elterlicher Sorge nur der sorgeberechtigte Elternteil.

6.4

a) Den Ansprüchen des personensorgeberechtigten Vaters auf Jugendhilfeleistungen gehen Ansprüche der Kinder als Hinterbliebene des Opfers einer Gewalttat nach dem Opferentschädigungsgesetz (OEG) vor. Dies gilt auch nach der Haftentlassung des Vaters, jedoch nur in dem Umfang, in dem die Leistungen der Opferentschädigung den erzieherischen Bedarf der Kinder abdecken. Der Vorrang der Leistungen nach dem Opferentschädigungsgesetz vor den Leistungen der Jugendhilfe ergibt sich aus § 10 Abs. 1 SGB VIII. In der Praxis leistet der Träger der öffentlichen Jugendhilfe in der Regel vor und es erfolgt ein Ausgleich über eine Erstattung nach § 104 SGB X.

b) Nach wohl überwiegender Bewertung kommt im Fallbeispiel ein gemeinsames Wohnen des Vaters mit den Kindern trotz der bestehenden Bindungen vor dem Hintergrund der Gewalttat allein mit Unterstützung durch eine ambulante sozialpädagogische Familienhilfe als Jugendhilfeleistung gem. §§ 27, 31 SGB VIII nicht in Betracht, da diese Leistung weder geeignet noch ausreichend ist, um das Wohl der Kinder zu gewährleisten.

c) Dem Vater als Personensorgeberechtigten könnte aber ein Anspruch gegen den Träger der öffentlichen Jugendhilfe auf Unterbringung in einer geeigneten Wohnform zusammen mit seinen drei Kleinkindern gem. § 19 SGB VIII zustehen, wenn er der Hilfe aufgrund seiner Persönlichkeitsentwicklung bedarf, um die Pflege und Erziehung seiner Kinder zu gewährleisten. Zurzeit sind die Kinder noch im Heim untergebracht. Eine Unterbringung zusammen mit dem Vater (der die Mutter getötet hat) kann nur verantwortet werden, wenn die Kinder nicht durch den Tod der Mutter ein seelisches Trauma erlitten haben, das durch ein Zusammenleben mit dem Vater als Erzieher noch verstärkt würde. Bisher haben die Kinder den Tod der Mutter vermutlich ohne solche länger dauernden *psychischen* Folgeschäden verkraftet, die sie mit der Person des Vaters verbinden, da während der Haftzeit des Vaters regelmäßige Besuchskontakte mit den Kindern stattgefunden haben. Dennoch könnte möglicherweise durch ein Zusammenleben mit dem Vater als Hauptbezugsperson in Zukunft eine seelische Belastung der Kinder auftreten, wenn diese erkennen müssen, dass der Vater am Tod der Mutter schuld war. Demgegenüber könnte ein Verbleiben der Kinder im Heim oder ihr Wechsel in eine Pflegestelle bei fortdauernden Besuchskontakten mit dem Vater ein geringeres Übel darstellen. Eine psychologische Begutachtung der Kinder und des Vaters sollte zur Entscheidungsfindung beitragen. Im Rahmen seiner sozialrechtlichen »Mitwirkungspflicht« müsste der Vater gem. § 60 SGB I seiner Untersuchung zustimmen und als Personensorgeberechtigter auch der psychologischen Begutachtung der Kinder. Hieraus könnte sich ergeben, dass die gemeinsame Unterbringung der Kinder mit dem Vater nach Haftentlassung verbunden mit sozialpädagogischer Betreuung gem. § 19 SGB VIII während einer Übergangszeit auch unter Berücksichtigung des seelischen Kindswohls angezeigt ist.

Ergebnis: Sofern die Maßnahme kindswohlkonform ist – dies wäre vorab durch psychologische Untersuchungen zu klären – wäre dem Antrag des Vaters auf gemeinsame Unterbringung gem. § 19 SGB VIII stattzugeben.

6.5 Wird eine nach §§ 27, 34 SGB VIII untergebrachte Jugendliche in der Einrichtung schwanger und lebt nach der Geburt des Kindes weiterhin in der gleichen Einrichtung, war bis zum Inkrafttreten des KICK im Jahr 2005 strittig, auf welcher Rechtsgrundlage nach der Geburt des Kinds Leistungen erbracht werden. § 27 Abs. 4 SGB VIII stellt jetzt klar, dass wenn ein Kind oder eine Jugendliche während ihres Aufenthaltes in einer Einrichtung oder einer Pflegefamilie selbst Mutter eines

Kinds wird, die Hilfe zur Erziehung für die Mutter auch die Unterstützung bei der Pflege und Erziehung des Kinds umfasst.

7. Fall: Zwar gehören die Eltern zu dem begünstigten Personenkreis, da ein »mit der beruflichen Tätigkeit verbundener Ortswechsel« bei ihnen als Binnenschiffer vorliegt. Sie haben dennoch keinen Rechtsanspruch auf Übernahme der *Kosten der Unterbringung* ihres Kinds »in einer geeigneten Wohnform«, da die Hilfegewährung insoweit in das *Ermessen* des Trägers der öffentlichen Jugendhilfe gestellt ist (»Kann-Bestimmung«, vgl. § 21 S. 2 SGB VIII). Dagegen besteht ein *Rechtsanspruch auf Beratung und Unterstützung* bei der berufsbedingten anderweitigen Unterbringung des Kinds oder Jugendlichen, § 21 S. 1 SGB VIII.

8. Fall: Gegen die Internatsunterbringung im Rahmen der Hilfe gem. § 21 SGB VIII ist grundsätzlich nichts einzuwenden, da die Standards für »Heimerziehung« gem. §§ 27, 34 SGB VIII entsprechend den in § 21 SGB VIII aufgeführten Leistungsvoraussetzungen nicht verlangt werden dürfen. Es fehlt aber an der Voraussetzung des ständigen Ortswechsels der Personensorgeberechtigten aus beruflichen Gründen (»Schaustellerparagraph«).

ÜBUNGSBLATT 4

SGB VIII, Kapitel 2: Leistungen der Jugendhilfe, 3. Abschnitt

Der dritte Abschnitt des Kapitels beschäftigt sich mit der **Förderung von Kindern in Tageseinrichtungen und in Tagespflege (§§ 22–26 SGB VIII).**

Literaturhinweise:
Kunkel, Jugendhilferecht, Kap. 3.1.2
Münder/Wiesner, Handbuch, Kap. 3.4

Einführung

1. Allgemeines zur Tageseinrichtung und Tagespflege

§ 22 SGB VIII stellt Grundsätze der Förderung von Kindern in **Tageseinrichtungen** auf: Zielsetzung ist es, *die Entwicklung des Kinds zu einer eigenverantwortlichen und gemeinschaftsfähigen Persönlichkeit zu fördern,* die Erziehung und Bildung in der *Familie zu unterstützen* und zu ergänzen sowie denn Eltern dabei zu helfen, *Erwerbstätigkeit und Kindererziehung* besser miteinander *vereinbaren* zu können, § 22 Abs. 2 SGB VIII. Die Aufgabe umfasst *die Betreuung, Bildung und Erziehung des Kinds,* § 22 Abs. 3 S. 1 SGB VIII. Bei der Wahrnehmung der Aufgabe sollen die *Fachkräfte* mit den Erziehungsberechtigten zum Wohl der Kinder zusammenarbeiten. Der Begriff *»Fachkräfte«* wird in § 72 Abs. 1. S 1 SGB VIII definiert: Es sind dies »Personen, die sich für die jeweilige Aufgabe nach ihrer Persönlichkeit eignen und eine dieser Aufgabe entsprechende Ausbildung erhalten haben«. So wird der Träger der öffentlichen Jugendhilfe beispielsweise in Tageseinrichtungen die Wahrnehmung der Aufgaben vorrangig durch Erzieherinnen und Erzieher sicherstellen müssen.

Gem. § 24 Abs. 1 S. 1 SGB VIII hat *ein Kind vom vollendeten dritten Lebensjahr bis zum Schuleintritt Anspruch auf den Besuch einer Tageseinrichtung.* Es besteht kein Rechtsanspruch auf einen Ganztagsplatz, § 24 Abs. 1 S. 2 SGB VIII. Für Kinder unter drei Jahren und im schulpflichtigen Alter ist ein bedarfsgerechtes Angebot an Plätzen in Tageseinrichtungen und in Kindertagespflege vorzuhalten, Einen Anspruch besitzt ein Kind in diesem Fall nicht, § 24 Abs. 2 SGB VIII. Allerdings ist das Jugendamt verpflichtet Kinder, die das 3. Lebensjahr noch nicht vollendet haben, in einer Tageseinrichtung oder in Tagespflege zu fördern, wenn dies erforderlich ist, um den Eltern eine Erwerbstätigkeit, eine Ausbildung oder ein Studium zu ermöglichen bzw. die Eltern Leistungen zur Eingliederung in Arbeit nach dem SGB II erhalten, § 24 Abs. 3 S. 1 Nr. 2 SGB VIII, oder die Förderung für die Entwicklung des Kinds zu einer eigenverantwortlichen und gemeinschaftsfähigen Persönlichkeit geboten ist, § 24 Abs. 3 S. 2 Nr. 1 SGB VIII Ab dem 1.8.2013 gilt diese Verpflichtung des Jugendamts gegenüber Kindern, die das 1. Lebensjahr noch nicht vollendet haben. Hingegen haben Kinder, die das 1. Lebensjahr vollendet haben bis zur Vollendung

des 3. Lebensjahrs dann einen Rechtsanspruch auf Förderung in einer Tageseinrichtung oder in Tagespflege.
Für die *Förderung von Kindern in Tageseinrichtungen* und *Kindertagespflege* kann gem. § 90 Abs. 1 S. 1 Nr. 3 SGB VIII ein *Kostenbeitrag* erhoben werden bzw. gem. § 90 Abs. 2 SGB VIII Teilnahmebeiträge übernommen werden. Der Teilnahmebeitrag bzw. der Kostenbeitrag ist ganz oder teilweise zu erlassen bzw. vom Träger der öffentlichen Jugendhilfe zu übernehmen, wenn die Belastung den Eltern und dem Kind nicht zu zumuten ist (§ 90 Abs. 3 SGB VIII).
Da die Mehrzahl der Kinder in Deutschland zumindest ab dem 3. Lebensjahr eine Tageseinrichtung besuchen, kommt Tageseinrichtungen eine besondere Bedeutung für die Wahrnehmung des Schutzauftrags der Jugendhilfe zu.

Fragen, Aufgaben und Fälle

1. Welche Ziele bzw. Aufgaben haben *Tageseinrichtung* und *Tagespflege*? Nennen Sie die *gesetzlich* festgelegten Aufgaben und Ziele.

2. Mit welchen Personen/Institutionen sollen Erzieherinnen in Tageseinrichtungen kooperieren?

3. Wer kann *Träger* einer Tageseinrichtung sein?

4. Welche Voraussetzungen hat eine Tageseinrichtung für das Erteilen einer *Betriebserlaubnis* bzw. eine Tagespflegeperson für das Erteilen einer Erlaubnis zur Kindertagespflege zu erfüllen? (§§ 43, 45 SGB VIII)

5. Wer ist für die Erteilung einer Betriebserlaubnis/Kindertagespflegerlaubnis *sachlich zuständig?* (§ 85 SGB VIII)

6. In welchen Abständen und zu welchem Zweck ist eine Tageseinrichtung auch nach Erteilung der Erlaubnis weiterhin zu überprüfen und in welcher Weise ist diese *Überprüfung* vorzunehmen? (§ 46 SGB VIII)

7. Weitere Fragen zur Tageseinrichtung und zur *Tagespflege*:
7.1 Setzt die Förderung des Kinds in einer *Tageseinrichtung* oder *Tagespflegestelle* ein erzieherisches Defizit im Elternhaus voraus?
7.2 Gibt es einen *Rechtsanspruch* auf diese Hilfen bzw. auf Vermittlung durch das Jugendamt? *Gehen Sie getrennt auf Tageseinrichtungen und Tagespflege ein.*

8. Weitere Fragen zur *Tagespflege*:
8.1 Was ist unter einer *»geeigneter Tagespflegeperson«* i.S.d. § 23 Abs. 1 S. 1, Abs. 3 SGB VIII zu verstehen und in welcher Weise erfolgt die »Eignungsprüfung«?
8.2 Aus welchen Positionen setzt sich die laufende Geldleistung zusammen, die das Jugendamt bei Tagespflege zu erbringen hat?

8.3 Hat die *Tagespflegeperson* einen Anspruch auf *Beratung*, auch wenn sie nicht vom Jugendamt vermittelt worden ist?
8.4 Welche Rechtsbeziehungen bestehen zwischen der Tagespflegeperson und den Eltern bzw. einem Elternteil?

9. Fall: Frau Schröder hat sich für die Betreuung ihrer 1jährigen Tochter eine Tagespflegeperson gesucht, die sie selbst bezahlt. Sie lebt von ihrem Ehemann getrennt und erhält von diesem Unterhalt für das Kind. Ein Jahr später stellt Herr Schröder die Unterhaltszahlungen ein. Frau Schröder geht zum Jugendamt und verlangt die Übernahme ihrer Aufwendungen für die Tagespflegeperson.
9.1 Darf das Jugendamt mit dem Hinweis, Frau Schröder habe zu Beginn der Tagespflege diese dem Jugendamt nicht angezeigt und es handele sich um eine rein privatrechtliche Maßnahme, jegliche Zahlung verweigern?
9.2 *Falls Sie die Frage verneinen:* Ist das Jugendamt verpflichtet, Frau Schröders Antrag zu entsprechen und ihr die Aufwendungen ohne weitere Überprüfung zu ersetzen?

10. Fall: Die alleinerziehende Mutter Anna der 8jährigen Gina hört auf zu arbeiten, weil ihr Betrieb in Konkurs gegangen ist. Sie sucht jetzt eine neue Arbeit (Vollzeitstelle). Gewöhnlich wird nach der Praxis des zuständigen Jugendamts nur Alleinerziehenden, die sich in Arbeit oder Ausbildung befinden, ein Hortplatz zur Verfügung gestellt. Muss die Mutter den Verlust des Hortplatzes, den das Kind zurzeit nach der Schule besucht, befürchten?

Lösungen zu Übungsblatt 4

SGB VIII, Kapitel 2: Leistungen der Jugendhilfe, 3. Abschnitt

1. Tageseinrichtungen und Tagespflege werden in § 22 Abs. 1 S. 1 SGB VIII gesetzlich definiert, *Ziele einer Tageseinrichtung bzw. von Tagespflege* in § 22 Abs. 2 SGB VIII festgehalten. Neben der Förderung der Entwicklung eines Kinds zu einer eigenverantwortlichen und gemeinschaftsfähigen Persönlichkeit sind Ziele die Erziehung und Bildung in der Familie zu unterstützen und zu ergänzen sowie den Eltern dabei zu helfen, Erwerbstätigkeit und Kindererziehung besser miteinander vereinbaren zu können. Der Förderungsauftrag umfasst gem. § 22 Abs. 3 SGB VIII die Betreuung, Bildung und Erziehung des Kinds und bezieht sich auf die soziale emotionale, körperliche und geistige Entwicklung des Kinds.

2. Gem. § 22a Abs. 2 S. 1 SGB VIII haben die Fachkräfte in Einrichtungen mit den Erziehungsberechtigten – in der Regel den Eltern –, mit anderen kinder- und familienbezogenen Institutionen und Initiativen im Gemeinwesen sowie mit Schulen zusammenzuarbeiten. Erziehungsberechtigte sind an den Entscheidungen in *wesentlichen Angelegenheiten* der Erziehung, Bildung und Betreuung zu beteiligen wie die Ausgestaltung der Öffnungszeiten, Veränderungen im pädagogischen Konzept der Einrichtung, Einrichtung oder Veränderung von Außenanlagen etc.

3. Träger von Tageseinrichtung können Träger der öffentlichen ebenso wie der freien Jugendhilfe sein. Vielfach erlaubt Landesrecht auch, dass kreisangehörige Gemeinde, Träger von Tageseinrichtungen sind. In einem solchen Fall ist eine Abstimmung mit dem Träger der öffentlichen Jugendhilfe (dem Landkreis) erforderlich, dessen Gesamtverantwortung bestehen bleibt. Der Träger der öffentlichen Jugendhilfe hat zudem für ein plurales Angebot zu sorgen, etwa darauf zu achten, dass die Möglichkeit besteht, die Tageseinrichtung eines nicht konfessionellen Trägers zu besuchen.

4. Gem. § 45 Abs. 1 S. 1 SGB VIII bedarf eine Tageseinrichtung einer Betriebserlaubnis. Die Voraussetzungen für das Erteilen einer Betriebserlaubnis ergeben sich aus § 45 Abs. 2 SGB VIII. Danach ist eine Erlaubnis zu erteilen, wenn das Wohl der Kinder in der Einrichtung gewährleistet ist, § 45 Abs. 1 S. 1 SGB VIII. § 45 Abs. 1 S. 2 SGB VIII benennt Voraussetzungen, bei deren Vorliegen dies in der Regel anzunehmen ist, u.a. beim Vorhandensein entsprechende räumlicher, fachlicher, wirtschaftlicher und personeller Voraussetzungen.
Eine Erlaubnis zur Kindertagespflege bedarf, wer Kinder außerhalb der Familienwohnung des Erziehungsberechtigten während des Tages mehr als 15 Stunden wöchentlich gegen Entgelt länger als drei Monate betreuen will, § 43 Abs. 1 SGB VIII. Voraussetzungen für das Erteilen einer Erlaubnis ist die Geeignetheit, die in § 43

Abs. 2 S. 2 SGB VIII positiv umschrieben wird. Zudem sollen Tagespflegepersonen vertiefte Kenntnisse hinsichtlich der Anforderungen der Kindertagespflege verfügen, die sie in qualifizierten Lehrgängen erworben oder in anderer Weise nachgewiesen haben, § 43 Abs. 2 S. 3 SGB VIII.

5. Die *sachliche Zuständigkeit* für die Gewährung von Jugendhilfeleistungen und die Erfüllung anderer Aufgaben ergibt sich aus § 85 SGB VIII. Danach ist der örtliche Träger der öffentlichen Jugendhilfe zuständig, sofern nicht ausnahmsweise eine Zuständigkeit des überörtlichen Trägers der öffentlichen Jugendhilfe besteht. Für das Erteilen einer Betriebserlaubnis ist der überörtliche Träger der öffentlichen Jugendhilfe (§ 85 Abs. 2 Nr. 6 SGB VIII), für das Erteilen einer Tagespflegeerlaubnis der örtliche Träger der öffentlichen Jugendhilfe sachlich zuständig.

6. Nach dem Erteilen der Betriebserlaubnis gem. § 45 SGB VIII erfolgt die weitere Überprüfung der Tageseinrichtung *nach den Erfordernissen des Einzelfalls an Ort und Stelle,* § 46 Abs. 1 S. 1 SGB VIII. Routinekontrollen oder regelmäßige Überprüfungen schreibt das Gesetz nicht vor. Die Überprüfung erfolgt durch das Landesjugendamt, in dessen Bereich die Einrichtung liegt (§ 87a Abs. 2 SGB VIII). Dieses beauftragt Personen unter Beteiligung des örtlichen Jugendamts und eines zentralen Trägers der freien Jugendhilfe (Dachverband), wenn diesem der Träger der Einrichtung angehört (§ 46 Abs. 1 S. 2 SGB VIII) mit der Durchführung der Überprüfung. Die beauftragten Personen dürfen Grundstücke und Räume betreten, sich mit den Kindern in Verbindung setzen und die Beschäftigten befragen (§ 46 Abs. 2 SGB VIII). Die Überprüfung geschieht regelmäßig nach Anmeldung, in begründeten Einzelfällen notfalls auch unangekündigt. Werden Mängel festgestellt, kommt das Erteilen von Auflagen, § 45 Abs. 4 S. 2 SGB VIII, aber ebenso die Rücknahme bzw. der Widerruf der Betriebserlaubnis in Betracht.

7.

7.1 In Tageseinrichtungen und Kindertagespflege soll die (zukünftige) Entwicklung des Kinds gefördert werden (§ 22 Abs. 2 Nr. 1 SGB VIII). Eine besonderer *erzieherischer, den üblichen übersteigender Bedarf* ist nicht erforderlich.

7.2 *Rechtsanspruch auf die Hilfen:* Ein *Kind* hat vom vollendeten 3. Lebensjahr bis zum Schuleintritt einen Anspruch auf den Besuch einer Tageseinrichtung, § 24 Abs. 1 S. 1 SGB VIII. Für Kinder unter drei Jahren und im schulpflichtigen Alter ist ein bedarfsgerechtes Angebot an Plätzen in Tageseinrichtungen und in Kindertagespflege vorzuhalten. Ein Anspruch besteht jedoch nicht, § 24 Abs. 2 SGB VIII. Allerdings ist das Jugendamt verpflichtet Kinder, die das 3. Lebensjahr noch nicht vollendet haben, in einer Tageseinrichtung oder in Tagespflege zu fördern, wenn dies erforderlich ist, um den Eltern eine Erwerbstätigkeit, eine Ausbildung oder ein Studium zu ermöglichen bzw. die Eltern Leistungen zur Eingliederung in Arbeit nach dem SGB II erhalten, § 24 Abs. 3 S. 1 Nr. 2 SGB VIII, oder die Förderung für die Entwicklung des Kinds zu einer eigenverantwortlichen und gemeinschaftsfähigen Persönlichkeit geboten ist, § 24 Abs. 3 S. 2 Nr. 1 SGB VIII. Ab dem 1.8.2013 gilt diese Verpflichtung des Jugendamts gegenüber Kindern, die das 1. Lebensjahr noch nicht vollendet haben. Hingegen haben Kinder, die das 1. Lebensjahr vollendet haben bis zur Vollendung des 3. Lebensjahrs dann einen Rechtsanspruch auf Förderung in einer Tageseinrichtung oder in Tagespflege.

8.

8.1 Eine *Tagespflegeperson* betreut das Kind für einen Teil des Tages oder ganztags entweder im eigenen oder im Haushalt des Personensorgeberechtigten. Nur bei einer *geeigneten* Tagespflegeperson kommt eine Förderung des Kinds in Kindertagespflege auch durch Gewähren einer laufenden Geldleistung in Betracht, § 23 Abs. 1 SGB VIII. Unerheblich ist insoweit, ob die Tagespflegeperson zuvor vom Jugendamt vermittelt wurde, oder ob die Personensorgeberechtigten sie selbst nachgewiesen haben. Geeignet sind Personen, die sich durch ihre Persönlichkeit, Sachkompetenz und Kooperationsbereitschaft mit Erziehungsberechtigten und anderen Tagespflegepersonen auszeichnen und über kindgerechte Räumlichkeiten verfügen. Sie sollen daneben über vertiefte Kenntnisse hinsichtlich der Anforderungen der Kindertagespflege verfügen, § 23 Abs. 3 SGB VIII. Sofern eine Erlaubnis erforderlich ist, § 43 SGB VIII, wird die Geeignetheit im Rahmen des Verfahrens zur Erteilung der Erlaubnis überprüft. Ansonsten ist die Eignung unabhängig von dem Erteilen einer Erlaubnis durch das Jugendamt zu prüfen. Dies gilt auch, wenn die Personensorgeberechtigten ohne Vermittlung des Jugendamts eine Tagespflegeperson gefunden haben.

8.2 Die laufende Geldleistung umfasst nach § 23 Abs. 2 SGB VIII die Erstattung angemessener Kosten, die der Tagespflegeperson für den Sachaufwand (Lebensmittel, Ausstattung etc.) entstehen, einen angemessenen Beitrag zur Anerkennung ihrer Förderleistung und die Erstattung nachgewiesener Aufwendungen für Beiträge zu einer Unfallversicherung sowie die hälftige Erstattung nachgewiesener Aufwendungen zu einer angemessenen Alterssicherung der Tagespflegeperson. Als angemessen ist zumindest der Mindestbeitrag für die gesetzliche Rentenversicherung (78,40 Euro/ Monat im Jahr 2012) anzusehen. Zudem besteht ein Anspruch auf hälftige Erstattung der nachgewiesenen Aufwendungen zu einer angemessenen Kranken- und Pflegeversicherung.

8.3 Der Anspruch auf eine aufgabenbezogene konkrete Fachberatung erstreckt sich auf alle Tagespflegeverhältnisse und nicht nur auf diejenigen, bei denen durch das Jugendamt eine Vermittlung erfolgt ist, § 23 Abs. 4 S. 1 SGB VIII.

8.4 Zwischen den Personensorgeberechtigten (Eltern) und der Tagespflegeperson besteht eine zivilrechtliche Beziehung. Sie haben – schriftlich oder mündlich – einen Vertrag mit gegenseitigen Rechten und Pflichten abgeschlossen, der regelmäßig die Pflege, Betreuung und Beaufsichtigung des Kinds durch die Pflegeperson während der Abwesenheit der Personensorgeberechtigten und die Zahlung einer Vergütung an die Pflegeperson regelt.

9. Fall:

9.1 Das Jugendamt darf die Zahlung nicht mit dem Hinweis verweigern, es handle sich bei der Beschäftigung einer von Frau Schröder selbst beschafften Tagespflegeperson um eine privatrechtliche Maßnahme. Mit der Geltendmachung ihres Anspruchs auf Aufwendungsersatz bringt die sorgeberechtigte Mutter zum Ausdruck, dass sie nunmehr eine Förderung der Maßnahme als *Maßnahme* nach dem SGB VIII wünscht. Damit hat die Beschäftigung der Tagespflegeperson ihren rein privatrechtlichen Charakter verloren. Das Jugendamt hat vielmehr zu prüfen, ob Tagespflege im konkreten Fall erforderlich und ob die Tagespflegeperson geeignet ist. Das Ergebnis der Prüfung mündet in eine förmliche Feststellung. Da das Kind noch keine 3 Jahre alt ist, besteht kein Rechtsanspruch auf einen entsprechenden Platz. Es ist jedoch ein Platz anzubieten, wenn Frau Schröder einer Erwerbstätigkeit nachgeht oder eine solche aufnehmen will (vgl. § 24 Abs. 3 S. 1 Nr. 1 SGB VIII).

9.2 Vom Ergebnis der Feststellung zur Erforderlichkeit der Tagespflege und zur Geeignetheit der Tagespflegeperson ist es abhängig, ob laufende Geldleistungen gem. § 23 SGB VIII zu gewähren sind. Einiges spricht dafür, dass die Voraussetzungen im konkreten Fall vorliegen (Alleinerziehende, keine Unterhaltszahlungen, Alter des Kindes).

Ergebnis: Nach Prüfung der Voraussetzungen sind Frau Schröder gegebenenfalls die Aufwendungen *ab Antragstellung* zu ersetzen, obwohl sie sich erst ein Jahr nach Beginn der Tagespflege an das Jugendamt gewandt hat.

10. Fall: Der Träger der öffentlichen Jugendhilfe hat gem. § 24 Abs. 2 SGB VIII ein bedarfsgerechtes Angebot an Plätzen in Tageseinrichtungen und in Kindertagespflege für schulpflichtige Kinder vorzuhalten. Ein Rechtsanspruch auf einen Platz besteht nach den Regelungen im SGB VIII nicht. Allerdings kann ein Hortplatz nachträglich nicht ohne Weiteres entzogen werden. Die bedrängte Situation von Anna als alleinerziehender Mutter und der Bedarf des Kinds noch Kontinuität bei der außerhäuslichen Erziehung führen hier dazu, dass zumindest solange ein Platz zur Verfügung zu stellen ist, wie sich Anna mit Aussicht auf Erfolg um eine Vollzeit-Arbeitsstelle bemüht.

Ergebnis: Nach dem Konkurs ihres Betriebes darf der arbeitsuchenden Anna der Hortplatz für Gina nicht sofort entzogen werden.

ÜBUNGSBLATT 5

SGB VIII, Kapitel 2: Leistungen der Jugendhilfe, 4. Abschnitt

Hilfe zur Erziehung (§§ 27–40 SGB VIII)

Literaturhinweise:
Kunkel, Jugendhilferecht, Kap. 3.1.4
Münder/Wiesner/Meysen, Handbuch, Kap. 3.5; 3.8

Einführung

Der Anspruch auf *Hilfe zur Erziehung* steht gem. § 27 SGB VIII dem *Personensorgeberechtigten*, nicht dem Kind oder Jugendlichen zu. Personensorgeberechtigte sind nach den Regelungen im BGB die rechtlichen Eltern des Kinds bzw. dessen allein zur elterlichen Sorge berechtigte Mutter. Sind die Eltern (teilweise) nicht zur elterlichen Sorge berechtigt, kann die Befugnis zum Erklären eines Einverständnisses mit Hilfen zur Erziehung auch der Vormund oder ein Pfleger (evtl. Jugendamt als Amtspfleger oder Amtsvormund) mit einem Aufgabenkreis, der das Beantragen von Hilfen zur Erziehung umfasst, des Kinds oder Jugendlichen besitzen. Das Einverständnis des oder der Personensorgeberechtigten ist zugleich Voraussetzung für eine bestimmte Hilfe zur Erziehung.
In anderen Vorschriften und Zusammenhängen werden vielfach die *Eltern* genannt, seien sie nun zur Ausübung der Personensorge berechtigt oder nicht, etwa in § 37 SGB VIII bezogen auf die Zusammenarbeit bei Hilfen außerhalb der eigenen Familie. Auch die Vorschriften zur *örtlichen Zuständigkeit des* Jugendamts stellen zumeist auf den *gewöhnlichen Aufenthalt der Eltern* ab, vgl. z.B. § 86 SGB VIII.
Die Hilfe zur Erziehung setzt nach § 27 Abs. 1 SGB VIII allgemein und auch für die einzelnen Maßnahmen gem. §§ 28–35 SGB VIII voraus, dass eine dem Wohl des Kinds oder des Jugendlichen entsprechende Erziehung nicht gewährleistet ist, dass sein erzieherischer Bedarf, § 27 Abs. 2 2 SGB VIII, ungedeckt ist. Die ins Auge gefasste Hilfe zur Erziehung muss *geeignet* sein, den »erzieherischen Bedarf« zu beheben. Ferner muss die Hilfe *notwendig* sein (Grundsatz der Verhältnismäßigkeit der Mittel ist zu beachten). Das Jugendamt muss von sich aus Hilfen zur Erziehung anbieten, wenn es meint, die Voraussetzungen für eine Hilfe zur Erziehung lägen vor, und darf nicht auf einen Antrag des oder der Personensorgeberechtigten warten.
Hinweisen auf die drohende Gefahr einer Kindswohlgefährdung ist durch die Fachkräfte des Jugendamts nachzugehen. Dabei ist das Gefährdungsrisiko im Zusammenwirken mehrerer Fachkräfte unter Einbezug des bzw. der Erziehungsberechtigten und des Kinds oder Jugendlichen einzuschätzen, § 8a Abs. 1 S. 1 SGB VIII. Sofern sich ein entsprechender Bedarf ergibt, sind die geeigneten und notwendigen Hilfen anzubieten.

Eine dem Wohl des Kinds oder Jugendlichen entsprechende Erziehung ist nicht erst dann nicht gewährleistet, wenn eine *»Gefährdung des Kindswohls«* gem. § 1666 BGB vorliegt.
Auch auf einen erzieherischen Bedarf unterhalb der Schwelle der Kindswohlgefährdung muss der Staat reagieren, kann dies aber allein durch Angebote an die Personensorgeberechtigten. Sorgeberechtigte Eltern können grundsätzlich nicht gezwungen werden, Angebote der Kinder- und Jugendhilfe wahrzunehmen. Dies ist erst dann möglich, wenn die Hilfe zur Abwehr einer Kindswohlgefährdung erforderlich ist, in dem das Familiengericht das Gebot ausspricht, in eine Hilfe einzuwilligen, §§ 1666 Abs. 1, Abs. 3 Nr. 1, 1666a BGB, oder indem es den Eltern die elterliche Sorge ganz oder teilweise gem. §§ 1666, 1666a BGB entzieht, eine Pfleg- oder Vormundschaft anordnet sowie einen Pfleger oder Vormund auswählt und bestellt, sodass Hilfe dann gegen den Elternwillen, aber im Einverständnis mit dem Vormund oder Pfleger des Kinds erbracht werden können.
Nach der Feststellung des *erzieherischen Bedarfs im Einzelfall* ist eine geeignete Hilfe aus dem (nicht abschließend geregelten) Leistungskatalog der §§ 28–35 SGB VIII auszuwählen. Gem. § 36 SGB VIII hat dabei ein *»Klärungs- und Entscheidungsprozess«* im Zusammenwirken mehrerer Fachkräfte sowie zumindest der Personensorgeberechtigten und des Kinds oder Jugendlichen stattzufinden. Deren Einbeziehung ist bereits deswegen erforderlich, weil eine konkrete Hilfe zur Erziehung meist nur dann eine geeignete Maßnahme darstellt, wenn sie durch die Eltern, aber auch durch das Kind oder den Jugendlichen akzeptiert wird.
Hilfe zur Erziehung umfasst *ambulante* Maßnahmen wie *sozialpädagogische Familienhilfe* und *Erziehungsbeistandschaft* sowie *stationäre* Maßnahmen, die mit einer Fremdunterbringung des Kinds oder Jugendlichen verbunden sind, wie *Vollzeitpflege* und *Heimerziehung.* Das Kind kann im Rahmen einer Hilfe zur Erziehung auch bei (unterhaltspflichtigen) Verwandten, etwa bei seinen Großeltern, untergebracht werden, wenn die Verwandten bereit und geeignet sind, den Hilfebedarf zu decken, § 27 Abs. 2a SGB VIII. Im Rahmen einer Hilfe zur Erziehung bedarf die Pflegeperson keiner *Pflegeerlaubnis*, § 44 Abs. 1 S. 2 Nr. 1 SGB VIII.

Fragen, Aufgaben und Fälle

Die einzelnen Hilfen zur Erziehung (Teil 1)

Verwaltungsgerichtliche Kontrolle, Vollzeitpflege

1. Fall: Die sorgeberechtigten Eltern eines zweijährigen Kinds beantragen Hilfe zur Erziehung in Form einer sozialpädagogischen Familienhilfe. Im Rahmen des gem. § 36 SGB VIII vorgeschriebenen Hilfeplanverfahrens vor dem Jugendamt werden die Eltern beteiligt. Anders als die Eltern halten die Fachkräfte des Jugendamts es nach Abschluss der Sachverhaltsermittlung jedoch für vorteilhafter und ausreichend, wenn das Kind ganztags in einer Tageseinrichtung nach § 22 SGB VIII untergebracht wird. Gegen den ablehnenden Bescheid des Jugendamts legen die Eltern zunächst Widerspruch ein und erheben dann fristgerecht *Klage auf Hilfe zur Erziehung in Form der sozialpädagogischen Familienhilfe* vor dem Verwaltungsgericht. Auf welche Aspekte kommt es bei der verwaltungsgerichtlichen Entscheidung an?

2. Fall: Hinweis: Dieser Fall ist in verschiedene Fallvarianten gegliedert. Für die Bearbeitung ist die Lektüre der Paragraphen erforderlich.
Die alleinstehende Frau Goldmann, die sich prostituiert, ist vor drei Wochen von Bremerhaven nach Braunschweig gezogen. Sie hat bereits ein passendes Apartment gefunden und arbeitet hier am Tage wie auch nachts. Ihren vierjährigen Sohn Peter hat sie zunächst in Bremerhaven bei Frau Fischer zurückgelassen, die ebenfalls als Prostituierte arbeitet. Frau Fischer soll vereinbarungsgemäß in der nächsten Woche das Kind nach Braunschweig bringen.
Frau Goldmann begibt sich zum Jugendamt Braunschweig und trägt Folgendes vor: Sie sei mit der Erziehung ihres Kinds überfordert. Zu dem in Lübeck wohnenden rechtlichen Vater von Peter, Herrn Wolters, bestehe kein Kontakt. Dieser zahle unregelmäßig und sehr gering Unterhalt für das Kind, obwohl er genug verdiene. Von öffentlichen Stellen erhalte sie auch kein Geld für Peter. Peter sei in der Vergangenheit abwechselnd von ihr und von ihren Kolleginnen betreut worden und bereite große Schwierigkeiten (z.B. Einkoten, Einnässen, Zerstörung von Gegenständen). Sie möchte Peter bis zu seiner Einschulung woanders unterbringen (Heim oder Pflegefamilie).
Eine gemeinsame Sorgeerklärung der Eltern gem. § 1626a Abs. 1 Nr. 1 BGB liegt nicht vor; somit liegt die elterliche Sorge gem. § 1626 a Abs. 2 BGB allein bei Frau Goldmann als Mutter.
Herr Fink, der im Pflegekinderdienst beschäftigt ist, schlägt vor, Peter nach seiner Ankunft in Braunschweig bis auf weiteres bei der Pflegefamilie Beyer unterzubringen.

1. Ist das Jugendamt Braunschweig örtlich zuständig für die angestrebte Hilfe zur Erziehung (Vollzeitpflege)?
2. Ist das Jugendamt Braunschweig gem. §§ 14, 16 SGB I verpflichtet, Frau Goldmann auf Ansprüche nach dem Unterhaltsvorschussgesetz (UVG) hinzuweisen?
3. Sind die Voraussetzungen für Hilfe zur Erziehung gem. §§ 27, 33 SGB VIII gegeben?
4. Besteht eine Beratungspflicht des Jugendamts und ist Frau Goldmann bei der Auswahl einer Pflegestelle zu beteiligen? (§ 36 SGB VIII)
5. Darf Herr Fink als einzige Fachkraft des Jugendamts über die im Einzelfall angezeigte Hilfeart entscheiden?
6. Ist ein Hilfeplan aufzustellen?
7. Wer ist ggf. an der Aufstellung eines Hilfeplans zu beteiligen?
8. Benötigt Familie Beyer eine Pflegeerlaubnis, sofern Peter aufgrund einer Vermittlung durch das Jugendamt im Rahmen von »Hilfe zur Erziehung« bei ihr untergebracht wird? (§ 44 SGB VIII)

2.1 *Fortführung des Falles (1):*
Frau Goldmann beschließt später, ihr Kind bei ihrer Freundin Frau Fischer in Bremerhaven zu lassen. Peter ist nun für unbegrenzte Zeit bei Frau Fischer untergebracht, ohne dass das zuständige Jugendamt zunächst davon erfährt.

1. Bedarf Frau Fischer einer Pflegeerlaubnis?
2. Wenn ja: Welches Jugendamt ist für die Erteilung der Erlaubnis zuständig und unter welchen Voraussetzungen wäre diese zu erteilen? Wie ist zu verfahren, wenn ein Hausbesuch bei Frau Fischer ergibt, dass das Kind unbeaufsichtigt und verschmutzt ist?

2.2 *Fortführung des Falles (2):*
Peter ist inzwischen 8 ½ Jahre alt. Nachdem verschiedene Pflegeverhältnisse gescheitert waren, lebte Peter seit dem Schuleintritt zunächst wieder für kurze Zeit bei seiner Mutter. Da er wieder erhebliche Verhaltensauffälligkeiten aufwies, etwa in der Schule gegenüber Mitschülern aggressiv war, wurde er vom Jugendamt Braunschweig vor 1 ½ Jahren in eine »sozialpädagogische Pflegestelle« (Erziehungsstelle) in Wolfenbüttel vermittelt. Er hat sich gut in seinem neuen Zuhause eingelebt. Seine Mutter lebt weiterhin in Braunschweig.

1. Für welche Minderjährigen sieht das *Gesetz* die Unterbringung in einer besonders qualifizierten »sozialpädagogischen Pflegestelle« (Erziehungsstelle) vor?
2. Was deckt das Pflegegeld gem. § 39 SGB VIII ab? Ist das Taschengeld für das Pflegekind vom Pflegegeld zu bestreiten?
3. Welches Jugendamt zahlt das Pflegegeld? (§ 86 SGB VIII)
4. Haben Frau Goldmann, Herr Wolters und Peter selbst zu den Kosten der Unterbringung beizutragen? (§ 91 SGB VIII)
5. In welcher Höhe sind Frau Goldmann und Herr Wolters zur Kostentragung heranzuziehen, und wie werden die Kosten gegen beide geltend gemacht? (§ 94 Abs. 2, Abs. 3 SGB VIII)
6. Könnte Peters Vermögen, ein von seinem Großvater ererbtes Grundstück, bei der Kostenfestsetzung berücksichtigt werden? (§§ 93, 94 Abs. 6 SGB VIII)

2.3 *Fortführung des Falles (3):*
Peter lebt seit nunmehr zwei Jahren in der Erziehungsstelle in Wolfenbüttel. Nach dem Hilfeplan wird sein dauerhafter Verbleib in der Familie angestrebt. Seine Mutter hat ihn im letzten Jahr nur zu seinem Geburtstag und zu Weihnachten besucht. Was ist hinsichtlich der örtlichen Zuständigkeit des Jugendamts zu beachten? (§ 86 Abs. 6 SGB VIII)

3. Fall: Das 4jährige Kind ist bei den Großeltern untergebracht, ohne dass das Jugendamt bisher eingeschaltet wurde. Die Unterbringung erfolgte durch die Eltern, nachdem das Jugendamt angekündigt hatte, eine Maßnahmen gem. §§ 1666, 1666 a BGB beim Familiengericht zu beantragen, um den Eltern einen Teil ihrer elterlichen Sorge entziehen zu lassen. Zweck der beabsichtigten Einschaltung des Familiengerichts gem. § 8a Abs. 2 S. 1 SGB VIII war es gewesen, gegen den Willen der Eltern eine Unterbringung in einer geeigneten Pflegestelle oder in einem geeigneten Heim

als »Hilfe zur Erziehung« gem. §§ 27, 33 bzw. §§ 27, 34 SGB VIII durchführen zu können.
Die Verhältnisse im Elternhaus des Kinds haben sich nicht gebessert; die *Notwendigkeit* einer Unterbringung ist somit weiterhin zu bejahen. Allerdings sieht das Jugendamt die Großeltern nicht als *geeignete* Pflegepersonen an, da sie bereits bei der Erziehung ihrer eigenen Kinder versagt hätten und in der Zwischenzeit nicht erziehungstüchtiger geworden seien. Trotz unzureichender Erziehungsleistungen der Großeltern ist eine *Gefährdung* des Kindswohls derzeit zu verneinen.

1. Ist dem beim Jugendamt gestellten Antrag der Großeltern auf Zahlung von Pflegegeld für das Kind stattzugeben?
2. Welchen Erfolg verspricht derzeit die Anrufung des Familiengerichts durch das Jugendamt gem. § 8a Abs. 2 S. 1 SGB VIII mit dem Zweck, den Eltern das Personensorgerecht jetzt (noch) entziehen zu lassen, um das Kind bei einer vom Jugendamt ausgesuchten *geeigneten* Pflegefamilie unterbringen zu können?

4. Fall: Margot erzieht ihre 12 Jahre alte Tochter Yvonne allein. Sie muss für vier Wochen ins Krankenhaus. Es steht niemand zur Verfügung, der das Kind während ihrer Abwesenheit betreuen könnte.
Welche Leistungen kann das Jugendamt oder ein anderer Träger von Sozialleistungen anbieten?

5. Fall: Beate ist die Mutter der 14jährigen Heike. Heike ist lernbehindert und wird entsprechend beschult. Im Januar 2009 ist Beate zu ihrem Freund nach Braunschweig gezogen, mit dem sie seitdem zusammenlebt. Da sie sich mit der Erziehung von Heike damals überfordert fühlte, brachte sie Heike bei den Großeltern väterlicherseits unter, die zu diesem Zeitpunkt ebenfalls in Braunschweig lebten. Von diesen erhält die Jugendliche die erforderliche Aufmerksamkeit. Außerdem erfolgt eine intensive Begleitung durch den Allgemeinen Sozialen Dienst des Jugendamts. Nach den Berichten der fallverantwortlichen Fachkraft wäre eine Rückführung der Jugendlichen zur Mutter nicht ratsam wäre. Heike selbst will nicht zu ihrer Mutter und deren Lebensgefährten ziehen, sondern möchte bei ihren Großeltern bleiben. Die Mutter, die mit dem weiteren Verbleib ihrer Tochter bei den Großeltern einverstanden ist, stellt am 2.1.2011 beim Jugendamt in Braunschweig einen Antrag auf Hilfe zur Erziehung für die Zeit ab 1.1.2009. Während die Großeltern die Erziehung und Betreuung der Jugendlichen bisher unentgeltlich geleistet haben, bestehen sie jetzt auf einer Pflegegeldzahlung des Jugendamts, da sie sonst ihre Hilfe einstellen müssten.

1. Sind die Voraussetzungen für die Gewährung von Hilfe zur Erziehung gem. §§ 27, 33 SGB VIII derzeit gegeben? (Vgl. auch Fall 3.)
2. Darf die Hilfe ggf. auch rückwirkend ab 1.1.2009 gewährt werden?

5.1 *Fortführung des Falles (1):*

Im März 2011 überträgt das Amtsgericht in Braunschweig auf Antrag der Mutter die Personensorge für Heike gem. § 1630 Abs. 3 BGB auf die Großmutter. Gemäß § 36 SGB VIII wird der Hilfeplan fortgeschrieben. Es heißt dort unter anderem, dass die

Unterbringung des Kinds bei den Großeltern auf Dauer zu erwarten ist und dass sich die Situation im Elternhaus voraussichtlich nicht verbessern lässt.
Ist Hilfe zur Erziehung auch dann (weiter) zu gewähren, wenn die Personensorge wie hier der Pflegeperson zusteht? Welches Jugendamt ist örtlich zuständig gem. § 86 SGB VIII zuständig?

5.2 ***Fortführung des Falles (2):***
Die Großeltern ziehen im Mai 2011 mit dem Enkelkind nach Wolfsburg. Als das Jugendamt in Braunschweig 2 Monate später hiervon erfährt, beantragt es beim Jugendamt in Wolfsburg die *Übernahme des Jugendhilfefalles* nach § 86 Abs. 6 SGB VIII und zugleich *Kostenerstattung* ab Mai 2011 gem. § 89c SGB VIII. Vorerst zahlt das Jugendamt in Braunschweig das Pflegegeld an die Großeltern weiter.

1. Wirkte sich der *Umzug der Großeltern* auf die Zuständigkeit des Jugendamts für HzE aus?
2. Hat das Jugendamt in Braunschweig zu Recht den Antrag auf Übernahme des Jugendhilfefalls und Kostenerstattung beim Jugendamt in Wolfsburg gestellt?
3. Muss das Jugendamt in Braunschweig bis zur Übernahme der Kosten durch das Jugendamt in Wolfsburg das Pflegegeld weiter bezahlen?

6. Fall: Carmen, die 5 Jahre alt ist, befindet sich in Vollzeitpflege bei dem Ehepaar Becker. Als Carmens Eltern bei einem Verkehrsunfall ums Leben kommen, wird Frau Becker vom Familiengericht zum Vormund für Carmen bestellt. Das zuständige Jugendamt stellt daraufhin die Maßnahme »Hilfe zur Erziehung« mit der Begründung ein, die Unterbringung in einer Vollzeitpflegestelle setze voraus, dass sich ein Kind »außerhalb seines Elternhauses« in einer fremden Familie befinde. Aufgabe der Jugendhilfe sei, die Erziehungsbedingungen in der Herkunftsfamilie zu verbessern und eine Rückkehr des Kinds in die Herkunftsfamilie vorzubereiten. Hier sei jedoch die Rückkehr des Kinds in die Herkunftsfamilie ausgeschlossen, weil diese nicht mehr existiere. Auch wirtschaftliche Jugendhilfe (Pflegegeld) könne nun nicht mehr geleistet werden. Frau Becker legt gegen den Bescheid des Jugendamts zunächst Widerspruch ein, später klagt sie vor dem Verwaltungsgericht. Ist der Klage stattzugeben?

7. Fall: Ein Säugling soll im Rahmen von HzE in einer Pflegefamilie untergebracht werden (Vollzeitpflege). Die Fachkraft der wirtschaftlichen Jugendhilfe wendet sich an die fallverantwortliche Fachkraft des Allgemeinen Sozialen Diensts und beanstandet die Maßnahme. Es könne sich hier wohl schwerlich um »Hilfe zur Erziehung« handeln, da ein Säugling nur Pflege und Versorgung benötige, nicht aber Erziehung. Seiner Meinung nach sei die Maßnahme nicht als Leistung der Jugendhilfe vom Jugendamt zu finanzieren. Ist diese Rechtsauffassung richtig?

Lösungen zu Übungsblatt 5

SGB VIII: Kapitel 2: Leistungen der Jugendhilfe, 4. Abschnitt

1. Fall:

Eignung und Notwendigkeit einer konkreten Maßnahme sind zwischen den Eltern und den Fachkräften des Jugendamts streitig. Die Eltern wünschen sozialpädagogische Familienhilfe; das Jugendamt hält es für hinreichend, wenn das Kind einen Ganztagsplatz in einer Tageseinrichtung nach § 22 SGB VIII erhält.

Das Verwaltungsgericht hat zu prüfen, ob ein Rechtsanspruch der Eltern auf eine Sozialpädagogische Familienhilfe besteht. Dies ist der Fall, wenn die gesetzlichen Voraussetzungen des § 27 Abs. 1 SGB VIII erfüllt sind.

Zum *Tatbestand* gehören nach überwiegender Auffassung gem. § 27 Abs. 1 SGB VIII folgende Merkmale: 1. Eine dem Wohl des Kinds entsprechende Erziehung ist nicht gewährleistet. 2. Eine Hilfe zur Erziehung ist *generell* geeignet, d.h. dem erzieherischen Bedarf muss mit pädagogischen Mitteln entsprochen werden können, und 3. die Hilfe ist auch notwendig. 4. Unter Berücksichtigung des sozialen Umfelds (§ 27 Abs. 2 SGB VIII) sowie unter Einbeziehung des Kinds oder Jugendlichen und des Personensorgeberechtigten (§§ 5, 36 SGB VIII) wird sodann die im Einzelfall dem erzieherischen Bedarf entsprechende Hilfe ausgewählt. *Rechtsfolge:* Auf diese Hilfe besteht ein Rechtsanspruch.

Das gesetzlich vorgeschriebene *Verfahren vor dem Erlass des Verwaltungsaktes*, nämlich die Beteiligung der Personensorgeberechtigten und auch der Kinder und Jugendlichen gem. § 36 SGB VIII, ist ferner unverzichtbar, allerdings ist ein förmlicher *Hilfeplan* nicht materiell-rechtliche Rechtmäßigkeitsvoraussetzung. Ein *kooperativer Entscheidungsprozess* muss jedoch stattgefunden haben. Dieses notwendige Verfahren vor der Hilfegewährung soll die Eigenverantwortung der Betroffenen stärken und ist schließlich auch Grundlage der späteren *Elternarbeit* des Trägers der öffentlichen Jugendhilfe.

Umstritten ist, ob bzw. inwieweit die Verwaltungsgerichte bei der Überprüfung einer Entscheidung über das Bewilligen oder Nichtbewilligen einer HzE einen Beurteilungsspielraum des Trägers der öffentlichen Jugendhilfe zu beachten haben. Nach einer Ansicht ist die Entscheidung über die im Einzelfall angezeigte Hilfeart das Ergebnis eines kooperativen pädagogischen Entscheidungsprozesses, der nicht den Anspruch auf objektive Richtigkeit erhebt, sondern eine angemessene Lösung zur Bewältigung der Belastungssituation enthält. Bei der Entscheidung steht dem Träger der öffentlichen Jugendhilfe daher ein Beurteilungsspielraum zu, der nur einer eingeschränkten verwaltungsgerichtlichen Kontrolle unterliegt (BayVGH JAmt 2004, 545). Nach anderer Ansicht (VGH BW ZKJ 2011, 262) unterliegt es der vollen verwaltungsgerichtlichen Überprüfung, ob im Einzelfall ein erzieherischer Bedarf besteht und die vom Träger der öffentlichen Jugendhilfe ausgewählte Hilfe geeignet und notwendig ist und besteht ein Beurteilungsspielraum allein hinsichtlich der näheren konkreten Ausgestaltung der Hilfemaßnahme, etwa bei der Auswahl eines bestimmten Maßnahmeträgers, der konkreten Ausgestaltung einer etwaigen pädagogischen bzw. therapeutischen Leistung oder hinsichtlich des zeitlichen Umfangs einer Maßnahme. Auf den Fall angewandt ergibt dies: Die allgemeinen Voraussetzungen für die Gewährung einer Hilfe zur Erziehung liegen vor, da davon ausgehen ist, dass eine erzieherischer Bedarf besteht und Hilfe zur Erziehung *generell* geeignet und notwendig ist. Das Verfahren vor dem Träger der öffentlichen Jugendhilfe hat fehlerfrei stattgefunden. Die Überprüfung der (ablehnenden) Entscheidung des Jugendamts durch das Gericht könnte weiterhin zu dem Ergebnis führen, dass SpFH die im *konkreten Fall geeignete und auch notwendige* Hilfe ist.

Zwar hat das Verfahren vor dem Träger der öffentlichen Jugendhilfe *ohne Einigung* stattgefunden. Es ist aber nicht aus den bisherigen Ausführungen zu folgern, dass eine Uneinigkeit zwischen dem Bürger und dem Jugendamt über die Geeignetheit und Notwendigkeit einer Maßnahme behoben werden muss (»Einigungszwang«), damit überhaupt eine Jugendhilfemaßnahme eingeleitet werden kann. Sonst hätten es beide Parteien – Jugendamt und Eltern – in der Hand, das Verfahren der Hilfegewährung beliebig zu verzögern. Sind im Gerichtsverfahren keine neuen Umstände hinzugekommen, könnte das Gericht somit der Klage stattgeben und das Jugendamt verpflichten, *sozialpädagogische Familienhilfe* gem. § 31 SGB VIII zu gewähren.

Das Gericht kann das Jugendamt aber nur dann verpflichten, eine bestimmte HzE zu gewähren, wenn das dokumentierte Verfahren vor dem Träger der öffentlichen Jugendhilfe nur den Schluss zulässt, dass die begehrte Hilfe *trotz abweichender Auffassung des Jugendamts* auch die *konkret geeignete Hilfe* ist.

Ergänzend sei angemerkt, dass den Eltern (Personensorgeberechtigten) nicht gegen ihren ausdrücklichen Willen eine andere als die beantragte Hilfe vom Verwaltungsgericht gewährt werden kann, denn Voraussetzung für eine Hilfe zur Erziehung ist das Einverständnis der Eltern mit der Maßnahme. Ein Eingriff in die elterliche Sorge ist dem *Verwaltungsgericht* verwehrt, dieser steht allein dem *Familiengericht* gem. § 1666 BGB zu.

> *Ergebnis:* Sofern die von den Eltern beantragte Hilfe die gem. § 27 Abs. 1 SGB VIII *geeignete* ist und das Jugendamt bei seiner Ablehnung die *Voraussetzungen für HzE* gem. § 27 Abs. 1, Abs. 2 SGB VIII in Form der SpFH fehlerhaft interpretiert hat, kann eine Verurteilung des Trägers der öffentlichen Jugendhilfe zur Gewährung einer Leistung »Hilfe zur Erziehung in Form der sozialpädagogischen Familienhilfe« erfolgen.

2. Fall:

1. Die örtliche Zuständigkeit für *Leistungen* wie Hilfe zur Erziehung, § 2 Abs. 2 Nr. 4 SGB VIII, ist in § 86 SGB VIII geregelt. Halten sich die Eltern an verschiedenen Orten auf, richtet sich die örtliche Zuständigkeit des Jugendamts gem. § 86 Abs. 2 S. 1 SGB VIII nach dem gewöhnlichen Aufenthalt (g.A.) des sorgeberechtigten Elternteils, hier der Mutter von Peter, Frau Goldmann. Diese ist vor drei Wochen nach Braunschweig in eine Wohnung gezogen und arbeitet dort als Prostituierte. Somit hält sie sich in Braunschweig »erkennbar nicht nur

vorübergehend« auf und hat in Braunschweig ihren g.A. Das Jugendamt Braunschweig ist daher örtlich zuständig.

2. Das Jugendamt Braunschweig hat als *Sozialleistungsträger* gem. §§ 14, 16 Abs. 3 SGB I die Pflicht, die Mutter auf Ansprüche von Peter auf Unterhaltsvorschuss nach dem UVG hinzuweisen und auf eine sachdienliche Antragstellung hinzuwirken. Nach §§ 1, 2 UVG hat Peter einen Anspruch auf die monatliche Zahlung von Unterhaltsvorschuss des Mindestunterhalts nach § 1612a BGB, solange er – getrennt von seinem Vater – mit einem Elternteil (seiner Mutter) zusammenlebt und der getrennt lebende Elternteil nicht oder nicht regelmäßig Unterhalts zahlt. Nach dem Sachverhalt zahlt der Vater bisher nicht regelmäßig Unterhalt für sein Kind, und Zahlungen öffentlicher Stellen werden ebenfalls nicht geleistet. Somit wäre der Mutter dringend anzuraten, Unterhaltsvorschuss für Peter geltend zu machen. Ein schriftlicher Antrag auf Unterhaltsvorschuss kann gem. § 9 Abs. 1 UVG beim Jugendamt Braunschweig gestellt werden, da die Mutter ihren Wohnsitz derzeit in Braunschweig hat.

Ergebnis: Gem. § 14 SGB I hat Frau Goldmann gegenüber dem Jugendamt einen Anspruch auf Beratung über die ihrem Sohn Peter zustehenden Ansprüche auf Leistungen nach dem UVG. Peter stehen monatliche Zahlungen in Höhe des Mindestunterhalts nach § 1612a BGB für ein Kind seiner Altersstufe zu, solange er bei seiner Mutter lebt und nicht oder nicht regelmäßig Unterhalt von seinem Vater erhält, §§ 1, 2 UVG. Zur Vermeidung des Entstehens von Schadensersatzansprüchen aufgrund von Amtshaftung hat das Jugendamt darauf hinzuwirken, dass die Mutter unverzüglich einen sachdienlichen Antrag stellt, § 16 Abs. 3 SGB I. Sobald Peter nicht mehr mit seiner Mutter zusammenlebt, besteht kein Anspruch auf Unterhaltsvorschuss mehr.

Zudem ist das Jugendamt verpflichtet, auf die Möglichkeit, eine Beistandschaft, §§ 1712 ff. BGB, zu beantragen, hinzuweisen, vgl. § 52a SGB VIII.

3. Hat Frau Goldmann als sorgeberechtigte Mutter gem. §§ 27, 33 SGB VIII einen Anspruch auf Hilfe zur Erziehung in Form der Vollzeitpflege? *Eine dem Wohl Peters entsprechende Erziehung ist im Elternhaus nicht gewährleistet*, da Frau Goldmann weder in der Lage noch willens ist, sich ausreichend um ihren vierjährigen Sohn zu kümmern. Da Peter bisher durch wechselnde Bezugspersonen betreut worden ist und bereits Auffälligkeiten in seinem Verhalten bestehen, ist eine intensive und kontinuierliche erzieherische Hilfe sowie ein geregelter Tagesablauf *erforderlich*, um seinen erzieherischen Bedarf zu decken; mildere Mittel wie Tagespflege oder die Erziehung im Kindergarten reichen nicht aus. Die Gewährung von Vollzeitpflege gem. § 33 SGB VIII entsprechend den Wünschen von Frau Goldmann stellt die im Einzelfall *geeignete* Hilfe dar.

Ergebnis: Die Voraussetzungen gem. §§ 27, 33 SGB VIII für Hilfe zur Erziehung in Form der Vollzeitpflege liegen vor.

4. Frau Goldmann ist als *Personensorgeberechtigte* gem. § 36 Abs. 1 S. 1 SGB VIII vor der Entscheidung über die Inanspruchnahme der Hilfe zu *beraten*. Dabei ist sie auf die möglichen Folgen für die Entwicklung des Kindes hinzuweisen. Die Gefahr einer Entfremdung zwischen Mutter und Kind bei Peters Unterbringung in einer Vollzeitpflegestelle sollte angesprochen werden.

5. Das *Verfahren* vor dem Jugendamt ist insofern noch unzureichend, als bisher nur Herr Fink mit der Fallbearbeitung betraut war und die Pflegefamilie Beyer vorgeschlagen hat. Gemäß § 36 Abs. 2 S. 1 SGB VIII soll die Entscheidung über die im Einzelfall angezeigte Hilfeart jedoch im Zusammenwirken *mehrerer Fachkräfte* getroffen werden.

   Ergebnis: Herr Fink darf nicht alleine über die im Einzelfall angezeigte Hilfeart entscheiden.
6. Wenn die Hilfeart feststeht, ist gem. § 36 Abs. 2 S. 2 SGB VIII die Aufstellung eines *Hilfeplanes bei einer voraussichtlich für längere Zeit zu leistenden Hilfe zur Erziehung* vorgeschrieben. Eine solche Hilfe ist geplant, da der vierjährige Peter für eine Zeitdauer von etwa 2 Jahren bis zum Schuleintritt in einer Pflegestelle untergebracht werden soll.

   Ergebnis: Ein Hilfeplan ist aufzustellen.
7. An der Aufstellung eines Hilfeplanes sind folgende Personen zu beteiligen: der *Personensorgeberechtigte* und das *Kind*, sowie *mehrere Fachkräfte* auf Seiten des Jugendamts. Bei der Gewährung von Vollzeitpflege sind auch die bei der Durchführung der Hilfe beteiligten zukünftigen *Pflegeeltern*, hier das Ehepaar Beyer, einzubeziehen. Es ist abzusehen, dass die Entscheidung über die angestrebte Hilfe zur Erziehung und die Aufstellung eines Hilfeplans in einer *Hilfeplankonferenz* nicht unter Zeitdruck innerhalb einer Woche bis zu Peters Eintreffen in Braunschweig erfolgen kann.

   Ergebnis: Frau Goldmann als Personensorgeberechtigte, Peter, mehrere Fachkräfte und die potentiell *geeigneten* Pflegeeltern – hier möglicherweise das Ehepaar Beyer – sind bei der Aufstellung des Hilfeplans zu beteiligen.
8. Gem. § 44 Abs. 1 S. 1 SGB VIII bedarf die *Pflegeperson*, das sind bei einem verheirateten Paar beide »Pflegeeltern«, grundsätzlich einer *Pflegeerlaubnis*. Diese beiden Personen zu erteilende Pflegeerlaubnis ist ausnahmsweise *nicht erforderlich*, wenn jemand »im Rahmen von Hilfe zur Erziehung aufgrund einer Vermittlung durch das Jugendamt ein Kind betreut oder ihm Unterkunft gewährt«, § 44 Abs. 1 S. 2 Nr. 1 SGB VIII.

   Ergebnis: Sofern die Pflegefamilie Beyer Peter im Rahmen von *Hilfe zur Erziehung aufgrund einer Vermittlung durch das Jugendamt* betreut, bedürfen die Pflegeeltern keiner Pflegeerlaubnis.

   Wie in der Einführung dargelegt, ist die Erteilung der Pflegeerlaubnis eine *andere Aufgabe* der Jugendhilfe gem. § 2 Abs. 3 Nr. 3 SGB VIII. Ob eine Pflegeerlaubnis zu erteilen ist oder nicht, ist nur aufgrund des § 44 SGB VIII zu entscheiden und grundsätzlich unabhängig von der *Leistung* »Hilfe zur Erziehung« zu betrachten.

2.1 *Fortführung des Falls (1):*

1. Frau Fischer bedarf gem. § 44 Abs. 1 S. 2 Nr. 1 SGB VIII einer Pflegeerlaubnis, wenn sie ein Kind außerhalb des Elternhauses regelmäßig betreuen und ihm Unterkunft gewähren *will;* d.h. bereits *vor der Aufnahme* eines Pflegekindes ist eine Pflegeerlaubnis erforderlich. Befindet sich das Kind, wie in unserem Fall, bereits bei der Pflegeperson, ist erst recht die nachträgliche Beantragung und Erteilung der Erlaubnis vonnöten. *Ausnahmsweise* ist eine Pflegeerlaubnis bei

einer *kurzfristigen* Unterbringung bis zu 8 Wochen *nicht* erforderlich, § 44 Abs. 1 S. 2 Nr. 4 SGB VIII. Von einer derartig kurzfristigen Unterbringung ist im Sachverhalt aber nicht die Rede. Die Aufnahme eines Pflegekindes ohne die erforderliche Erlaubnis stellt gem. § 104 Abs. 1 Nr. 1, Abs. 2 SGB VIII eine Ordnungswidrigkeit dar und kann mit Bußgeld belegt werden.

Ergebnis: Frau Fischer bedarf einer Pflegeerlaubnis. Diese hätte sie bereits *vor* der Aufnahme des Kindes Peter beantragen müssen.

2. Die örtliche Zuständigkeit für die Erteilung der Pflegeerlaubnis ist in § 87a SGB VIII geregelt; danach ist der gewöhnliche Aufenthalt der *Pflegeperson* maßgeblich. Frau Fischer wohnt in Bremerhaven, somit ist das Jugendamt Bremerhaven zuständig.

   Die Pflegeerlaubnis darf gem. § 44 Abs. 2 SGB VIII nur erteilt werden, wenn das Wohl des Kindes in der Pflegestelle gewährleistet ist, andernfalls ist sie zu versagen. Wenn das Kind bei der Überprüfung unbeaufsichtigt und verschmutzt aufgefunden wird, ist sein Wohl nicht gewährleistet, die Erteilung der Pflegeerlaubnis kommt somit nicht in Betracht. Die weitere Überprüfung der Pflegestelle erfolgt »den Erfordernissen des Einzelfalls entsprechend an Ort und Stelle«, § 44 Abs. 3 SGB VIII, und erlaubt somit zwar keine »Routinebesuche«, schließt aber andererseits bei Bedarf »unangemeldete« Besuche nicht aus.

Ergebnis: Zuständig für die Erteilung der Pflegeerlaubnis an Frau Fischer ist das Jugendamt Bremerhaven Vor der Erteilung hat dieses zu überprüfen, ob das Wohl des Kindes in der Pflegestelle gewährleistet ist. Ist dies nicht der Fall, darf die Erlaubnis nicht erteilt werden bzw. ist sie zu widerrufen, wenn sie schon vorliegt.

2.2 *Fortführung des Falles (2):*

1. Gem. § 33 S. 2 SGB VIII sind *für besonders entwicklungsbeeinträchtigte Kinder und Jugendliche* geeignete Formen der Familienpflege zu schaffen und auszubauen.
2. Gem. § 39 Abs. 1 SGB VIII hat das Pflegegeld den notwendigen Lebensbedarf des Pflegekindes *außerhalb des Elternhauses* sicherzustellen. Es umfasst auch die Kosten der Erziehung.

   Nach § 39 Abs. 2 S 1 SGB VIII soll *der gesamte regelmäßig wiederkehrende Bedarf* durch laufende Leistungen gedeckt werden. Diese umfassen gem. § 39 Abs. 2 S. 2 SGB VIII auch einen *angemessenen Barbetrag zur persönlichen Verfügung* des Kindes oder des Jugendlichen; somit ist das Taschengeld im Pflegegeld enthalten In der Praxis wird das Taschengeld meist getrennt ausgewiesen, da den Rechtsanspruch auf das Taschengeld nach wohl überwiegender Rechtsauffassung das Kind oder der Jugendliche selbst und nicht der Personensorgeberechtigte besitzt.

   Die laufenden Leistungen sollen *in monatlichen Pauschalbeträgen* gezahlt werden. Ist das Kind im Bereich eines anderen Jugendamts untergebracht, soll sich die Höhe des zu gewährenden Betrages nach den Verhältnissen am Ort der Pflegestelle richten, § 39 Abs. 4 S. 5 SGB VIII.

   Die Pauschalbeträge für laufende Leistungen zum Unterhalt sind nach Landesrecht festzusetzen und nach Altersgruppen zu staffeln, § 39 Abs. 5 SGB VIII.

An die Pflegeeltern kann unter bestimmten Umständen das Kindergeld ausgezahlt werden. Ist dies der Fall, ist es auf die laufenden Leistungen anzurechnen, § 39 Abs. 6 SGB VIII.

3. Obwohl Peter bei Pflegeeltern in Wolfenbüttel untergebracht ist, bleibt die örtliche Zuständigkeit gem. § 86 Abs. 2 S. 1 SGB VIII beim Jugendamt in Braunschweig, da davon auszugehen ist, dass die personensorgeberechtigte Mutter Frau Goldmann und der Vater Herr Wolters nach wie vor verschiedene Aufenthaltsorte haben. Die örtliche Zuständigkeit für die Leistung umfasst auch die örtliche Zuständigkeit für die Zahlung von Pflegegeld; das Pflegegeld ist somit vom Jugendamt in Braunschweig an die Pflegeeltern in Wolfenbüttel zu überweisen.
4. Gem. §§ 91 Abs. 1 Nr. 5, 92 Abs. 1 Nr. 1 SGB VIII werden *das Kind oder der Jugendliche und dessen Eltern* zu den Kosten der Hilfe zur Erziehung in einer Vollzeitpflege gem. § 33 SGB VIII herangezogen; somit haben grundsätzlich Peter, Frau Goldmann und Herr Wolters einen Beitrag zu den Kosten der Unterbringung zu leisten. Die Eltern werden *nur subsidiär* herangezogen, also nur dann, wenn ihr Kind die Kosten nicht selbst tragen kann (§§ 92 Abs. 1 Nr. 5, 94 Abs. 1 S. 3 SGB VIII), was der Regelfall ist.
5. § 94 SGB VIII bestimmt den Umfang der Heranziehung. Die Heranziehung zu den Kosten erfolgt in angemessenem Umfang aus dem Einkommen. Der Umfang richtet sich nach der Höhe des Einkommens gem. § 93 SGB VIII.
   Die Heranziehung erfolgt durch Erhebung eines Kostenbeitrags, der durch Leistungsbescheid festgesetzt wird, § 92 Abs. 2 SGB VIII.
6. Das Kind oder der Jugendliche soll gem. § 94 Abs. 1 SGB VIII nur aus seinem *Einkommen* zu den Kosten herangezogen werden; der Stamm seines *Vermögens* bleibt unangetastet. Somit muss Peters ererbtes Grundstück nicht veräußert werden, um aus dem Verkaufserlös für seine Unterbringung aufzukommen. Lediglich Mietzinsen, soweit vorhanden, müssten für Peters Unterhalt in der Pflegefamilie herangezogen werden. Da in diesem Fall das Kind vorrangig vor den Eltern zu den Kosten herangezogen wird (§ 94 Abs. 1 S. 3 SGB VIII), muss zunächst der Kostenbeitrag für das Kind ermittelt werden. Deckt er nicht die gesamten Aufwendungen der Jugendhilfe ab – was die Regel ist – haben für die Restaufwendungen die Eltern aufzukommen, soweit es ihnen zuzumuten ist und sie leistungsfähig sind. Die Berechnung des konkreten Beitrags erfolgt anhand der Kostenbeitragsverordnung.

2.3 *Fortführung des Falles (3):*

Gem. § 86 Abs. 6 SGB VIII ändert sich die örtliche Zuständigkeit des Jugendamts, wenn ein Kind oder ein Jugendlicher bereits zwei Jahre bei einer Pflegeperson lebt *und* sein Verbleib bei dieser Pflegeperson auf Dauer zu erwarten ist. Dann wird das Jugendamt, in dessen Bereich die Pflegeperson ihren gewöhnlichen Aufenthalt hat, örtlich zuständig. Peter lebt nun schon seit 2 Jahren bei den Pflegeeltern in Wolfenbüttel; nach dem Sachverhalt wird er dort für unbestimmte Zeit bleiben, zumal ein regelmäßiger Kontakt zur Mutter nicht besteht und der Hilfeplan eine weitere Erziehung in dieser Pflegefamilie vorsieht. Somit ist das Jugendamt in Wolfenbüttel zuständig geworden. Der bisher zuständige Träger der öffentlichen Jugendhilfe (Jugendamt Braunschweig) bleibt trotz des Wechsels der Zuständigkeit solange zur Leistung verpflichtet, bis der nunmehr zuständige Träger der öffentlichen Jugendhilfe (Jugendamt Wolfenbüttel) die Leistung fortsetzt (§ 86c S. 1 SGB VIII). Die beteiligten Jugendämter haben sich gegenseitig bei Kenntnis des Zuständigkeitswechsels zu unterrichten (§ 86c S. 2 SGB VIII).

Ergebnis: Hier findet ein Zuständigkeitswechsel auf das Jugendamt Wolfenbüttel nach zwei Jahren Pflegedauer statt, da mit einem weiteren Verbleib Peters in der Pflegestelle zu rechnen ist. Das ursprünglich örtlich zuständige Jugendamt (Braunschweig) bleibt aber vorerst zur Leistung verpflichtet und muss erst einmal weiter das Pflegegeld bezahlen.

3. Fall:

1. Die Großeltern erhalten nur dann Pflegegeld vom *Jugendamt,* wenn das Jugendamt gem. §§ 27 Abs. 2a, 33 SGB VIII *Hilfe zur Erziehung* in Form der Unterbringung des Kindes in einer Vollzeitpflegestelle gewährt. Pflegegeld nach dem SGB VIII kann somit nur als »*Annexleistung*« verlangt werden. Rechtlich steht der Anspruch nicht den Pflegeeltern (hier den Großeltern) zu, sondern dem oder den Personensorgeberechtigten. In der Praxis erfolgt meist eine Überweisung des Pflegegelds unmittelbar an die Pflegeperson. Durch das Pflegegeld soll der notwendige Unterhalt des Kindes in der Pflegestelle sichergestellt werden. Dieser umfasst auch die Kosten der Erziehung, § 39 Abs. 1 SGB VIII.

Da Pflegegeld nicht unabhängig von einer erzieherischen Jugendhilfeleistung gewährt werden darf, stellt sich zunächst einmal die Frage, ob Hilfe zur Erziehung überhaupt in Betracht kommt, wenn das Kind von Großeltern in deren Haushalt erzogen wird. Wenn die Eltern als Erzieher ausfallen, muss der erzieherische Bedarf anders gedeckt werden. Das Wohl des Kindes muss bei den Großeltern gewährleistet sein, wenn der Ausfall der elterlichen Erziehungsleistung dort ersetzt werden soll.

Eine dem Wohl des Kindes entsprechende Erziehung des Kindes *im Elternhaus* ist nicht gewährleistet, da sich die Verhältnisse zuhause zwischenzeitlich nicht gebessert haben. *Generell* ist die Unterbringung des 4jährigen Kindes außerhalb des Elternhauses weiterhin erforderlich. Dabei kann dahingestellt bleiben, ob *speziell* die im Einverständnis mit den sorgeberechtigten Eltern erfolgte Unterbringung bei Großeltern im Wege der öffentlichen Jugendhilfe *notwendig* ist, denn es fehlt nach Auffassung der Fachkräfte des Jugendamts an der erzieherischen *Eignung* der Großeltern. Aus diesem Grunde kann Hilfe zur Erziehung in Form einer Vollzeitpflege bei den Großeltern nicht gewährt werden.

Ergebnis: Es besteht kein Anspruch auf Pflegegeld gem. § 39 Abs. 1 SGB VIII, da den Personensorgeberechtigten Hilfe zur Erziehung nach § 33 SGB VIII in Form einer Vollzeitpflege bei den Großeltern nicht gewährt wird und auch nicht zukünftig gewährt werden kann.

2. Hält das Jugendamt das Tätigwerden des Familiengerichts zur Abwendung einer *Gefährdung* des Wohls des Kindes für erforderlich, so *hat* es das Gericht anzurufen, § 8a Abs. 2 S. 1 SGB VIII. Eine solche *Pflicht* zur Anrufung des Gerichts ist

insbesondere dann gegeben, wenn die *Eltern* »nicht gewillt, oder nicht in der Lage sind, die Gefahr abzuwenden«, die durch ihr Fehlverhalten gegenüber dem Kind eingetreten ist, § 1666 Abs. 1 BGB. Sie könnten die Gefahr auch dadurch abwenden, dass sie – im Falle einer gebotenen Fremdunterbringung des Kindes – dem Vorschlag des Jugendamts folgen und Hilfe zur Erziehung gem. § 27 SGB VIII beanspruchen. Dies ist nun gerade nicht erfolgt. Die Eltern haben sich den Bemühungen des Jugendamts, mit ihnen zusammen für Abhilfe zu sorgen, widersetzt und eigenmächtig das Kind bei den Großeltern untergebracht, um damit einem Sorgerechtsentzug durch das Familiengericht zuvorzukommen. Es sind aber mangels *Eignung* der Großeltern als Pflegeperson die Voraussetzungen für Hilfe zur Erziehung nicht erfüllt. Das Jugendamt hat also nicht die Pflicht, im Nachhinein die Unterbringung des Kindes »jugendhilferechtlich« abzusichern und den Großeltern ein Pflegegeld zu zahlen.
Trotz fortbestehender Probleme im Elternhaus, die einer Rückführung des Kindes zu seinen Eltern entgegenstehen und trotz mangelnder Eignung der Großeltern für die Gewährung von Hilfe zur Erziehung kann aber nach dem Sachverhalt *nicht* davon ausgegangen werden, dass eine *Gefährdung des Wohls des Kindes,* wie in § 1666 BGB vorausgesetzt, zur Zeit *bei den Großeltern* gegeben ist. Aus diesem Grund besteht keine Verpflichtung des Jugendamts, gem. § 8a Abs. 2 S. 1 SGB VIII das Familiengericht anzurufen.

Ergebnis: Das Jugendamt ist derzeit nicht verpflichtet, gem. § 8a Abs. 2 S. 1 SGB VIII das Familiengericht anzurufen, um eine Unterbringung des Kindes bei *geeigneten* Pflegeeltern als Hilfe zur Erziehung herbeizuführen.

4. Fall:

Nach § 20 Abs. 2 SGB VIII soll ein Minderjähriger, wenn ein alleinerziehender Elternteil oder beide Elternteile aus gesundheitlichen oder anderen zwingenden Gründen ausfällt bzw. ausfallen, im elterlichen Haushalt versorgt und betreut werden, wenn und solange es für sein Wohl erforderlich ist, da eine Unterstützung durch eine Unterbringung des Kindes in einer Tageseinrichtung oder in einer Tagespflege nicht ausreicht.
Die Betreuung und Versorgung in Notsituationen nach § 20 SGB VIII als Leistung des Jugendamts kommt nur für Kinder im Sinne des SGB VIII in Betracht, also für Minderjährige unter 14 Jahren, § 7 Abs. 1 Nr. 1 SGB VIII. Der Krankenhausaufenthalt eines alleinerziehenden Elternteils ist ein zwingender Grund im Sinne der Vorschrift. Wegen der mit dem Krankenhausaufenthalt verbundenen Abwesenheit der Mutter über Nacht reicht zudem eine Unterbringung des Mädchens in einer Tageseinrichtung oder in einer Tagespflege nicht aus, so dass die Voraussetzungen für eine Leistung nach § 20 Abs. 2 SGB VIII vorliegen. Auf die Leistung besteht dann ein Rechtsanspruch, denn beim Vorliegen der Tatbestandsmerkmale hat das Jugendamt in einem Regelfall die Leistung zu erbringen. Nur in atypischen Fällen besteht ein Ermessen des Jugendamts.
Neben einer Betreuung des Kindes im Haushalt der Mutter ist nach überwiegender Ansicht auch die vorübergehende Unterbringung in einer Einrichtung oder einer Pflegefamilie möglich, obwohl nach dem Wortlaut der Norm eine Versorgung und Betreuung im elterlichen Haushalt erfolgen soll. Dies ergibt sich bereits aus der Tat-

sache, dass nach § 91 Abs. 1 Nr. 3, Abs. 2 Nr. 1 SGB VIII zur Betreuung und Versorgung von Kindern in Notsituationen zu voll- und teilstationäre Leistungen Kostenbeiträge erhoben werden.
Eine Haushaltshilfe als Leistung des Krankenversicherung nach § 38 SGB V scheidet im Fall aus, da das Mädchen älter als 12 Jahre alt ist, diese Leistung jedoch nur dann in Betracht kommt, wenn im Haushalt ein Kind lebt, dass das 12. Lebensjahr noch nicht vollendet hat, § 38 Abs. 1 S. 2 SGB V.
Sofern eine bloße Hilfe bei der Haushaltsführung und – anders als im Fallbeispiel – nicht auch die Betreuung eines Kindes erforderlich ist, scheidet eine Leistung nach § 20 SGB VIII aus, kommt jedoch eine Haushaltshilfe nach § 70 SGB XII als Leistung des Sozialhilfeträgers in Betracht.

5. Fall:

1. Bei der ersten Frage sind drei Komplexe anzusprechen.

(a) *Aktivlegitimation – wem steht der Anspruch zu?* Beate ist berechtigt, den Anspruch auf Hilfe zur Erziehung geltend zu machen. Nach § 27 Abs. 1 SGB VIII hat ein Personensorgeberechtigter bei der Erziehung eines Kindes oder Jugendlichen Anspruch auf Hilfe zur Erziehung, wenn eine dem Wohl des Kindes oder Jugendlichen entsprechende Erziehung nicht gewährleistet und die Hilfe für seine Entwicklung geeignet und notwendig ist. Voraussetzung einer Hilfe zur Erziehung ist somit die Inanspruchnahme der Leistung durch den *Personensorgeberechtigten*, denn er allein ist Inhaber des Anspruchs. Diese Voraussetzung liegt hier vor, weil die sorgeberechtigte Mutter Beate am 2.1.2011 einen schriftlichen Antrag auf Hilfe zur Erziehung stellte und mit der Unterbringung ihrer Tochter bei den Großeltern einverstanden war. Durch den Antrag dokumentiert sie zugleich ihr Einverständnis mit einer Hilfe zur Erziehung.

(b) *Erzieherischer Bedarf?* Aufgrund der Behinderung der Mutter und ihrem Unvermögen, ihrer Tochter die erforderliche Aufmerksamkeit und Zuwendung zukommen zu lassen, ist eine dem Wohl der Jugendlichen entsprechende Hilfe im Elternhaus, das heißt bei ihrer Mutter (und deren Lebensgefährten) nicht gewährleistet und Hilfe zur Erziehung in Form der Fremdunterbringung erforderlich. Die Mutter der Jugendlichen war nach ihrem Auszug aus der gemeinsamen Wohnung letztlich nicht bereit und nach den Berichten der Fachkräfte des Allgemeinen Sozialen Dienstes auch nicht in der Lage, eine dem Wohle der Jugendlichen entsprechende Erziehung zu gewährleisten. Auch zum Zeitpunkt der Antragstellung hat sich insofern nichts geändert; die Jugendliche selbst ist auch nicht bereit, zur Mutter (und deren Freund) zurückzukehren.

(c) *Verwandtenpflegestelle:* Eine Vollzeitpflegestelle gem. § 33 SGB VIII ist hier die geeignete Maßnahme. Die Betreuung kann grundsätzlich auch durch Großeltern in deren Haushalt geleistet werden (§ 27 Abs. 2a SGB VIII), da diese nicht als *»Herkunftsfamilie«* i.S. des § 33 SGB VIII betrachtet werden, sondern als *»andere Familie«*.

Zu prüfen ist, wie die Weigerung der Großeltern, Beate weiterhin unentgeltlich zu betreuen, rechtlich zu würdigen ist. Wird der erzieherische Bedarf von Verwandten im Einvernehmen mit dem Personensorgeberechtigten *unentgeltlich* gedeckt, besteht nach der Rechtsprechung des Bundesverwaltungsgerichts kein erzieherischer Bedarf im Sinne des § 27 Abs. 1 SGB VIII. Ziehen Großeltern jedoch ihre Bereitschaft zur unentgeltlichen Pflege ihres Enkels zurück und machen sie die weitere Betreuung von einer Pflegegeldzahlung abhängig, ist zu prüfen, ob die Unterbringung bei den Großeltern dem Wohl des Kindes entspricht, da die Großeltern geeignet sind den erzieherischen Bedarf zu decken und zur Zusammenarbeit mit den Fachkräften des Jugendamts nach § 37 SGB VIII bereit sind. Unerheblich ist insoweit, dass die Großeltern zivilrechtlich zum Verwandtenunterhalt für ihren Enkel verpflichtet sind (vgl. § 1601 BGB).

Die Jugendliche Heike ist lernbehindert und bedarf besonderer Förderung und Zuwendung. Ein (erneuter) Wechsel ihres Aufenthalts könnte sich schädlich auswirken und sollte vermieden werden. Bisher erfolgte eine ihrem erzieherischen Bedarf entsprechende Betreuung durch die Großeltern. Daher ist die Unterbringung von Heike bei ihren Großeltern im Rahmen einer Vollzeitpflege die geeignete und notwendige Hilfe zur Erziehung.

Ergebnis: Der Mutter Beate steht Hilfe zur Erziehung in Form der Vollzeitpflege gem. §§ 27, 33 SGB VIII zu, da ihre Tochter Heike bei den Großeltern »in einer anderen (geeigneten) Familie« lebt und sie, die Großeltern, die Betreuung und Erziehung nicht *unentgeltlich im Rahmen einer sie treffenden Unterhaltspflicht* durchführen wollen und können. Zu beachten ist, dass bei einer Unterbringung bei Großeltern das Pflegegeld unter Umständen angemessen gekürzt werden kann (§ 39 Abs. 4 SGB VIII).

2. Seit Anfang 2009 lebt Heike bei ihren Großeltern. Erst später, am 2.1.2011, macht die sorgeberechtigte Mutter einen Anspruch auf Hilfe zur Erziehung beim Jugendamt rückwirkend geltend. Eine Rechtsgrundlage für eine *rückwirkende Gewährung* von Pflegegeld gibt es jedoch nicht; eine bloße »faktische« Erziehungshilfegewährung dadurch, dass eine Mutter ihr Kind in eine hierzu bereite Pflegestelle (bzw. zu Großeltern des Kindes) gibt, reicht nicht aus, da die Hilfegewährung ein *Verwaltungsverfahren* nach §§ 8 ff. SGB X voraussetzt. Der Personensorgeberechtigte muss sein Begehren, eine Jugendhilfeleistung zu beanspruchen, gegenüber dem Träger der öffentlichen Jugendhilfe zum Ausdruck bringen.

Eine Selbstbeschaffung von Leistungen der Jugendhilfe ist grundsätzlich ausgeschlossen, § 36a SGB VIII.

Außerdem haben die Großeltern in der Vergangenheit ihre Enkeltochter *unentgeltlich* betreut, öffentliche Jugendhilfe war somit nicht erforderlich. Erst nach ihrer Weigerung, die Betreuung unentgeltlich fortzusetzen und nach Antragstellung durch die Mutter waren die Voraussetzungen für Hilfe zur Erziehung erfüllt.

Ergebnis: Der Anspruch auf Hilfe zur Erziehung kann nicht rückwirkend für die Vergangenheit geltend gemacht werden.

5.1 *Fortführung des Falles (1):*

Der Großmutter wurde vom Amtsgericht – Familiengericht – die Personensorge als Teil der elterlichen Sorge gem. § 1630 Abs. 3 BGB übertragen. Nach dieser Vorschrift kann das Gericht auf Antrag der Eltern Angelegenheiten der elterlichen Sorge auf die Pflegeperson übertragen, wenn Eltern das Kind für längere Zeit in Familienpflege geben. Mit der Übertragung der Personensorge erhielt die Großmutter die Stellung einer Pflegerin (vgl. § 1630 Abs. 3 S. 3 BGB); d.h. sie allein entscheidet in allen Angelegenheiten der Personensorge, die das Kind betreffen.

Somit stellt sich die Frage, ob Hilfe zur Erziehung weiterhin geleistet werden darf, wenn sich das Kind beim Personensorgeberechtigten aufhält. Die Frage ist zu bejahen, da gemäß § 27 SGB VIII nicht maßgeblich ist, ob der vom Familiengericht bestellte Personensorgerechtsinhaber die Erziehung gewährleistet, sondern ob der *vor* der Entscheidung des Gerichts verantwortliche Personensorgeberechtigte eine förderliche Erziehung gewährleistet hat. Zum gleichen Ergebnis führt auch die Interpretation des Wortlauts des § 33 S. 1 SGB VIII: Dieser spricht von einer *»anderen Familie«* in Abgrenzung zur »Herkunftsfamilie«, nicht zur »Familie des Personensorgeberechtigten«. Wenn sich Heike bei ihrer Großmutter befindet, wird sie also nicht mehr in ihrer »Herkunftsfamilie«, sondern in einer »anderen Familie« erzogen, auch wenn ihre Großmutter (*Pflegeperson*) nunmehr Inhaberin der Personensorge (und damit gleichzeitig *Pflegerin*) geworden ist.

> *Ergebnis:* Der Großmutter als Pflegeperson wurde die Personensorge gem. § 1630 Abs. 3 BGB übertragen und sie ist somit auch *Pflegerin* (gesetzliche Vertreterin) geworden. Die Großmutter kann daher als Pflegerin den Anspruch auf Hilfe zur Erziehung in Form der Vollzeitpflege bei ihr selbst als Pflegeperson gelten machen.

5.2 *Fortführung des Falles (2)*

1. Zu prüfen ist, ob der Umzug der Großeltern nach Wolfsburg im Mai 2011 gem. § 86 Abs. 6 SGB VIII zu einem Wechsel der örtlichen Zuständigkeit des Jugendamts für die Jugendhilfeleistung »Hilfe zur Erziehung« führte und ob danach das Jugendamt Wolfsburg örtlich zuständig wurde. Voraussetzung ist ein neuer »gewöhnlicher Aufenthalt« der Pflegeperson/Großeltern in Wolfsburg, ferner, dass das Pflege-/Enkelkind Heike bereits seit 2 Jahren bei ihnen gelebt hat und sein Verbleib bei dieser Pflegeperson auf Dauer zu erwarten ist. Heike lebt bereits seit Januar 2009 bei den Großeltern; die 2-Jahres-Frist ist somit erfüllt. Nach ihrem Umzug haben die Großeltern einen neuen gewöhnlichen Aufenthalt in Wolfsburg begründet, da sie sich dort nicht nur vorübergehend aufhalten. Heikes Verbleib bei ihnen ist auf Dauer nach der entsprechenden Fortschreibung des Hilfeplanes gem. § 36 Abs. 2 S. 2 SGB VIII zu erwarten. Nicht notwendig ist, dass bereits während dieser zwei Jahre Jugendhilfeleistungen erbracht wurden. Somit ist unerheblich, dass die Hilfe zur Erziehung erst seit Januar 2011 gewährt wird (siehe oben Grundfall 5). Eine Änderung der örtlichen Zuständigkeit ist also eingetreten. Zuständig für die Hilfe zur Erziehung in Form der Vollzeitpflege bei den Großeeltern und damit auch für das Pflegegeld als Annexleistung ist zukünftig das Jugendamt Wolfsburg.

2.Das Jugendamt Braunschweig hat demnach zu Recht die Übernahme des Falles durch das Jugendamt Wolfsburg beantragt. Es besitzt jedoch keinen Anspruch auf Kostenerstattung gegenüber dem Jugendamt Wolfsburg. Vielmehr hat das Jugendamt Braunschweig ab dem Zeitpunkt der Übernahme des Falls durch das Jugendamt in Wolfsburg diesem Jugendamt die Kosten zu erstatten, denn Kosten, die ein örtlicher Träger aufgrund einer Zuständigkeit nach § 86 Abs. 6 SGB VIII aufgewendet hat, sind von dem örtlichen Träger zu erstatten, der zuvor zuständig war oder gewesen war (vgl. § 89a Abs. 1 SGB VIII).

3. Bis zur Übernahme des Jugendhilfefalls und der damit verbundenen laufenden Pflegegeldzahlung an die Großeltern durch das Jugendamt Wolfsburg bleibt vorerst der bisher zuständige örtliche Träger der öffentlichen Jugendhilfe, das Jugendamt Braunschweig, gem. § 86c SGB VIII zur Gewährung der Leistung verpflichtet.

Ergebnis: Gem. § 86 Abs. 6 SGB VIII ist das Jugendamt in Wolfsburg nunmehr örtlich zuständig, da das Pflegekind bereits seit 2 Jahren bei Pflegeeltern mit gewöhnlichem Aufenthalt in Wolfsburg aufwächst und eine Rückkehr zur Herkunftsfamilie nicht mehr erwartet werden kann. Das Jugendamt Wolfsburg hat mit dem Wechsel der Zuständigkeit auch die Kosten zu übernehmen. Bis zur Übernahme des Jugendhilfefalls durch das Jugendamt Wolfsburg sind die Kosten (Pflegegeld) vorerst aber noch vom bisher zuständigen Träger der öffentlichen Jugendhilfe, dem Jugendamt Braunschweig, weiter zu zahlen. Nach erfolgtem Zuständigkeitswechsel besitzt das Jugendamt Wolfsburg gegenüber dem Jugendamt Braunschweig Erstattungsansprüche.

6. Fall: Der Klage ist stattzugeben, wenn die Ablehnung der Jugendhilfeleistung rechtswidrig war und Frau Becker als Vormund weiterhin einen Anspruch auf Hilfe zur Erziehung in Form der Vollzeitpflege gem. §§ 27, 33 SGB VIII hat. § 33 S. 1 SGB VIII spricht von einer »anderen Familie« in Abgrenzung zur »Herkunftsfamilie« nicht zur »Familie des Personensorgeberechtigten«. Hilfe zur Erziehung in Vollzeitpflege ist auch dann zu gewähren, wenn die Herkunftsfamilie nicht mehr vorhanden ist. Sind beide Eltern gestorben, kann die Erziehungsaufgabe nur durch andere Personen durchgeführt werden. Hilfe zur Erziehung nach § 33 SGB VIII soll *eine zeitlich befristete Erziehungshilfe oder eine auf Dauer angelegte Lebensform* bieten. Beide Formen stehen gleichberechtigt zur Verfügung.

Ein Vormund ist nicht verpflichtet, im Rahmen seiner Personensorge als Vormund die tatsächliche Betreuung und Erziehung seines Mündels selbst zu übernehmen. Es genügt, wenn er dafür sorgt, dass das Mündel seinem Wohl entsprechend durch andere gepflegt, erzogen und beaufsichtigt wird. Die dazu erforderlichen Kosten fallen nicht dem Vormund, der als solcher dem Mündel auch keinen Unterhalt schuldet, zur Last. Vielmehr hat das Jugendamt im Rahmen der Hilfe zur Erziehung auch den Unterhalt des Kindes sicherzustellen (§ 39 Abs. 1 SGB VIII).

Ergebnis: Die Klage ist begründet. Frau Becker als Vormund steht »Hilfe zur Erziehung« in Form der Vollzeitpflege zu, obwohl sie ihr Mündel Carmen in ihrem Haushalt erzieht und betreut.

7. Fall: Auch ein Säugling bedarf nicht nur materieller Leistungen, sondern ist in erster Linie auf immaterielle Leistungen wie Zuwendung, Ansprache, Körperkontakt, Betreuung durch Bezugspersonen etc. angewiesen. Hierher gehören auch dem Alter angepasste Erziehungsleistungen.

Ergebnis: Auch die Erziehung eines Säuglings kann mangelhaft und in Bezug auf das Kindeswohl ungenügend sein. Diese Mängellage kann Hilfe zur Erziehung als geeignete und erforderliche Maßnahme auslösen. Wie in den übrigen Fällen dargestellt, gehört zur HzE außerhalb des Elternhauses (hier Vollzeitpflege) die Finanzierung der Maßnahme gem. § 39 Abs. 1 SGB VIII.

ÜBUNGSBLATT 6

Fortführung der »Hilfe zur Erziehung« – HzE – (Teil 2)

Heimerziehung; Hilfeplan, Mitwirkung; Zusammenarbeit mit der Herkunftsfamilie.
Exkurs (aus SGB VIII, Kap. 3, 2. Abschnitt: Pflegeerlaubnis, Betriebserlaubnis für Einrichtung/Heimaufsicht)

Literaturhinweise:
Kunkel, Jugendhilferecht, Kap. 3.1.4
Münder/Wiesner/Meysen, Handbuch, Kap. 3.5; 3.8; 3.13

Heimerziehung

1.1 Hilfe zur Erziehung gem. §§ 27, 34 SGB VIII

a) Welches sind die Merkmale heutiger Heimerziehung und worin bestehen ihre Aufgaben?
b) Was ist unter einer »sonstigen betreuten Wohnform« zu verstehen?
c) Schließt die Unterbringung in einer Einrichtung die Befugnis zu freiheitsentziehenden Maßnahmen mit ein? (Vgl. § 1631b BGB.)
d) Hat ein nicht krankenversicherter Jugendlicher, der im Rahmen einer HzE in einer Einrichtung lebt Anspruch auf Krankenhilfe nach dem SGB XII? (§ 40 SGB VIII)
e) Ein Jugendlicher nimmt an einer Ferienmaßnahme eines Heims in Italien teil. Dort wird er krank. Er ist nicht Mitglied einer Krankenkasse. Wer hat für die Behandlungskosten aufzukommen?
f) Hat ein Mädchen, dass in einer Einrichtung der Kinder und Jugendhilfe lebt, Anspruch auf Erstattung der Kosten, für ihre Empfängnisverhütung durch die Pille?
g) Welcher örtliche Träger der öffentlichen Jugendhilfe hat die Kosten der Unterbringung in einer Einrichtung als HzE zu tragen, wenn ein Jugendlicher vom Jugendamt Braunschweig in der Einrichtung eines Trägers der freien Jugendhilfe in Bremen untergebracht wird? (§§ 39, 86 SGB VIII)

1.2 Fall: Familie Groth hat vier Kinder im Alter zwischen 2 und 16 Jahren. Die Familie wird seit einem Jahr vom Jugendamt in Flensburg betreut, der Zugang zur Familie gestaltet sich schwierig, da fast alle Familienmitglieder den Bemühungen der Fachkraft des Jugendamts bisher ablehnend gegenüberstanden. Das Wohl der Kinder ist zunehmend gefährdet. Sie werden immer stärker vernachlässigt und sind meist sich selbst überlassen. Nach Ansicht der Fachkräfte im Jugendamt ist eine Heimunterbringung bzw. eine Unterbringung in einer Pflegefamilie für alle Kinder erforderlich. Besonders den beiden jüngsten Kindern drohen infolge der Vernachlässigung schwerwiegende gesundheitliche Beeinträchtigungen. Im zuständigen Team des Jugendamts wird der Fall erneut diskutiert. Eine Fachkraft weist darauf hin, dass bisher in diesem Jahr von dem Team im Rahmen des Budgets bereits 50.000 Euro mehr an Unterbringungskosten für Kinder und Jugendliche ausgegeben worden sind, als im Haushaltsplan veranschlagt. Würde es nicht genügen, nur die beiden jüngeren Kinder in einem Heim bzw. in einer Einrichtung unterzubringen? Bevor Weiteres veranlasst werden kann, erreicht die für diesen Fall zuständige Sachbearbeiterin des Teams die Nachricht, dass Familie Groth nach Potsdam verzogen ist. Was ist zu veranlassen?

Hinweis: Der Fall stellt auch die Frage nach der Verantwortlichkeit einer einzelnen Fachkraft im Jugendamt für die von ihr betreuten Kinder und Jugendlichen. Dieser Aspekt, der strafrechtlich unter dem Begriff der »Garantenstellung« diskutiert wird, wird ausführlich im Übungsblatt 7 behandelt.

1.3 Fall: Annalena, alleinerziehende Mutter der 6 Monate alten Gabi, muss eine zweijährige Haftstrafe antreten. Sie kann zusammen mit ihrer Tochter in einer Justizvollzugsanstalt untergebracht werden. Hat das Jugendamt die Maßnahme zu finanzieren, soweit die Unterbringung und Betreuung des Kindes betroffen ist?

Hilfeplan, Mitwirkung gem. § 36 SGB VIII

2. Hilfeplan und Hilfeplangespräch

a) Wer entscheidet über eine längerfristig zu leistende Hilfe zur Erziehung?
b) Worauf erstreckt sich das »Wunsch- und Wahlrecht« in § 36 SGB VIII?
c) Ist ein Hilfeplan gemäß § 36 Abs. 2 S. 2 SGB VIII aufzustellen:
   - bei Gewährung von Hilfe zur Erziehung in Form einer längerfristigen sozialpädagogischen Familienhilfe;
   - bei »Kurzzeitpflege« von 4 Wochen;
   - bei der Gewährung einer Hilfe für einen jungen Volljährigen – Heimerziehung – gem. § 41 SGB VIII;
   - bei der Gewährung einer Eingliederungshilfe (Dauer ½ Jahr) für einen seelisch behinderten Jugendlichen in einer »sonstigen betreuten Wohnform.«
d) Was muss aus dem Hilfeplan hervorgehen?
e) Sind die Jugendamtsleiterin und eine Fachkraft der wirtschaftlichen Jugendhilfe am Hilfeplangespräch zu beteiligen?
f) Besteht die Möglichkeit bzw. Verpflichtung, Fachkräfte aus Erziehungsberatungsstellen, Tagesgruppen oder Heimen an der Aufstellung des Hilfeplanes zu beteiligen?
g) Für welche Zeitdauer ist ein Hilfeplan aufzustellen, wann muss er überprüft werden?
h) Der 15jährige Jugendliche steht während des Hilfeplangesprächs im Jugendamt zur Gewährung von HzE wütend von seinem Platz auf und verlässt den Raum. Welche Konsequenzen hat dies?

i) Sind Eltern nach einem Sorgerechtsentzug gem. §§ 1666, 1666 a BGB (noch) an der Aufstellung des Hilfeplans zu beteiligen, etwa im Hinblick auf eine eventuelle spätere Rückführung des Kindes ins Elternhaus?

j) Familie Meier erscheint mit Rechtsanwalt zum Hilfeplangespräch im Jugendamt. Darf der Rechtsanwalt aufgrund des »Hausrechts« zurückgewiesen werden, wenn er unsachliche Ausführungen macht und offensichtlich vom Jugendhilferecht keine besonderen Kenntnisse hat? (vgl. § 13 SGB X)

Zusammenarbeit mit der Herkunftsfamilie, § 37 SGB VIII

3. Elternarbeit; »Vierecksverhältnis« zwischen Eltern – Kind/Jugendlichem – Pflegeperson – Jugendamt

a) Welche Aufgaben sind vom Jugendamt im Rahmen der Elternarbeit wahrzunehmen?

b) Welche Leistungen hat das Jugendamt für Pflegepersonen zu erbringen?

c) Ist eine spätere Rückführung des Kindes in die Herkunftsfamilie stets anzustreben?

d) Wie ist bei Konflikten zwischen leiblichen Eltern und Pflegeeltern zu verfahren, wenn das Kindeswohl durch Verhalten der Eltern gefährdet ist?

e) Darf das Jugendamt Hausbesuche bei Eltern und Pflegeeltern machen?

f) Welche Qualifikation müssen Pflegeeltern aufweisen?

g) Handelt es sich im Folgenden um »wichtige Ereignisse« i. S. des § 37 Abs. 3 SGB VIII, über die das Jugendamt informiert werden muss:
- Das Pflegekind ist in der Schule sitzengeblieben.
- Das Pflegekind hat sich den Finger verbrannt. Der Hausarzt hat einen Verband angelegt.
- Das Pflegekind hat sich ein Bein gebrochen und wurde ins Krankenhaus gebracht.

Ausübung der Personensorge durch Pflegeperson bzw. Heimerzieher, § 1688 BGB, § 38 SGB VIII

4. Entscheidungs- und Vertretungsbefugnis in Angelegenheiten des täglichen Lebens und weitere Rechte

a) In welchen Angelegenheiten ist die Pflegeperson berechtigt, den Personensorgeberechtigten bei der Ausübung der elterlichen Sorge zu vertreten?

b) Darf die Pflegeperson im Namen des Pflegekindes ein Sparbuch mit vermögenswirksamen Leistungen anlegen, ein Girokonto eröffnen?

c) Ist eine Kontovollmacht für die Pflegeperson vorzusehen, auch wenn das minderjährige Pflegekind dagegen ist?

d) Ist eine Erhöhung der Ausbildungsvergütung den Pflegeeltern und dem Jugendamt mitzuteilen?

e) Darf ohne Einschaltung der Eltern eine Operation des Pflegekindes durchgeführt werden?

f) Welche Person vertritt im Heim gem. § 1688 BGB den Personensorgeberechtigten im dort beschriebenen Umfang: der Gruppenerzieher, der Heimleiter, der den Nachtdienst Führende?
g) Ein Studierender im Praxissemester hat am Morgen allein Gruppendienst im Heim. Ein Jugendlicher benötigt dringend eine Unterschrift des Erziehungsberechtigten für die Schulzeitverlängerung. Darf der Studierende unterschreiben?
h) Wer macht Unterhaltsleistungen sowie Sozialleistungen für ein Kind geltend, das im Heim untergebracht ist?
i) Wer vertritt den Sorgeberechtigten in Angelegenheiten des täglichen Lebens, wenn das Familiengericht gem. § 1632 Abs. 4 BGB das Verbleiben des Kindes bei der Pflegeperson angeordnet hat? – Wer schränkt in diesem Fall die Befugnisse der Pflegeperson ein?

5. § 1688 BGB – § 1630 Abs. 3 BGB
Welcher Unterschied besteht zwischen der Regelung in § 1688 BGB und der in § 1630 Abs. 3 BGB?

6. Vermittlung bei der Ausübung der Personensorge
Wann sollen die Beteiligten gem. § 38 SGB VIII das Jugendamt einschalten?

7. Fall: Die 16jährige Angelika lebt in Vollzeitpflege bei dem Ehepaar Schmidt. Die Jugendliche und die Pflegeeltern möchten in Angelikas Namen folgende Erklärungen abgeben bzw. für Angelika folgende Entscheidungen treffen:
1. Abschluss eines Lehrvertrages (dreijährige Ausbildung zur Fotografin);
2. Ausschlagung einer Erbschaft (Tante Klara hat Angelika testamentarisch als Alleinerbin eingesetzt; der Nachlass ist jedoch überschuldet);
3. Angelika soll die 10. Klasse der Realschule freiwillig wiederholen, um einen qualifizierten Realschulabschluss zu erlangen;
4. Abschluss eines Ratensparvertrages mit der Bank (Dauer 3 Jahre).

Fragen zur Pflegeerlaubnis, § 44 SGB VIII, Betriebserlaubnis und Heimaufsicht, §§ 45 ff. SGB VIII

Zunächst: Das Erteilen einer *Pflegeerlaubnis bzw. einer Betriebserlaubnis für ein Heim* eine *»andere Aufgaben«* des Trägers der öffentlichen Jugendhilfe gem. § 2 Abs. 3 Nr. 3 SGB VIII und keine *Leistungen* der Jugendhilfe wie es Vollzeitpflege und Heimerziehung (HzE gem. §§ 27 ff. SGB VIII) nach der Systematik des SGB VIII sind.

8. Pflegeerlaubnis
a) Wer braucht eine Pflegeerlaubnis?
b) Wer braucht keine Pflegeerlaubnis?
c) Wie viele Pflegekinder darf die Pflegeperson erlaubnisfrei bei sich aufnehmen?
d) Ist es rechtlich zulässig, sich *ohne Pflegeerlaubnis* ein Vollzeitpflegekind selbst zu suchen und somit auf die Vermittlung des Jugendamts zu verzichten?

e) Wann und in welcher Weise hat das Jugendamt gegen eine Pflegeperson einzuschreiten?
f) Ist ein Einschreiten geboten, wenn das Pflegekind (noch) nicht gefährdet ist, aber ein erzieherischer Bedarf erkennbar ist?
g) Frau M (allein sorgeberechtigt) gibt ihren 2jährigen Sohn Carl ihrer Cousine Petra zur Betreuung und Pflege. Braucht Petra eine Pflegeerlaubnis?

9. Heimaufsicht:
Was ergibt sich aus den im Folgenden aufgeführten Normen?
a) Erlaubnispflicht für den Betrieb einer Einrichtung oder einer sonstigen betreuten Wohnform (§§ 45, 48a SGB VIII);
b) Örtliche Prüfung (§ 46 SGB VIII);
c) Meldepflicht (§ 47 SGB VIII);
d) Tätigkeitsuntersagung (§ 48 SGB VIII);
e) Landesrechtsvorbehalt (§ 49 SGB VIII).

10. Wie werden Verstöße gegen die Erlaubnispflicht im Pflegekinderwesen und bei der Heimerziehung geahndet? (§§ 104, 105 SGB VIII).

Lösungen zu Übungsblatt 6

Fortführung der Hilfen zur Erziehung – HzE – (Teil 2)

1.1 Hilfe zur Erziehung gem. §§ 27, 34 SGB VIII

§ 34 SGB VIII beschreibt die *Merkmale und das Aufgabenprofil der Heimerziehung* und der Erziehung in einer sonstigen betreuten Wohnform: Kinder und Jugendliche sollen dort »Alltagserleben« kennenlernen und therapeutische Angebote erhalten. Parallel sollen die Erziehungsbedingungen in der Herkunftsfamilie nach Möglichkeit verbessert und eine Rückkehr in die Familie vorbereitet werden. Wenn das nicht möglich ist, soll die Erziehung in einer anderen Familie vorbereitet werden oder aber ein Verbleib in der Einrichtung auf längere Zeit angestrebt werden. Für Jugendliche sollen besondere Beratungs- und Unterstützungsangebote vorgesehen werden.

a) Hilfe zur Erziehung in *sonstigen betreuten Wohnformen* (vorherrschend betreute Wohngemeinschaften oder Einzelwohnungen) unterscheidet sich von der Heimerziehung insbesondere durch eine vorrangige Berücksichtigung des Ziels der Verselbständigung. Die Betreuungsintensität ist geringer, den jungen Menschen wird ein höheres Maß an Eigenverantwortung für die Alltagsbewältigung abverlangt.

b) Die Unterbringung eines Kindes oder Jugendlichen in einer Jugendhilfeeinrichtung gemäß §§ 27, 34 SGB VIII setzt das Einverständnis des zur Bestimmung des Aufenthalts Befugten voraus. Auch der Inhaber des Aufenthaltsbestimmungsrechts kann ein Kind oder einen Jugendlichen jedoch rechtmäßig nur dann freiheitsentziehend (geschlossen) unterbringen, § 1631b BGB, wenn seine Entscheidung durch das Familiengericht genehmigt wurde. Das Familiengericht kann eine freiheitsentziehende Unterbringung nur genehmigen, wenn die in § 1631b BGB genannten Voraussetzungen vorliegen.

c) Gemäß § 40 SGB VIII gehört zur Hilfe nach § 34 SGB VIII auch *Krankenhilfe* als Annexleistung der Jugendhilfe. Diese Leistung ist gegenüber der Krankenhilfe nach dem SGB XII vorrangig. Somit darf nicht auf Leistungen des Sozialamts verwiesen werden (vgl. auch § 10 Abs. 4 S. 1 SGB VIII). Lediglich hinsichtlich des Umfangs der Hilfe gelten Regelungen des §§ 48 ff. SGB XII entsprechend. Das Jugendamt wird ggf. zu prüfen haben, ob hier Beiträge für eine freiwillige Krankenversicherung übernommen werden sollten, sofern eine Krankenversicherung gefunden werden kann, die zum Abschluss eines Vertrags bereit ist.

d) Auch im Ausland *kann* gem. § 6 Abs. 3 SGB VIII die »jugendhilferechtliche Krankenhilfe als Annexleistung« als Ermessensleistung des Jugendamts gewährt werden. Hier verdichtet sich das *»Können«* allerdings zu einem *»Müssen«,* da der Jugendliche die Reise nicht aus eigenem Antrieb quasi »privat« angetreten ist, sondern im Rahmen der »öffentlichen« Heimerziehung an einer Ferienmaßnahme des Heims teilgenommen hat. Der Jugendliche sollte schon vor Fahrtantritt mit einem (Auslands-)Krankenschein des Jugendamts ausgestattet werden.

e) Hinsichtlich des Umfangs der Krankenhilfe verweist § 40 SGB VIII u.a. auf § 49 SGB XII. Danach sind auch die Kosten für die ärztlich verordneten empfängnisregelnden Mittel (z.B. die »Pille«) vom *Jugendamt* zu übernehmen.

f) Die Übernahme der Heimkosten ist in § 39 SGB VIII geregelt. Diese Vorschrift bezieht sich nicht nur auf das Pflegegeld für die Vollzeitpflege, sondern betrifft auch die Übernahme des notwendigen Unterhalts des Kindes oder Jugendlichen bei Hilfe zur Erziehung außerhalb des Elternhauses in einem Heim (Hilfe zur Erziehung nach § 34 SGB VIII). Da die Kosten eine *Annexleistung* darstellen, richtet sich die örtliche Zuständigkeit für die Leistung nach der allgemeinen Vorschrift des § 86 SGB VIII. Somit ist der gewöhnliche Aufenthaltsort der Eltern des Jugendlichen maßgeblich (§ 86 Abs. 1 S. 1 SGB VIII).

1.2 Fall: Die Sachbearbeiterin des Jugendamts Flensburg muss das durch Umzug der Familie (vgl. § 86 Abs. 1 SGB VIII) zuständig gewordene Jugendamt Potsdam über die Gefährdungssituation informieren, wie § 8a Abs. 5 S. 1 SGB VIII ausdrücklich festhält, der lautet: Werden einem örtlichen Träger gewichtige Anhaltspunkte für die Gefährdung des Wohls eines Kindes oder eines Jugendlichen bekannt, so sind dem für die Gewährung von Leistungen zuständigen örtlichen Träger die Daten mitzuteilen, deren Kenntnis zur Wahrnehmung des Schutzauftrags bei Kindeswohlgefährdung nach § 8a SGB VIII erforderlich ist.
Das Jugendamt Potsdam wird dadurch in die Lage versetzt, die Angelegenheit zu überprüfen und eine Hilfe gem. §§ 27, 34 SGB VIII anzubieten und zu gewähren. Lehnen die Eltern weiterhin die dringend notwendige HzE ab, hat das Jugendamt Potsdam gem. § 8a Abs. 2 S. 1 SGB VIII, §§ 1666, 1666a BGB das Familiengericht anzurufen, damit die Hilfe notfalls gegen den Willen der sorgeberechtigten Eltern eingeleitet werden kann. Bei Gefahr im Verzug sind die Kinder aus der elterlichen Wohnung zu entfernen. Grundlage der Herausnahme der Kinder aus dem elterlichen Haushalt ist meist eine einstweilige Anordnung des Familiengerichts gem. §§ 1666, 1666a BGB. Besteht eine akute Gefahr für das Wohl der Kinder, kommt auch eine Inobhutnahme durch das Jugendamt Potsdam in Betracht (vgl. § 42 SGB VIII und Übungsblatt 9). Das Jugendamt Flensburg ist zur Wahrnehmung des Schutzauftrags zur Übermittlung von Daten auch ohne Einwilligung der Betroffenen befugt (vgl. § 64 Abs. 1, Abs. 2, 65 Abs. 1 SGB VIII, § 69 Abs. 1 SGB X).
Das Unterlassen einer Mitteilung könnte unter Umständen dazu führen, dass strafrechtliche Ermittlungen gegen die fallzuständige Fachkraft des Jugendamts Flensburg eingeleitet werden würden, falls eines der Kinder später infolge der Vernachlässigungen einen Körper- oder Gesundheitsschaden erleidet, der durch eine rechtzeitige Information und die damit verbundene Herausnahme des Kindes oder der Kinder aus der Familie hätte verhindert werden können.

1.3 Fall: Die Mutter Annalena verbüßt ihre Strafe in einer Justizvollzugsanstalt und ist dort auf Kosten der Justiz untergebracht. Eine gemeinsame Unterbringung von Mutter und Kind während der Haftverbüßung ist gem. § 80 Abs. 1 S. 1 Strafvollzugsgesetz (StVollzG) möglich, wenn der Inhaber des Aufenthaltsbestimmungsrechts zustimmt und dies dem Kindeswohl entspricht. Das Jugendamt hat im Rahmen der vorgeschriebenen Zusammenarbeit mit den Justizvollzugsbehörden gem. § 81 Nr. 8 SGB VIII und der Anhörung gem. § 80 Abs. 1 S. 2 StVollzG Unterbringungsmöglichkeiten außerhalb des Vollzugs vorab zu prüfen. Sofern eine Trennung des Kindes von seiner Mutter sich nachhaltig belastend auf das Kind auswirken würde – in unserem Fall ist davon auszugehen – ist diese Möglichkeit zu verneinen.

Die Betreuung und Versorgung des Kindes, das zusammen mit seiner Mutter in einer Mutter-Kind-Einrichtung einer Justizvollzugsanstalt untergebracht ist, kann auch im Rahmen von Hilfe zur Erziehung nach §§ 27 ff. SGB VIII erfolgen. Dies setzt voraus, dass zu der Entscheidung der Strafvollzugsbehörde gem. § 80 StVollzG eine Entscheidung des Trägers der öffentlichen Jugendhilfe gem. § 27 SGB VIII hinzutritt. Sofern es sich um einen geregelten und planbaren Haftantritt der Mutter handelt, wendet sich diese vor Haftantritt an das zuständige Jugendamt mit der Bitte um Hilfe zur Erziehung.

Zwar ist das Kind, das sich mit seiner Mutter in einer Justizvollzugsanstalt befindet, *nicht in einer Einrichtung der Jugendhilfe* untergebracht; eine Heimerziehung gem. § 34 SGB VIII wird somit nicht geleistet. Die in den §§ 27 ff. SGB VIII aufgezählten Hilfearten stellen jedoch keinen abschließenden Katalog möglicher Hilfen dar. Wenn die übrigen Voraussetzungen für eine HzE gem. § 27 Abs. 1 SGB VIII vorliegen, insbesondere ein Einverständnis der Mutter und ein erzieherischer Bedarf, kann dann auch die Unterbringung in einer Justizvollzugsanstalt zusammen mit der Mutter die geeignete und notwendige Hilfe im Sinne des § 27 Abs. 1 SGB VIII sein (atypische Hilfe zur Erziehung).

Ergebnis: Die Unterbringung des Kleinkindes zusammen mit seiner Mutter, die mit ihrer Zustimmung und unter Beachtung des Hilfeplanverfahrens gem. § 36 SGB VIII erfolgt und während der Dauer des Haftvollzugs vom Träger der öffentlichen Jugendhilfe begleitet wird, ist als eigenständige Hilfe zur Erziehung aufzufassen und vom Träger der öffentlichen Jugendhilfe zu finanzieren.

2. Hilfeplan und Hilfeplangespräch

a) Gem. § 36 Abs. 2 S. 1 SGB VIII *soll* eine Entscheidung über die im Einzelfall angezeigte Hilfeart, wenn die Hilfe voraussichtlich für längere Zeit zu leisten ist, *im Zusammenwirken mehrerer Fachkräfte* getroffen werden. Wer Fachkraft im Jugendamt ist, sagt § 72 Abs. 1 SGB VIII: Es sind Personen, die sich für eine bestimmte Aufgabe der Kinder- und Jugendhilfe *nach ihrer Persönlichkeit eignen und eine dieser Aufgabe entsprechende Ausbildung erhalten haben.* Fachkräfte des Allgemeinen Sozialen Diensts, die an der Hilfeplanung teilnehmen, verfügen im Allgemeinen über einen Abschluss als Sozialarbeiter bzw. Sozialpädagogin.

Die Entscheidung über die Hilfe selbst wird nicht durch das Team sondern durch die fallverantwortliche Fachkraftgetroffen. Nur diese Fachkraft besitzt auch eine strafrechtliche Garantenstellung für das Kind oder den Jugendlichen und kann daher bei einer Schädigung des Kinds oder Jugendlichen strafrechtlich zur Verantwortung zu ziehen sein.

Bei der *Ausgestaltung des Hilfeplans sollen* der bzw. die Personensorgeberechtigte und der Jugendliche oder das Kind beteiligt werden, § 36 Abs. 2 S. 2 SGB VIII.

b) § 36 Abs. 1 SGB VIII hält ausdrücklich fest, dass die Personensorgeberechtigten und das Kind bzw. der Jugendliche an der Auswahl der Einrichtung oder der Pflegestelle zu beteiligen ist.

c) Ein Hilfeplan ist
- aufzustellen, da die Hilfe voraussichtlich für längere Zeit zu leisten ist. Unerheblich ist, dass es sich bei sozialpädagogischer Familienhilfe um eine ambulante Maßnahme handelt;
- bei »Kurzzeitpflege« nicht aufzustellen;
- bei der Heimerziehung für einen jungen Volljährigen aufzustellen, da die Verfahrensvorschrift des § 36 SGB VIII gem. § 41 Abs. 2 SGB VIII hier entsprechend anwendbar ist;
- grundsätzlich auch bei Eingliederungshilfe gem. § 35a SGB VIII aufzustellen, da im 3. Unterabschnitt bei dieser Maßnahme die gleichen Verfahrensvorschriften wie bei Hilfe zur Erziehung anwendbar sind – vgl. Überschrift des 3. Unterabschnitts. Fraglich ist aber, ob die Eingliederungshilfe für ½ Jahr eine Hilfe für längere Zeit darstellt. Überwiegend wird angenommen, dass eine Hilfe für längere Zeit erst dann vorliegt, wenn die Leistung länger als 6 Monate erfolgen soll oder bei Beginn der Hilfe deren Ende nicht absehbar ist (vgl. *Kunkel*, LPK-SGB VIII § 36 Rn. 32).

d) Der Hilfeplan muss gem. § 36 Abs. 2 S. 2 SGB VIII Feststellungen über den *Bedarf*, die zu gewährende *Art der Hilfe* sowie die *notwendigen Leistungen* enthalten. Regelmäßig *soll* überprüft werden, ob die gewählte Hilfe weiterhin geeignet und notwendig ist (»Fortschreibung des Hilfeplans«).

e) Es wurde bereitsauf die notwendige Beteiligung mehrerer *Fachkräfte* hingewiesen. Fachkraft kann bezogen auf den Einzelfall auch eine Fachkraft der wirtschaftlichen Jugendhilfe sein (vgl. *Kunkel*, LPK-SGB VIII § 36 Rn. 33). Die Jugendamtsleiterin ist als Dienstvorgesetze zur Teilnahme berechtigt.

§ 36 SGB VIII schließt die Beteiligung weiterer Personen nicht aus, sondern beschreibt nur, wer zumindest zu beteiligen ist. So können Personen mit speziellen Fachkenntnissen hinzuzuziehen sein, wenn dies erforderlich ist, um eine qualifizierte Entscheidung zeitnah treffen zu können.

f) Gem. § 36 Abs. 2 3 SGB VIII *sind andere Personen, Dienste oder Einrichtungen* (oder deren Fachkräfte) dann an der Aufstellung und seiner Überprüfung zu beteiligen, wenn sie bei der *Durchführung* der Hilfe tätig werden. Unter dieser Voraussetzung sind somit auch die genannten Personen hinzuzuziehen.

g) Das Gesetz enthält nur unbestimmte Rechtsbegriffe wie Hilfe für *»längere Zeit«* und *»regelmäßige«* Prüfung. Es kommt auf den Einzelfall und auf die Praxis des jeweiligen Jugendamts an, was darunter zu verstehen ist. *»Längere Zeit«* der Hilfegewährung: Eine geplante Dauer von bis zu sechs Monaten wird überwiegend nicht als längere Zeit angesehen. *»Regelmäßige Prüfung«:* Die Überprüfung findet gewöhnlich nach ½ oder 1 Jahr statt. In der Anfangszeit sind häufigere Überprüfungen angezeigt, beispielsweise zu Beginn der Hilfe bereits nach drei Monaten. Bei auf Dauer angelegten Unterbringungen sind später Abstände von 2 Jahren bei der Überprüfung übliche Praxis.

h) Wie oben unter 1. angemerkt, ist die Beteiligung des Jugendlichen bei der Ausgestaltung der Hilfe in einer *Sollbestimmung* (§ 36 Abs. 2 SGB VIII) vorgeschrieben, das heißt, im atypischen Fall ist sie entbehrlich. Verzichtet ein Jugendlicher bewusst auf seine Mitwirkung bei der Aufstellung des Hilfeplans, braucht er nicht (mehr) einbezogen zu werden. Dies gilt ebenso für Personensorgeberechtigte, die sich trotz Aufforderung bzw. Bitte des Jugendamts nicht an Hilfeplangesprächen beteiligen.

i) Die Beteiligung nicht sorgeberechtigter Eltern ist in § 36 SGB VIII (anders in § 37 SGB VIII) nicht vorgesehen, aber auch nicht ausgeschlossen. Der Träger der öffentlichen Jugendhilfe kann sie einbeziehen, wenn er dies für sachlich geboten hält (*Kunkel*, LPK-SGB VIII § 36 Rn. 17). Er wird dies regelmäßig bereits deswegen tun, weil die Verpflichtung zur Elternarbeit unabhängig nach § 37 Abs. 1 SGB VIII bei Hilfen außerhalb der Familie unabhängig vom Sorgerecht besteht und Umgangskontakte zwischen dem Kind und seinen Eltern zu fördern sind.

j) Das Hilfeplangespräch gem. § 36 SGB VIII ist Teil des *Verwaltungsverfahrens* des Trägers der öffentlichen Jugendhilfe, dessen Grundsätze im SGB X geregelt sind. Gemäß § 13 Abs. 1 S. 1 SGB X kann sich ein am Verwaltungsverfahren *Beteiligter* durch einen Bevollmächtigten vertreten lassen. Die personensorgeberechtigten Eltern als Beteiligte bei Hilfe zur Erziehung (zur Beteiligungsfähigkeit (nur) der Eltern bei Hilfe zur Erziehung *Kunkel*, LPK-SGB VIII Anhang 5 Rn. 9–11) können sich also durch einen Rechtsanwalt vertreten lassen. Die Vollmacht ermächtigt gem. § 13 Abs. 1 S. 2 SGB X zu allen das Verwaltungsverfahren betreffenden Verfahrenshandlungen, also auch zur Teilnahme am Hilfeplangespräch; allerdings ist auf Verlangen die Vollmacht schriftlich nachzuweisen. Eine *Zurückweisung des Rechtsanwalts* ist anders als bei anderen Bevollmächtigten gem. § 13 Abs. 6 S. 2 SGB X auch dann unzulässig, wenn er mangels spezieller Rechtskenntnisse zum »sachgemäßen Vortrag nicht fähig« sein sollte; das »Hausrecht« der Behörde wird insoweit durch § 13 SGB X »überlagert«.

3. Elternarbeit; »Vierecksverhältnis« zwischen Eltern – Kind/Jugendlichem – Pflegeperson – Jugendamt

a) Auf eine *Zusammenarbeit* zwischen Einrichtung oder Pflegeperson und den Eltern ist *hinzuwirken*. Durch *Beratung und Unterstützung* sollen die Erziehungsbedingungen in der Herkunftsfamilie verbessert werden, damit die Herkunftsfamilie später das Kind/den Jugendlichen wieder selbst erziehen kann. Die Beziehungen des Kindes oder Jugendlichen zur Herkunftsfamilie sind zu *fördern* (zum Beispiel durch Herstellen oder Verbessern von Umgangskontakten). Ist eine nachhaltige Verbesserung der Erziehungsbedingungen in der Herkunftsfamilie innerhalb eines vertretbaren Zeitraums nicht zu erreichen, so soll eine *andere auf Dauer angelegte Lebensperspektive* für das Kind oder den Jugendlichen erarbeitet werden, § 37 Abs. 1 SGB VIII.

b) Gem. § 37 Abs. 2 SGB VIII hat die Pflegeperson Anspruch auf Beratung und Unterstützung.
c) Nein; siehe unter a).
d) Das Jugendamt wird zu prüfen haben, ob (weitere) geeignete öffentliche Erziehungshilfen, die von den Eltern akzeptiert werden können, zur Verfügung stehen und in den bestehenden »Hilfeplan« im Rahmen einer Ergänzung oder Abänderung desselben integriert werden können, um der Gefahr abzuhelfen. Erst wenn die Eltern in Zusammenarbeit mit dem Jugendamt weder willens noch in der Lage sind, die Gefährdung ihres Kindes abzuwenden und der Streit nicht gütlich behoben werden kann, kommt eine Einschaltung des Familiengerichts gem. § 8a Abs. 2 S. 1 SGB VIII in Betracht.
e) Eine Rechtsgrundlage für den Hausbesuch des Jugendamts bei den *Pflegeeltern* bietet § 37 Abs. 3 1 SGB VIII: Danach *soll* das Jugendamt den Erfordernissen des Einzelfalls entsprechend an *Ort und Stelle* überprüfen, ob die Pflegeperson eine dem Wohl des Kindes oder des Jugendlichen *förderliche* Erziehung leistet. Verweigert die Pflegeperson insoweit ihre Zusammenarbeit, bestehen Zweifel an ihrer Eignung. Eine explizite Rechtsgrundlage für den Hausbesuch bei *Eltern* fehlt; im Rahmen der vorgeschriebenen Elternarbeit sind (i.d.R. angekündigte) Hausbesuche aber zu empfehlen.
f) Pflegeeltern müssen die Fähigkeit besitzen, ihr Pflegekind so zu erziehen, dass Mängel der elterlichen Erziehung möglichst behoben werden können; sie müssen fähig sein, auch schwierigen und vernachlässigten Kindern gerecht zu werden, ohne dass formale Anforderungen in bezug auf Ausbildung etc. gestellt werden können. Jugendämter verlangen jedoch meistens den Besuch entsprechender Pflegeelternkurse vor der Vermittlung eines Pflegekindes. Es besteht keine Befugnis zur Betretung der Wohnung gegen den Willen der Eltern oder der Pflegeeltern
g) Ein »wichtiges Ereignis«, über welches das Jugendamt informiert werden muss,
   - liegt vor, da Schulangelegenheiten von diesem Gewicht auch dem Personensorgeberechtigten mitzuteilen sind, damit dieser ggf. Entscheidungen gem. § 1688 Abs. 1 S. 1 BGB über Abgang von der Schule, Wiederholen einer Klasse etc. treffen kann;
   - liegt nicht vor. Die Heilbehandlung ist hier eine Angelegenheit des täglichen Lebens, über die die Pflegeperson eigenverantwortlich entscheidet;
   - liegt bei einem Unfall mit nachfolgendem Krankenhausaufenthalt stets vor.

4. Entscheidungs- und Vertretungsbefugnis in Angelegenheiten des täglichen Lebens und weitere Rechte

a) Lebt ein Kind *für längere Zeit* in Familienpflege, so ist die Pflegeperson berechtigt, den Inhaber der elterlichen Sorge in *Angelegenheiten des täglichen Lebens* zu vertreten. Sie ist befugt, den Arbeitsverdienst des Kindes zu verwalten und Unterhaltsansprüche sowie Versicherungs- und Versorgungsansprüche sowie Ansprüche auf Sozialleistungen geltend zu machen, § 1688 Abs. 1 S. 1, 2 BGB. Der Begriff »Kind« im BGB bezieht auch Jugendliche mit ein, denn im BGB bezeichnet der Begriff Kind nicht ein bestimmtes Lebensalter, sondern eine lebenslange familienrechtliche Beziehung.

b) Bei der Anlage eines Sparbuchs handelt es sich um eine relativ unbedeutende Maßnahme der *Vermögenssorge* mit »pädagogischem Inhalt«, um die Befähigung zum sinnvollen Umgang mit Geld zu stärken; die Pflegeperson darf unterschreiben, § 1688 Abs. 1 S. 1 BGB. Im Zweifelsfall sollte die Zustimmung des Sorgeberechtigten eingeholt werden. Im Rahmen ihrer Befugnis, den Arbeitsverdienst zu verwalten, darf die Pflegeperson im Namen des Pflegekindes auch ein Girokonto anlegen, § 1688 Abs. 1 S. 2 BGB.

c) Die Frage ist zu bejahen, da die Pflegeperson nicht das Kind selbst, sondern den Sorgeberechtigten bei der Ausübung der elterlichen Sorge vertritt (hier bei relativ unbedeutenden Rechtshandlungen im Bereich der Vermögenssorge oder bei der Verwaltung des Arbeitsverdienstes). Eine umfassende Vermögensverwaltung ist dagegen nicht Aufgabe der Pflegeperson. (Zur Ausübung der Vermögenssorge durch die Pflegeperson aus pädagogischen Gründen bei geringfügigem Vermögen aufgrund einer Vereinbarung mit dem Sorgeberechtigten vgl. *Kunkel*, LPK-SGB VIII § 38 Rn. 19.)

d) Im Rahmen ihrer gesetzlichen Befugnis, den Arbeitsverdienst des minderjährigen Pflegekindes zu verwalten, haben die *Pflegeeltern* einen Anspruch auf Information über die Höhe der Ausbildungsvergütung. Das *Jugendamt* hat gegenüber den Eltern und gegenüber den Pflegeeltern gem. § 97a Abs. 1 SGB VIII ebenfalls einen Auskunftsanspruch über die aktuelle Höhe des Einkommens des Kindes, da die Ausbildungsvergütung dem Pflegekind nicht ungeschmälert zur Verfügung steht, sondern soweit dies gem. §§ 91 ff. SGB VIII zumutbar ist, zur Deckung der Unterbringungskosten herangezogen wird. Kommen Eltern, Pflegeeltern und der Jugendliche selbst ihrer Auskunftspflicht nicht nach, kann sich das Jugendamt mit der Bitte um Auskunft ggf. direkt an den Ausbilder wenden, § 97a Abs. 4 SGB VIII analog.

e) Das ist unzulässig, da eine Operation keine Angelegenheit des täglichen Lebens darstellt. Bei Gefahr im Verzug darf die Pflegeperson jedoch anstelle der Eltern einer »Notoperation« zustimmen; in diesem Fall sind die Eltern/Sorgeberechtigten unverzüglich zu unterrichten, § 1688 Abs. 1 S. 3 i.V. § 1629 Abs. 1 S. 4 BGB. Auch das Jugendamt ist über dieses »wichtige Ereignis« gem. §§ 37 Abs. 3 S. 2, 44 Abs. 4 SGB VIII zu informieren.

f) Gem. § 1688 Abs. 2 BGB ist die Person in einer Einrichtung gem. § 34 SGB VIII, welche im Rahmen der Hilfe zur Erziehung *die Erziehung und Betreuung eines Kindes übernommen hat*, der Pflegeperson bei der Vertretung des Personensorgeberechtigten gleichgestellt. Entscheidend ist die *faktische* Aufgabenerfüllung über einen längeren Zeitraum kraft Auftrags. Die Bezugsperson im Heim, die das Kind kennt, soll die Entscheidungen treffen. Es kommt auf die Umstände des Einzelfalls an, wer diese Person ist. In der Regel wird der Gruppenerzieher zuständig sein, nicht aber der (hierarchisch übergeordnete) Heimleiter. Der den Nachtdienst führende Gruppenerzieher wird ebenfalls regelmäßig nicht zuständig sein.

g) Der Studierende im Praxissemester darf die Unterschrift in diesem Fall nicht leisten.

h) Zur Aufgabenerfüllung des zuständigen Erziehers im Heim gehört nach dem Gesetz auch die Wahrnehmung dieser besonders verantwortlichen Rechtshandlungen. Um Schadensersatzansprüche wegen fehlerhafter oder verspätet abgegebener Willenserklärungen in diesem Zusammenhang zu vermeiden, empfiehlt es sich, vorab diese Bereiche auszuklammern. Das kann durch Erklärung des Personensorgeberechtigten geschehen, § 1688 Abs. 3 S. S. 1 BGB.

i) Hier hat das Familiengericht eine sogenannte »*Verbleibensanordnung*« gem. § 1632 Abs. 4 BGB ausgesprochen, die im Verhältnis zu einem Eingriff in die elterliche Sorge nach §§ 1666, 1666a BGB das mildere Mittel darstellt. Daneben ist eine Entziehung des Sorgerechts nicht erforderlich. Die Position der Pflegeeltern wird dadurch gestärkt, sie werden in die Lage versetzt, das Kind umfassend zu erziehen. Sollten im Rahmen des Umgangs zwischen Eltern und Kind Konflikte entstehen, könnte das Familiengericht über die Verbleibensanordnung hinaus das Recht der Eltern auf Umgang beschneiden, etwa den Eltern Umgangskontakte ganz oder teilweise untersagen oder einen begleitenden Umgang anordnen, § 1684 Abs. 3, Abs. 4 BGB.

5. § 1688 BGB – § 1630 Abs. 3 BGB

Während § 1688 BGB die kraft Gesetzes eintretende Befugnis der Pflegeperson/des Heimerziehers regelt, in Alltagsangelegenheiten den Inhaber der elterlichen Sorge zu vertreten, geht es in § 1630 Abs. 3 BGB um sorgerechtliche Befugnis einer Pflegeperson (nicht des Heimerziehers) *kraft einer familiengerichtlichen Übertragung (von Teilen) der elterlichen Sorges*. Die *Pflegeperson* wird gem. § 1630 Abs. 3 BGB für bestimmte Angelegenheiten gesetzlicher Vertreter des Kindes (*Pfleger*). Die Eltern besitzen in diesen Angelegenheiten keine Vertretungsbefugnis mehr. Hingegen entspricht die Regelung in § 1688 BGB eher dem Erteilen einer Vollmacht durch die Eltern an die Pflegeeltern oder Heimerzieher. Entsprechend können sorgeberechtigte Eltern die Befugnis, die die Pflegeperson kraft Gesetzes nach § 1688 BGB besitzt, jederzeit einschränken oder widerrufen. Auch die Pflegeperson selbst kann durch eindeutige Erklärung davon Abstand nehmen, das Kind beispielsweise in Renten- oder Versicherungsangelegenheiten zu vertreten. Die Pflegeperson ist zur Vertretung gem. § 1688 BGB nur *berechtigt,* nicht *verpflichtet.*

6. Vermittlung bei der Ausübung der Personensorge

Schränkt der Personensorgeberechtigte durch Erklärung die Vertretungsbefugnis der Pflegeperson gem. § 1688 BGB soweit ein, dass eine dem Wohl des Kindes oder des Jugendlichen förderliche Erziehung nicht mehr möglich ist, so sollen die Beteiligten das Jugendamt einschalten (§ 38 SGB VIII). Das Jugendamt wird daraufhin zwischen den Beteiligten vermitteln.

7. Fall:

1. Der Abschluss eines Lehrvertrags ist keine Angelegenheit des täglichen Lebens gem. § 1688 BGB. Ohne Zustimmung der Eltern darf ein Lehrvertrag in An-

gelikas Namen nicht abgeschlossen werden, da die Jugendliche beschränkt geschäftsfähig ist, §§ 106, 107 BGB. Die Eltern haben bei ihrer Entscheidung auf Eignung und Neigung ihrer Tochter Rücksicht zu nehmen, § 1631a BGB. In Fällen klarer Ermessensüberschreitung durch Eltern bei der Verweigerung ihrer Einwilligung zu einer von der Minderjährigen gewünschten Berufsausbildung ist evtl. das Familiengericht gem. § 1666 BGB einzuschalten.

2. Die Eltern sind einzuschalten. Diese bedürfen bei der Ausschlagung einer Erbschaft gem. § 1643 Abs. 2 S. 1 BGB der Genehmigung des Familiengerichts. Wegen der Eilbedürftigkeit nach Verkündigung der letztwilligen Verfügung (Fristablauf droht gem. § 1944 Abs. 1, Abs. 2 BGB!) sollte das Familiengericht notfalls von den Pflegeeltern angerufen werden.
3. In Angelegenheiten der Schulausbildung, die wie hier nicht den »normalen Ablauf des Schullebens« betreffen, ist eine Entscheidung der Eltern einzuholen. Siehe auch oben Nr. 1 zum »*Interessenberücksichtigungsgebot*« der Eltern in § 1631a Abs. 1 S. 1 BGB, das sich auf Angelegenheiten der Ausbildung und des Berufes bezieht.
4. Die Eltern sind einzuschalten. Diese bedürfen der Genehmigung des Familiengerichts gem. § 1643 Abs. 1 BGB i.V.m. § 1822 Nr. 5 BGB entsprechend, wenn Angelika durch den Vertrag zu wiederkehrenden Leistungen verpflichtet wird und das Vertragsverhältnis mehr als ein Jahr nach dem Eintritt ihrer Volljährigkeit hinaus fortdauern soll. Endet das Vertragsverhältnis somit vor Vollendung des 19. Lebensjahres, kann der Vertrag mit der Bank mit Zustimmung der Eltern ohne Genehmigung des Familiengerichts geschlossen werden. Der Zustimmung der Eltern bedarf es in diesem Falle dann nicht, wenn es um die Anlage/Verwaltung der Ausbildungsvergütung geht, § 1688 Abs. 1 S. 2 BGB.

8. Pflegeerlaubnis

a) *Pflegeerlaubnis erforderlich?* Die Pflegeperson, also nach der Legaldefinition des § 44 SGB VIII die Person, welche ein Kind oder einen Jugendlichen außerhalb des Elternhauses in ihrer Familie regelmäßig betreuen oder ihm Unterkunft gewähren will, braucht eine Pflegeerlaubnis.
b) *Pflegeerlaubnis nicht erforderlich?* Eine Pflegeerlaubnis ist jedoch in zahlreichen, im Gesetz im Einzelnen aufgeführten Fällen nicht erforderlich, vgl. § 44 Abs. 1 S. 2 SGB VIII.
c) *Wie viele sind Pflegekinder „erlaubnisfrei"?* Auch wer nur ein Kind oder einen Jugendlichen in Pflege aufnimmt, bedarf einer Erlaubnis.
d) *Pflegeerlaubnis bei Vollzeitpflege ohne Vermittlung?* Auch die Pflegeperson, die zunächst ohne Vermittlung des Jugendamts ein Kind oder einen Jugendlichen in Vollzeitpflege aufnimmt, benötigt gem. § 44 Abs. 1 S. 1 Nr. 1 SGB VIII keine Pflegeerlaubnis, denn die Fortsetzung des Pflegeverhältnisses als Hilfe zur Erziehung setzt eine Prüfung der Geeignetheit der Pflegeperson durch das Jugendamt voraus.
e) *Einschreiten des Jugendamts?* Wenn das Wohl des Kindes oder des Jugendlichen in der Pflegestelle *nicht gewährleistet* ist, ist die Pflegeerlaubnis zu *versagen*, § 44 Abs. 2 SGB VIII. Ist die Pflegeerlaubnis bereits erteilt, soll das Ju-

gendamt den Erfordernissen des Einzelfalls entsprechend an Ort und Stelle überprüfen, ob die Voraussetzungen für die Erteilung der Erlaubnis weiterbestehen, § 44 Abs. 3 S. 1 SGB VIII. Stellt sich heraus, dass das Wohl des Kindes in der Pflegestelle gefährdet ist, und ist die Pflegeperson nicht bereit oder in der Lage, die Gefährdung abzuwenden, so ist die Erlaubnis *zurückzunehmen* oder zu *widerrufen*, § 44 Abs. 3 S. 2 SGB VIII. (Einzelheiten zum Verfahren bei Rücknahme und Widerruf in §§ 45, 47 SGB X.) Zusammen mit den Personensorgeberechtigten, die das Aufenthaltsbestimmungsrecht zum Wohl des Kindes auszuüben haben, ist das weitere Vorgehen zu planen. Gegebenenfalls ist der Sorgeberechtigte aufzufordern, eine Herausgabe seines Kindes durch die Pflegeeltern zu fordern. Kommt diese Vorgehensweise nicht in Betracht – etwa wegen der Eilbedürftigkeit einer Veränderung des Aufenthaltsorts –, kann das Kind von den Fachkräften des Jugendamts im Rahmen einer Inobhutnahme nach § 42 SGB VIII sofort aus der Pflegefamilie herausgenommen und in einer anderen Familie oder geeigneten Wohnform untergebracht werden.

f) *Einschreiten des Jugendamts, wenn das Pflegekind noch nicht gefährdet ist?* Auch wenn das Pflegekind noch nicht gefährdet ist, sondern lediglich das Wohl des Kindes oder des Jugendlichen in der Pflegestelle nicht gewährleistet ist, muss das Jugendamt einschreiten und die Voraussetzungen für die Erteilung bzw. den Widerruf oder die Rücknahme einer Pflegeerlaubnis prüfen – bzw. die HzE in dieser Pflegefamilie beenden. Ist das Kind allerdings mit Willen seiner sorgeberechtigten Eltern außerhalb einer Hilfe zur Erziehung bei nahen Verwandten z.B. Großeltern untergebracht, besteht keine Möglichkeit zum Einschreiten, da eine Pflegeerlaubnis hier gem. § 44 Abs. 1 S. 2 Nr. 3 SGB VIII nicht erforderlich ist.

g) Petra bedarf einer Pflegeerlaubnis, da sie im 5. Grad Seitenlinie mit Carl verwandt ist, § 44 Abs. 1 S. 2 Nr. 3 SGB VIII, § 1589 BGB.

9. Heimaufsicht

a) Bereits vor der Aufnahme von Kindern und Jugendlichen in eine Einrichtung oder sonstige betreute Wohnform soll die Eignung für die Betreuung von Kindern und Jugendlichen geprüft und die Einhaltung von Mindeststandards sichergestellt werden. Möglichen Gefahren für das Wohl der betreuten Kinder und Jugendlichen soll nicht erst durch repressive Maßnahmen wie die Betriebsschließung begegnet werden. Die Erlaubnis ist nach § 45 Abs. 2 S. 1 SGB VIII zu erteilen, wenn das Wohl der Kinder und Jugendlichen in der Einrichtung gewährleistet ist. Dies ist in der Regel nach § 45 Abs. 2 S. 2 SGB VIII anzunehmen, wenn die dem Zweck und der Konzeption der Einrichtung entsprechenden räumlichen, fachlichen, wirtschaftlichen und personellen Voraussetzungen für den Betrieb erfüllt sind, die gesellschaftliche und sprachliche Integration in der Einrichtung unterstützt wird sowie die gesundheitliche Vorsorge und die medizinische Betreuung der Kinder und Jugendlichen nicht erschwert werden sowie zur Sicherung der Rechte der Kinder und Jugendlichen in der Einrichtung geeignete Verfahren der Beteiligung sowie der Möglichkeit der Beschwerde in persönlichen Angelegenheiten Anwendung finden. Zur Prüfung der Voraussetzungen hat der Träger der Einrichtung nach § 45 Abs. 3 SGB VIII mit dem Antrag die Konzeption der Einrichtung vorzulegen sowie im Hinblick auf die Eignung des Personals nachzuweisen, dass die Vorlage und Prüfung von aufgabenspezifischen Ausbildungsnachweisen sowie von Führungszeugnissen sichergestellt sind. Im Übrigen wird hinsichtlich der Einzelheiten auf den Gesetzestext verwiesen.

b) Die örtliche Prüfung der Einrichtung findet an Ort und Stelle nach den Erfordernissen des Einzelfalls gem. § 46 Abs. 1 S. 1 SGB VIII statt. Zuständige Behörde ist gem. §§ 85 Abs. 2 Nr. 6, 87a Abs. 2 SGB VIII der überörtliche Träger der öffentlichen Jugendhilfe, in dessen Bereich die Einrichtung oder die sonstige Wohnform gelegen ist. Der örtliche Träger der öffentlichen Jugendhilfe soll beteiligt werden. Ferner soll ein zentraler Träger der freien Jugendhilfe dann beteiligt werden, wenn diesem der Träger der Einrichtung angehört, § 46 Abs. 1 S. 3 SGB VIII.

c) Die in § 47 SGB VIII geregelten Meldepflichten betreffen die Einrichtung selbst (z.B. deren Betriebsaufnahme), den Leiter und die Betreuungskräfte. Daneben gibt es aber auch »kindbezogene Meldepflichten«, um die individuelle Aufsicht wahrnehmen zu können.

d) Bei fehlender Eignung des Leiters oder anderer Fachkräfte der Einrichtung kann die weitere Beschäftigung dieser Person dem Träger der Einrichtung untersagt werden, § 48 SGB VIII.

e) Auch hier kann Landesrecht (beispielsweise in Heimrichtlinien oder sonstigen Erlassen) Näheres regeln, § 49 SGB VIII (zu Beispielen vgl. *Kunkel*, LPK-SGB VIII § 49 Rn. 5 ff.).

10. Verstöße gegen die Erlaubnispflicht

Hält sich das Pflegekind ohne die erforderliche Erlaubnis bei der Pflegeperson auf, so begeht die Pflegeperson eine *Ordnungswidrigkeit* gem. § 104 Abs. 1 Nr. 1 SGB VIII, die gem. § 104 Abs. 2 SGB VIII mit einem *Bußgeld* geahndet werden *kann*. Auch der Betreiber eines Heims oder einer betreuten Wohnform, der die erforderliche Betriebserlaubnis nicht aufweist, kann mittels Bußgelds gem. § 104 Abs. 1 Nr. 2, Abs. 2 SGB VIII zur Einhaltung der Ordnungsvorschriften angehalten werden. Wird durch das Handeln der Pflegeperson oder des Betreibers des Heims das Pflege- oder Heimkind in seiner Entwicklung leichtfertig schwer gefährdet, so kann gem. § 105 Nr. 1 SGB VIII ein *Strafverfahren* eingeleitet werden, ebenso im Falle »beharrlicher Wiederholung« gem. § 105 Nr. 2 SGB VIII dann, wenn vorsätzlich ein Pflegekind oder Heimkind ohne Erlaubnis betreut wird. In diesen Fällen droht Freiheitsstrafe bis zu einem Jahr oder Geldstrafe.

ÜBUNGSBLATT 7

Weitere Hilfen zur Erziehung (Teil 3)

Literaturhinweise:
Hoffmann, Strafrechtliche Verantwortung von Amtsvormündern bzw. -pflegern wegen Unterlassens, ZKJ 2007, 391 ff.
Kunkel, Jugendhilferecht, Kap. 3.1.4
Münder/Wiesner/Meysen, Handbuch, Kap. 3.5; 3.8; 3.13

1. Welche weiteren *Hilfen zur Erziehung* sieht das Gesetz neben der Vollzeitpflege und der Heimerziehung vor, und wo sind diese geregelt?

2. Erziehungsberatung
Das Jugendamt gewährt Frau Schneider Hilfe zur Erziehung gem. §§ 27, 28 SGB VIII. Frau Schneider soll sich zusammen mit ihrem 16jährigen Sohn Joachim längerfristig bei der Erziehungsberatungsstelle A in freier Trägerschaft beraten lassen. Die Erziehungsberatungsstelle A schickt Mutter und Sohn mit der Begründung weg, sie seien nicht freiwillig gekommen, eine »Zwangsberatung« sei nicht erfolgversprechend.
Daraufhin gehen Mutter und Sohn zu einer anderen Erziehungsberatungsstelle B und lassen sich beraten. Das Jugendamt wird erst nach Ende der Beratung informiert und lehnt die Fortführung der Hilfe ab. Die Inanspruchnahme der Beratung sei ohne Einschaltung des Jugendamts lediglich aufgrund eines privatrechtlichen Vertrages mit den Hilfeempfängern erfolgt.

1. Welche Voraussetzungen müssen grundsätzlich erfüllt sein, damit die Beratung als *Hilfe zur Erziehung gem. §§ 27, 28 SGB VIII* gewährt werden kann?
2. Wie verträgt sich die gesetzliche Regelung im SGB VIII mit den aus fachlicher Sicht angestrebten *niedrigschwelligen Beratungsangeboten,* bei denen die Klienten direkt ohne Umweg über das Jugendamt Beratungsleistungen des Trägers der freien Jugendhilfe in Anspruch nehmen?
3. Wer außer einem Träger der freien Jugendhilfe kann die Leistung erbringen?
4. Müssen die Hilfeempfänger einen finanziellen Beitrag zu den Beratungskosten leisten?
5. Sind die Erziehungsberatungsstellen A und B in unterschiedlicher Trägerschaft vom Jugendamt gem. § 74 SGB VIII pauschal zu fördern oder ist eine Kostenübernahme im Einzelfall möglich?
6. Durfte die Beratungsstelle A Mutter und Sohn zurückweisen?
7. Darf das Jugendamt die Fortführung der Hilfe durch die Erziehungsberatungsstelle B ablehnen?

3. Soziale Gruppenarbeit, sozialer Trainingskurs

a) Wer führt Maßnahmen der sozialen Gruppenarbeit gem. §§ 27, 29 SGB VIII durch? Kann ein gemeinnütziger Verein mit der Durchführung der Maßnahme betraut werden?

b) Hintergrund der Teilnahme an einem sozialen Trainingskurs kann auch eine *Weisung* gem. § 10 Abs. 1 Nr. 6 JGG durch den Jugendrichter sein. Kann ein Jugendrichter mit der Weisung den Träger der öffentlichen Jugendhilfe oder einen Träger der freien Jugendhilfe verpflichten, entsprechende Dienste zur Verfügung zu stellen und die Kosten hierfür zu übernehmen?

4. Erziehungsbeistandschaft und Betreuungsweisung

Welche Unterschiede bestehen zwischen einer *Erziehungsbeistandschaft als Maßnahme der Jugendhilfe* gem. §§ 27, 30 SGB VIII und einer *Erziehungsbeistandschaft* gem. § 12 JGG, die von einem *Jugendrichter* anlässlich einer Straftat angeordnet wird. Grenzen Sie beide von einer *Betreuungsweisung* ab, § 10 Abs. 1 S. 2 Nr. 5 JGG.

a) Für welchen Personenkreis kommt die Maßnahme *Erziehungsbeistandschaft* als Hilfe zur Erziehung nach SGB VIII in Betracht? Wann ist die *Betreuungsweisung* angezeigt?

b) Wie ist das Zusammenwirken zwischen Jugendgericht und Jugendamt bei der *Anordnung der Erziehungsbeistandschaft durch den Jugendrichter* geregelt?

c) Unter welchen Voraussetzungen kann der Jugendrichter die Maßnahme *Erziehungsbeistandschaft* für einen 15jährigen Jugendlichen bis zur Volljährigkeit in einer Weise anordnen, die die tatsächliche Durchführung auch sicherstellt? Bedarf es hier der Mitwirkung der Personensorgeberechtigten für die Durchführung der Maßnahme gem. § 27 SGB VIII? Wer finanziert die Maßnahme – die Landesjustizkasse oder der Träger der öffentlichen Jugendhilfe?

d) Haben die Eltern und/oder der Jugendliche sich an den Kosten einer *Erziehungsbeistandschaft* zu beteiligen?

5. Sozialpädagogische Familienhilfe

a) Was ist unter *sozialpädagogischer Familienhilfe* gem. §§ 27, 31 SGB VIII zu verstehen?

b) Inwiefern stellt diese ambulante Maßnahme eine »öffentliche Hilfe« gem. § 1666a Abs. 1 BGB dar, die geeignet ist, eine Trennung des Kindes von der Familie zu vermeiden?

c) Haben Eltern und/oder Kinder sich an den Kosten dieser Hilfe zur Erziehung zu beteiligen?

d) Kann ein Sozialarbeiter, der im Rahmen einer SpFH eine Familien begleitet, strafrechtlich wegen fahrlässiger Tötung durch Unterlassen, §§ 13, 222 StGB, zur Verantwortung gezogen werden, wenn er nichts unternimmt, obwohl ein Kleinkind in einer von ihm seit längerer Zeit betreuten Familie infolge von Vernachlässigung verhungert?

Hinweis: Auch die fallverantwortliche Fachkraft des Allgemeinen Sozialen Diensts im Jugendamt, die Kenntnis von Versäumnissen der leistungserbringenden Fachkraft hatte und nichts zur Gefahrabwendung unternommen hat, kann strafrechtlich zur Verantwortung gezogen werden. Erstmals befassten sich die Strafgerichte mit der strafrechtlichen Verantwortung von Fachkräften des Allgemeinen Sozialen Diensts im Jugendamt im so genannten »Osnabrücker Fall«. Durch unzureichende Information der Familienhelferin durch die fallzuständige Fachkraft des Allgemeinen Sozialen Diensts hatte die Familienhelferin Anzeichen für eine Kindeswohlgefährdung nicht wahrgenommen. Das Kind war an Unterernährung verstorben (OLG Oldenburg, ZfJ 1997, 56). Die »Garantenstellung« der fallverantwortlichen Fachkräfte im Allgemeinen Sozialen Dienst mit der Pflicht, einzugreifen und durch ihr Handeln die Tötung/Körperverletzung des Kindes zu verhindern, wurde mit der gesetzlichen Regelung in § 1 Abs. 3 Nr. 2 SGB VIII begründet (Jugendhilfe *soll* Kinder und Jugendliche vor Gefahren für ihr Wohl schützen) und mit der Pflicht des Jugendamts, das Familiengericht im Notfall gem. § 50 Abs. 3 SGB VIII aF anzurufen (s.a. *Mörsberger, Restemeyer* (Hrsg.), Helfen mit Risiko, 1997, und *Bringewat*, Tod eines Kindes, 1997).
In späteren Verfahren wurde die Garantenstellung der Fachkraft im Allgemeinen Sozialen Dienst anders begründet (OLG Stuttgart, ZfJ 1998, 382): Das OLG Stuttgart bejahte eine »Garantenpflicht« der fallverantwortlichen Fachkraft. Fachkräfte als Beschützergaranten. Die Fachkraft habe kraft Fallübernahme strafrechtlich dafür einzustehen, dass die von ihr betreuten Kinder und Jugendlichen nicht durch vorhersehbare vorsätzliche Misshandlungen durch die Erziehungsberechtigten oder durch einen von ihnen beauftragten ungeeigneten Dritten körperlich verletzt werden oder gar zu Tode kommen *(»Beschützergarantenpflicht des Betreuers aus einer tatsächlichen Schutzübernahme«)*. Der Begründung des OLG Stuttgart, die *nicht* auf den »Programmsatz« des § 1 Abs. 3 Nr. 2 SGB VIII, sondern auf die tatsächliche Übernahme einer Betreuung abstellt, ist der Vorzug zu geben. Fachkräfte freier Träger haben eine Garantenstellung bereits aufgrund der zivilrechtlichen vertraglichen Beziehungen zwischen dem Träger der freien Jugendhilfe und den Leistungsberechtigten als Vertragspartner im sozialrechtlichen Dreiecksverhältnis.

6. Erziehung in einer Tagesgruppe

6.1 Die 10jährige Lena besucht eine *Tagesgruppe* in einem Heim *(Hilfe zur Erziehung gem. §§ 27, 32 SGB VIII)*. Sie erhält dort ein Mittagessen.

a) Handelt es sich hier um eine ambulante oder um eine stationäre Maßnahme der Hilfe zur Erziehung und für welche Kinder/Jugendliche ist sie geeignet?

b) Müssen die Eltern das Essen bezahlen?

Hinweis: Überprüfen Sie, welche *materiellen* Leistungen gem. § 39 SGB VIII als *Annexanspruch* in bestimmten Fällen zur *pädagogischen* Hilfe gehören und vom Träger der öffentlichen Jugendhilfe bzw. dem in seinem Auftrag handelnden Träger der freien Jugendhilfe zu erbringen sind.

c) Können die Eltern und das Kind vom Träger der öffentlichen Jugendhilfe zu den Kosten der Jugendhilfemaßnahme entsprechend ihrem Einkommen und Vermögen herangezogen werden?

6.2 Die Verwaltungsangestellte im gehobenen Dienst Luisa ist alleinerziehende Mutter dreier Kinder im Alter von drei, sieben und neun Jahren. Die Bewältigung ihres Berufsalltags macht ihr bei ihrer Vollzeitstelle keine Schwierigkeiten. Mit den Anforderungen im privaten Bereich kommt sie dagegen nicht zurecht: Die Erziehung und Betreuung der Kinder überfordert sie, die notwendige schulische Förderung der beiden älteren Kinder kann von ihr nicht geleistet werden. Die Organisation des

Haushalts verläuft chaotisch; auch Wohnungssäuberung, Müllbeseitigung etc. können nicht geplant und regelmäßig erledigt werden.
Der geschiedene Ehemann besucht Luisa öfter und es kommt dann zwischen beiden zu gewalttätigen Auseinandersetzungen. Nach Überprüfung des Sachverhalts gewährt das zuständige Jugendamt eine Hilfe mit folgendem Inhalt: Auf Vermittlung des Jugendamts werden die Kinder nun während der berufsbedingten Abwesenheit der Mutter von montags bis freitags jeweils von 8–18 Uhr gemeinsam bei einer Tagesmutter untergebracht. Neben der Erziehung der Kinder, welche die schulische Betreuung der beiden Älteren umfasst, übernimmt die Tagesmutter die Beratung der Mutter in Fragen der Erziehung und Betreuung der Kinder und in Bezug auf die Haushaltsführung. Die Tagesmutter besitzt eine Ausbildung als Erzieherin und Hauswirtschafterin.
Handelt es sich bei dieser Hilfe um eine »Hilfe zur Erziehung«, und wo ist diese geregelt?

7. Intensive sozialpädagogische Einzelbetreuung

a) Für welche Jugendlichen ist die Maßnahme gem. §§ 27, 35 SGB VIII geeignet, und in welcher Form wird *»intensive sozialpädagogische Einzelbetreuung«* durchgeführt?
b) Kann die Maßnahme sowohl in ambulanter als auch in stationärer Form durchgeführt werden?

8. »Kombinierte Hilfen«

Ist die bedarfsgerechte Kombination verschiedener Hilfen im Einzelfall zulässig? Ist beispielsweise vorstellbar, dass Maßnahmen gem. §§ 27, 31 SGB VIII (sozialpädagogische Familienhilfe) mit Maßnahmen nach §§ 27, 32 SGB VIII (Erziehung in einer Tagesgruppe) miteinander kombiniert werden und dass eventuell als dritte Maßnahme noch eine längerfristige Erziehungsberatung gem. § 28 SGB VIII in Anspruch zu nehmen ist? Wo werden diese Hilfen gegebenenfalls nach einer Bestandsaufnahme und Analyse des Hilfebedarfs verankert und wie wird ihre Überprüfung sichergestellt?

Lösungen zu Übungsblatt 7

Weitere Hilfen zur Erziehung (Teil 3)

1. Die folgenden weiteren Hilfen zur Erziehung sind außer der Vollzeitpflege (§§ 27, 33 SGB VIII) und der Heimerziehung (§§ 27, 34 SGB VIII) im Einzelnen aufgeführt
- Erziehungsberatung (§§ 27, 28 SGB VIII)
- Soziale Gruppenarbeit (§§ 27, 29 SGB VIII)
- Erziehungsbeistand, Betreuungshelfer ((§§ 27, 30 SGB VIII)
- Sozialpädagogische Familienhilfe (§§ 27, 31 SGB VIII)
- Erziehung in einer Tagesgruppe (§§ 27, 32 SGB VIII)
- Intensive sozialpädagogische Einzelbetreuung (§ 35 SGB VIII)

2. Erziehungsberatung

1. Die Voraussetzungen für eine Hilfe zur Erziehung gem. der Grundnorm des § 27 SGB VIII müssen erfüllt sein: a) erzieherischer Bedarf (eine Erziehung zum Wohl des Kindes wird nicht gewährleistet), b) eine Hilfe zur Erziehung ist geeignet und c) notwendig. Zudem muss ein Einverständnis des Personensorgeberechtigten mit der Hilfe vorliegen. Bei der Hilfe gem. § 28 SGB VIII kann die Abgrenzung zu anderen Beratungsleistungen (insbesondere zur Beratung gem. §§ 17, 18 SGB VIII) im Einzelfall schwierig sein. Obwohl ein »rechtlich geordnetes Verfahren den Beratungsprozess stören kann«, (*Mrozynski* SGB VIII § 28 Rn. 3 m.w.N.) ist grundsätzlich zu fordern, dass die gesetzlichen Leistungsvoraussetzungen geprüft und eingehalten werden und dass – bei Leistungserbringung durch den Träger der öffentlichen Jugendhilfe – das Verfahren gem. §§ 8 ff. SGB X eingehalten wird. Der ganze Verfahrensablauf kann dann allerdings auf relativ formlose Weise geschehen (Einzelheiten bei *Mrozynski,* SGB VIII § 28 Rn. 6).
2. Zu den Grundprinzipien der Erziehungsberatung gehört der unmittelbare Zugang ohne Kostenbelastung des Leistungsberechtigten. Gesetzlich verankert ist die Möglichkeit zur unmittelbaren Inanspruchnahme in § 36a Abs. 2 S. 1 SGB VIII: Bei einer Erziehungsberatung ist der Träger der öffentlichen Jugendhilfe auch zur Kostentragung verpflichtet, wenn die Leistung nicht auf Grundlage seiner Entscheidung erbracht wird. Nimmt der Leistungsberechtigte den Träger der freien Jugendhilfe in Anspruch, ist der Träger der öffentlichen Jugendhilfe zur Übernahme der Kosten des Trägers der freien Jugendhilfe verpflichtet, sofern die Leistungsvoraussetzungen gem. § 27 SGB VIII geprüft werden, entsprechende Kostenabsprachen bestehen und Qualitätsstandards bei der Beratung eingehalten werden; s.a. Wortlaut des § 28 S. 2 SGB VIII: Fachkräfte verschiedener Fachrichtungen sollen in den Erziehungsberatungsstellen und anderen Beratungsdiensten zusammenwirken, die mit unterschiedlichen

methodischen Ansätzen vertraut sind. Die Gesamtverantwortung des Trägers der öffentlichen Jugendhilfe gem. § 79 Abs. 1 SGB VIII bleibt bestehen.

3. Neben Trägern der freien kann auch der Träger der öffentlichen Jugendhilfe (Jugendamt) die Leistung erbringen (hierzu genauer Frage 3a). Denkbar, aber noch selten, ist auch eine Leistungserbringung durch nicht gemeinnützige Träger.
4. Diese ambulante Hilfe ist für die Eltern sowie die betroffenen Kinder und Jugendlichen kostenfrei zu erbringen, da keine gesetzliche Grundlage für eine Kostenbeteiligung vorhanden ist, vgl. §§ 90, 91 SGB VIII. Durch die Kostenfreiheit wird der niederschwellige Charakter der Hilfe unterstrichen.
5. Üblich ist die pauschale Förderung. Daneben ist eine Förderung nach Fallzahlen möglich.
6. Bei der üblichen pauschalen Förderung der Beratungsstelle, die aufgrund einer Vereinbarung vom örtlichen Jugendamt geleistet wird, ist von einer Verpflichtung der Erziehungsberatungsstelle A auszugehen, vom Jugendamt geschickte Klienten auch zu beraten. Zu diesem Zweck sind Mutter und Sohn in die Beratungsstelle gekommen. Eine andere Betrachtungsweise verkennt, dass Klienten nicht nur vom Jugendamt zur freien Beratungsstelle geschickt werden, sondern nach den neuen gesetzlichen Regeln im Zuge der Kindschaftsrechtsreform ihnen in zunehmendem Maße auch vom Familiengericht nahegelegt wird, außergerichtliche Beratung in Anspruch zu nehmen oder sich an einen Träger der freien oder öffentlichen Jugendhilfe zu wenden, vgl. z.B. die Regelungen in § 156 FamFG.

Ergebnis: Die Beratungsstelle A durfte die Klienten nicht zurückweisen.

7. Die Hilfe wurde ursprünglich durch Verwaltungsakt vom Jugendamt gewährt. Bei der Durchführung der Hilfe beabsichtigte das Jugendamt, die Erziehungsberatungsstelle A einzuschalten. Es ist davon auszugehen, dass dies bei der längerfristigen Hilfe gem. § 36 Abs. 2 S. 2 SGB VIII auch im *Hilfeplan* festgelegt wurde. Nach Ablehnung der Leistung durch die Beratungsstelle A wandte sich Familie Schneider ohne Rücksprache mit dem Jugendamt an Beratungsstelle B. Es liegt somit eine Selbstbeschaffung der konkreten Leistung durch Familie Schneider vor. An sich gilt der Grundsatz „keine Kostentragung bei Selbstbeschaffung“ (vgl. § 36a Abs. 1 SGB VIII. Abweichend von diesem allgemeinen Grundsatz soll der Träger der öffentlichen Jugendhilfe die niederschwellige unmittelbare Inanspruchnahme von ambulanten Hilfen, insbesondere von Erziehungsberatung zulassen. Hierzu soll er mit den Leistungserbringern Vereinbarungen schließen, in denen die Voraussetzungen und die Ausgestaltung der Leistungserbringung sowie die Übernahme der Kosten geregelt werden (vgl. § 36 Abs. 2 SGB VIII). Daher war Familie Schneider unter Berücksichtigung ihres Wunsch- und Wahlrechts auch noch im Zuge des laufenden Verwaltungsverfahrens freizustellen, welche Beratungsstelle sie letztlich in Anspruch nehmen wollte, sofern die *Finanzierung* der Maßnahme durch vorherige Vereinbarung der Beratungsstelle mit dem Jugendamt gesichert war. Es kann davon ausgegangen werden, dass die Erziehungsberatungsstelle B

ebenso wie die Beratungsstelle A die übliche pauschale finanzielle Förderung durch das Jugendamt erhält.

Ergebnis: Familie Schneider darf die Beratungsstelle wechseln und einen anderen anerkannten Träger der freien Jugendhilfe vor Ort in Anspruch nehmen. Die Beratungskosten werden durch die übliche pauschale Förderung der Beratungsstelle durch das Jugendamt abgegolten.

3. Soziale Gruppenarbeit, sozialer Trainingskurs

a) *Leistungserbringung durch Träger der freien oder öffentlichen Jugendhilfe:* Soziale Gruppenarbeit wird hauptsächlich in Form von Erziehungs- oder sozialen Trainingskursen durchgeführt. Auch hier gilt, dass die Voraussetzungen für Hilfe zur Erziehung gem. § 27 SGB VIII vorliegen müssen. Es gibt keine einschränkenden Bestimmungen darüber, *wer* diese in der Regel ambulante Hilfeform erbringen darf. Zu fordern ist, dass es ein (anerkannter) Träger der freien Jugendhilfe oder ein gewerblicher Anbieter ist, der über die notwendigen Kenntnisse und Erfahrungen verfügt, der Finanzierungsabsprachen mit dem Jugendamt trifft und sich einer Qualitätskontrolle stellt.

b) Der Jugendrichter kann nicht mit einer *Weisung* nach JGG (Jugendgerichtsgesetz) in einem Strafverfahren gegen einen Jugendlichen einen Sozialleistungsträger wie das Jugendamt verpflichten, entsprechende Dienste oder Einrichtungen zur Verfügung zu stellen oder die Kosten für die Inanspruchnahme Träger *der freien Jugendhilfe* zu übernehmen. Nur wenn die Voraussetzungen des § 27 SGB VIII vorliegen, hat das Jugendamt die Teilnahme eines straffälligen Jugendlichen an einem sozialen Trainingskurs zu gewähren und zu finanzieren. Die Voraussetzungen des § 27 SGB VIII hat das Jugendamt selbst in eigener Verantwortung als Fachbehörde zu prüfen; insoweit ist es nicht an Feststellungen des Jugendrichters gebunden. *Leistungspflichten* des Jugendamts können nur vom Verwaltungsgericht festgestellt werden.

4. Erziehungsbeistandschaft und Betreuungsweisung

a) *Erziehungsbeistandschaft* gem. §§ 27, 30 SGB VIII als *Hilfe zur Erziehung* ist ein Beratungs- und Unterstützungsangebot der Jugendhilfe insbesondere für ältere Kinder und Jugendliche. Der Erziehungsbeistand soll das Kind oder den Jugendlichen bei der Bewältigung von Entwicklungsproblemen unterstützen und ihre Verselbständigung fördern. – Die *Betreuungsweisung* (Erziehungsmaßregel, § 9 JGG) ist eine ambulante Maßnahme nach dem JGG, geregelt in § 10 Abs. 1 Nr. 5 JGG, die bei Jugendlichen in besonders schwierigen Lebenslagen und bei nicht geringfügigen Delikten in Betracht kommt. Zusammen mit der Erziehungsbeistandschaft ist sie auch im SGB VIII geregelt.

b) Eine *Erziehungsbeistandschaft* kann auch als *Erziehungsmaßregel* des Jugendrichters gem. § 12 JGG anlässlich einer Straftat eines Jugendlichen angeordnet werden. Sie verpflichtet den Jugendlichen, nicht jedoch den Träger der öffentlichen Jugendhilfe als Sozialleistungsträger (siehe oben Frage 3 Nr. 2), so dass letztlich nicht gewährleistet ist, ob die Hilfe auch tatsächlich zum Einsatz kommt. Somit empfiehlt sich vor der Anordnung der Maßregel durch den Jugendrichter nicht nur, wie gem. § 12 JGG gefordert, das Jugendamt *anzuhören,* sondern ein Einvernehmen mit diesem herbeizuführen.

c) Die vom Jugendrichter angeordnete Erziehungsmaßregel knüpft nicht nur an ein erzieherisches Defizit an, sondern stellt vorrangig die Reaktion auf eine Straftat dar und ist somit als »*Rechtsfolge*« eines Jugendstrafverfahrens anzusehen. Das bedeutet, dass nach wohl überwiegender Ansicht ein Einverständnis des oder der Personensorgeberechtigten entbehrlich ist. Der Jugendliche »fordert« die Maßnahme ein – dazu ist er verurteilt. Hinsichtlich der *Finanzierung* gilt das oben unter Frage 3 b) zum Sozialen Trainingskurs Ausgeführte entsprechend: Die Kostentragung durch das Jugendamt ist davon abhängig, ob dieses die Leistung nach Überprüfung der Voraussetzungen gem. §§ 27, 30 SGB VIII erbringt. Anspruchsinhaber ist nach § 27 Abs. 1 SGB VIII der Personensorgeberechtigte. Nur wenn dieser dem Vorschlag des Trägers der öffentlichen Jugendhilfe, HzE zu leisten, zustimmt und entsprechend mitwirkt, ist gewährleistet, dass das Jugendamt Leistungserbringer und Kostenträger insbesondere bei einer längerfristigen HzE ist. Jugendhilferechtlich ist die Mitwirkung des Personensorgeberechtigten (z.B. bei der Erstellung bzw. Abänderung des Hilfeplans) unabdingbar. Das Wunsch- und Wahlrecht der Personensorgeberechtigten und das Mitspracherecht des Jugendlichen sind bei der Auswahl des Erziehungsbeistands ebenfalls zu beachten.

d) Für Eltern und Kinder/Jugendliche ist die Maßnahme kostenfrei, da keine gesetzliche Grundlage für eine Kostenbeteiligung vorhanden ist, vgl. §§ 90, 91 SGB VIII.

5. Sozialpädagogische Familienhilfe

a) Sozialpädagogische Familienhilfe ist gekennzeichnet durch eine hohe Leistungsintensität und ihre gezielte Ausrichtung auf das Gesamtsystem Familie. In Kooperation mit dem Allgemeinen Sozialdienst (ASD) eines Jugendamts erfolgt der Einsatz von *Familienhelfern*. Diese sind entweder Fachkräfte des Jugendamts selbst oder eines Trägers *der freien Jugendhilfe*. Wird die Leistung durch einen Träger *der freien Jugendhilfe* erbracht, so erfolgt die Kooperation mit dem Allgemeinen Sozialen Dienst und der Familie im Rahmen des Hilfeplanverfahrens gem. § 36 SGB VIII. Der Einsatz erfolgt direkt »im Lebensalltag« der Familie.

b) Sozialpädagogische Familienhilfe (SpFH) erfolgt ambulant; d.h. das betroffene Kind verbleibt in der Familie. Insofern wird die Leistung Art. 6 Abs. 2 GG (»Vorrang der elterlichen Erziehung in der Familie«) besonders gerecht. SpFH kann dazuführen, dass die Unterbringung eines Kindes in einem Heim oder in einer Pflegefamilie vermieden werden kann.

c) Auch zu dieser ambulanten Hilfe haben Eltern und Kinder keinen Kostenbeitrag zu leisten (vgl. §§ 91 ff. SGB VIII, der die Heranziehung der Eltern, Kinder und Jugendlichen zur Hilfe zur Erziehung regelt).

d) Ein Sozialarbeiter macht sich unter Umständen strafbar, wenn er es in seiner Funktion als Familienhelfer schuldhaft (fahrlässig) *unterlässt,* zum Wohle eines gefährdeten Kindes einzugreifen und wenn *infolge dieses Unterlassens vor-*

hersehbar eine Körperverletzung oder sogar der Tod des Kindes (z.B. vernachlässigten oder unterernährten Säuglings) eintritt (Garantenpflicht). Ein Sozialarbeiter, der im Rahmen einer SpFH in einer Familie tätig ist, hat dabei zuvörderst die Pflicht, die Fachkräfte des Jugendamts auf die Gefahrenlage hinzuweisen, wenn er die Gefahrenlage nicht selbst beseitigen kann – etwa in dem er die Eltern motiviert, selbst beim Jugendamt um eine andere Hilfe nachzusuchen (vgl. § 8a Abs. 4 SGB VIII).

Die fallzuständige Fachkraft des Allgemeinen Sozialen Dienst hat dann die weiteren erforderlichen Maßnahmen zu treffen. Ihre Handlungspflichten hängen von Art und Weise der konkreten Gefährdung des Kinds oder Jugendlichen ab. Bei einer akuten Gefährdung ist das Kind in Obhut zu nehmen, § 8a Abs. 2 S. 2 SGB VIII.

6. Erziehung in einer Tagesgruppe

6.1

a) Die Erziehung in einer Tagesgruppe gem. §§ 27, 32 SGB VIII setzt ebenso wie die anderen Hilfen in diesem Abschnitt einen besonderen *erzieherischen Bedarf* voraus. Dadurch unterscheidet sich diese Hilfe zur Erziehung von der Erziehung in einer Tageseinrichtung wie in einem Hort oder von der Erziehung in Tagespflege. Oft wird ohne eine HzE in Form einer Tagesgruppe der Verbleib des Kindes in seiner Familie gefährdet sein.

   Bei einer HzE in Form einer Tagesgruppe hält sich das Kind (z.B. nach der Schule) bestimmte Teile des Tages außerhalb des Elternhauses auf, z.B. in einer Einrichtung (»Tagesheimgruppe«, Schule etc.). Wesentliches Element ist daneben die Elternarbeit, um die Erziehungsfähigkeit der Eltern zu stärken.

b) Wird Hilfe zur Erziehung gem. §§ 27, 32 SGB VIII geleistet, umfasst sie auch die Sicherstellung des Unterhalts in der Zeit, in der das Kind sich außerhalb des Elternhauses aufhält (§ 39 Abs. 1 S. 1, 2 SGB VIII). Die Kosten des Mittagessens im Heim sind somit vom Träger der öffentlichen Jugendhilfe zu übernehmen und können nicht den Eltern in Rechnung gestellt werden.

c) Kinder und Eltern werden zu den Kosten der Hilfe gem. § 91 Abs. 2 Nr. 2 SGB VIII herangezogen.

6.2 Die gemeinsame Unterbringung der drei Kinder bei Frau Kremer während des Tages stellt eine Hilfe zur Erziehung gem. §§ 27, 32 SGB VIII (»Erziehung in einer Tagesgruppe«) dar. Die Hilfe wird hier in einer »geeigneten Form der Familienpflege« gem. § 32 S. 2 SGB VIII gewährt. Wie bereits bei 6.1 angemerkt, setzt die Hilfe einen besonderen erzieherischen Bedarf voraus, der hier in der chaotischen Organisation des außerberuflichen Lebensumfelds der alleinerziehenden Mutter Luisa zu sehen ist. Der Problemlage kann durch »teilstationäre« Unterbringung der Kinder tagsüber entsprochen werden. Diese ermöglicht den Kinder tagsüber eingeordnetes Umfeld und soziales Lernen in der (Geschwister-)Gruppe ermöglicht und eine schulische Förderung. Daneben kann die Mutter durch Elternarbeit und bei Hilfe bei Alltagsproblemen in ihrer Erziehungskompetenz gestärkt werden.

Ergebnis: Hier wird Hilfe zur Erziehung und zwar »Erziehung in einer Tagesgruppe« in einer geeigneten Form der Familienpflege gem. §§ 27, 32 S. 2 SGB VIII gewährt.

7. Intensive sozialpädagogische Einzelbetreuung

a) Intensive sozialpädagogische Einzelbetreuung gem. § 35 SGB VIII ist eine Hilfe zur Erziehung, die sich für besonders für solche Jugendliche eignet, die sich den altersüblichen Sozialisationsinstanzen (Familie, Schule, Ausbildung, Berufswelt) weitgehend entzogen haben und ausgegrenzt am Rande der Gesellschaft leben. Die Betreuung kann im Einzelfall die Anwesenheit rund um die Uhr erfordern. Im Rahmen der Hilfen nach § 35 SGB VIII sind ferner erlebnispädagogische Intensivangebote entwickelt worden (Berg- und Bootstouren, Projekte im Ausland).

b) Die Hilfe setzt in der Lebenswelt des jungen Menschen an, ggf. z.B. auch auf der Straße (ambulante Hilfe). Daneben gibt es gruppenbezogene Maßnahmen in einer sozialpädagogisch betreuten Wohngemeinschaft oder in einem Heim (stationäre Hilfe).

8. »Kombinierte Hilfen«

Ein »Hilfeartenmix« ist möglich (*Kunkel*, LPK-SGB VIII § 27 Rn. 27). Im Einzelfall ist die Bündelung verschiedener Hilfen für ein Kind möglich. Die Praxis kommt hier zu differenzierten am Einzelfall orientierten Hilfen. Wichtig ist dass diese Kombination im Hilfeplan vereinbart ist und regelmäßig bei der Fortschreibung des Hilfeplanes überprüft wird.

ÜBUNGSBLATT 8

SGB VIII, Kapitel 2: 4. Abschnitt, 2. und 4. Unterabschnitt

Der 2. Unterabschnitt behandelt die **Eingliederungshilfe für seelisch behinderte Kinder und Jugendliche (§ 35a SGB VIII).**

Einführung

§ 35a SGB VIII regelt die Eingliederungshilfe für *seelisch behinderte Kinder und Jugendliche* als Leistung der Jugendhilfe. Der Gesetzgeber hat somit nur in Bezug auf diese Kinder und Jugendliche die *Eingliederungshilfe* des SGB XII in das Leistungssystem der Jugendhilfe übertragen. Die körperlich und geistig behinderten Kinder und Jugendlichen erhalten vorrangig (lies § 10 Abs. 4 SGB VIII) Eingliederungshilfe nach §§ 53–60 SGB XII i.V.m. SGB IX. Es ist vorgesehen, für alle Kinder und Jugendlichen Eingliederungshilfe nach dem SGB VIII zu leisten (sog. Große Lösung; vgl. hierzu *Kunkel,* ZFSH/SGB 2012, Heft 9).
Kinder und Jugendliche haben Anspruch auf Eingliederungshilfe nach dem SGB VIII, wenn (1) ihre seelische Gesundheit mit hoher Wahrscheinlichkeit länger als 6 Monate von dem für ihr Lebensalter typischen Zustand abweicht und (2) daher ihre Teilhabe am Leben in der Gesellschaft beeinträchtigt ist oder eine solche Beeinträchtigung zu erwarten ist.
Im Unterschied zu § 53 SGB XII wird hinsichtlich der Leistungsverpflichtung nach § 35a SGB VIII nicht danach differenziert, ob die Behinderung wesentlich oder nicht wesentlich ist.
Der Begriff »Behinderung« hat seine »Zweigliedrigkeit« behalten (dazu *Vondung,* LPK-SGB VIII, § 35a Rn. 10). Nach wie vor wird die »drohende Behinderung« mit erfasst (§ 35a Abs. 1 S. 2 SGB VIII). Allerdings orientiert sich der Begriff nicht mehr an Defiziten. § 35a SGB VIII verweist nicht mehr auf § 3 der Eingliederungshilfe-Verordnung. Dadurch wird verdeutlicht, dass außer den dort genannten »seelischen Störungen« die gesamte Breite möglicher Abweichungen von der alterstypischen seelischen Gesundheit erfasst ist.
Einige weitere Neuerungen durch das SGB IX für die Kinder- und Jugendhilfe: Gemäß § 6 Abs. 1 Nr. 6 SGB IX wurde der Träger der öffentlichen Jugendhilfe in den Kreis der *Rehabilitationsträger* aufgenommen. Dies gilt für die drei Bereiche 1. medizinische Rehabilitation, 2. Leistungen zur Teilhabe am Arbeitsleben, 3. Leistungen zur Teilhabe am Leben in der Gemeinschaft. Soweit in den besonderen Leistungsgesetzen, also auch im SGB VIII, nichts Abweichendes bestimmt ist, gilt das SGB IX unmittelbar hinsichtlich Art, Gegenstand, Umfang, Qualität und Ausführung der Leistungen (§ 7 SGB IX). Leistungen für behinderte Kinder sollen möglichst ohne Trennung von ihrem sozialen Umfeld erbracht werden; die Betreuung soll gemeinsam mit nicht behinderten Kindern erfolgen (§ 4 Abs. 3 SGB IX). Das Wunsch- und Wahlrecht Behinderter wurde verstärkt (§§ 9, 4 SGB IX). Früherkennung und Früh-

förderung behinderter Kinder ist nunmehr eine Komplexleistung, § 30 SGB IX. Das Jugendamt ist zuständig für Leistungen im Arbeitsbereich in Werkstätten für (seelisch) behinderte junge Menschen, § 42 Abs. 2 Nr. 3 SGB IX, § 35a Abs. 3 SGB VIII. Die Leistungen werden auf Antrag als trägerübergreifendes Persönliches Budget erbracht (§ 35a Abs. 3 SGB VIII i.V.m.§ 57 SGB XII i.V.m.§ 17 SGB IX).
Beachte: Der Anspruch auf Eingliederungshilfe gem. § 35a SGB VIII steht – anders als bei Hilfe zur Erziehung – *nicht* den Personensorgeberechtigten zu, sondern dem behinderten Kind/Jugendlichen selbst. Eingliederungshilfe wird in ambulanter oder – in Einrichtungen über Tag und Nacht oder sonstigen Wohnformen – in stationärer oder (tagsüber) in teilstationärer Form erbracht und kann mit Hilfe zur Erziehung kombiniert werden, vgl. § 35a Abs. 4 SGB VIII.
Bei der Geltendmachung des Anspruchs wird *das Kind/der Jugendliche* allerdings von seinen Eltern vertreten, soweit der Minderjährige nicht selbst handlungsfähig nach § 36 SGB I ist.

1. Fall: Der achtjährige Junge Kai hat mehrfach Brände gelegt. Im Bescheid des Jugendamts heißt es unter anderem: »Wir gewähren Eingliederungshilfe gem. § 35a SGB VIII in ambulanter Form...«
Kais gleichaltrige Klassenkameradin Melanie weist eine hochgradige Lese- und Rechtschreibschwäche auf, die mit einer psychischen Symptomatik einhergeht, die einer speziellen Behandlung – Legastheniehilfe – bedarf. Ihr Sozialverhalten ist ebenfalls erheblich gestört. Aggressionen gegenüber anderen Kindern wechseln sich ab mit apathischen Phasen, in denen sie sich in sich selbst zurückzieht und kaum ansprechbar ist. Auch hier wird Eingliederungshilfe in ambulanter Form gewährt. Gleichzeitig wird Melanies Eltern aufgegeben, die Dienste einer Erziehungsberatungsstelle gem. §§ 27, 28 SGB VIII in Anspruch zu nehmen.

1. Wer hat einen Anspruch auf die Gewährung der Eingliederungshilfe in beiden Fällen?
2. Stellt die Symptomatik einer Lese-Rechtsschreibschwäche bei Melanie bzw. Kais Verhalten eine seelische Behinderung oder eine drohende seelische Behinderung dar?
3. Ist eine »kombinierte Hilfe« für Melanie zulässig? Ist hier die Antragstellung bzw. Mitwirkung der Eltern erforderlich?
4. Darf der Träger der öffentlichen Jugendhilfe für die Eingliederungshilfe und die HzE in *ambulanter* Form Kostenbeiträge von den Eltern und dem betroffenen Kind selbst verlangen?

Literaturhinweise: Lempp, R., Die seelische Behinderung bei Kindern und Jugendlichen als Aufgabe der Jugendhilfe (§ 35a SGB VIII), 2. Aufl. Stuttgart 1994 (Besprechung von *Bade* in: FamRZ 1995, S. 1195). Vgl. auch *P.-Chr. Kunkel,* Jugendhilfe bei Legasthenie? – Anmerkungen zu einem Urteil des VGH Baden-Württemberg in: ZfJ 1997, S. 315–317; *ders.*, Welche Bedeutung hat das SGB IX für die Jugendhilfe?, in: ZFSH/SGB 2001, S. 707; *ders.*, Die Eingliederungshilfe nach § 35a SGB VIII, in: ZKJ 2006, S. 148; *ders.*, Das Verfahren zur Gewährung einer Hilfe nach § 35a SGB VIII, in: JAmt 2007, S. 17. Vorläufige Auslegungshinweise des Deutschen Vereins zur Anwendung des SGB IX in der Sozial- und Jugendhilfe, in: NDV 2001, S. 303.

2. Fall: Die 13-jährige körperbehinderte Helena ist auf einen Rollstuhl angewiesen. Nach dem SGB XI wird von der Pflegekasse ein Pflegegeld gewährt. Neben der Körperbehinderung ist das intellektuell begabte Mädchen von seelischer Behinderung bedroht. – Helena könnte verschiedene öffentliche Schulen besuchen. Der Schulbesuch scheitert aber deshalb, weil der Schulträger Hilfen bei seelischer Behinderung verweigert. Konkret: Helena benötigt unter anderem gezielte Unterstützung im Unterricht, da ihr ein rasches Mitschreiben nicht möglich ist. Nunmehr konnte ein Internat gefunden werden, das bereit ist, Helena aufzunehmen und gezielt zu fördern. In der Einrichtung wird Ganztagsunterricht angeboten; Helena hätte hier die Möglichkeit, ihrer Begabung und Neigung entsprechend die 9. Klasse zu überspringen.

1. Steht den Personensorgeberechtigten ein Anspruch auf Hilfe zur Erziehung gem. §§ 27, 34 SGB VIII zu?
2. Ist stattdessen Eingliederungshilfe zu leisten? Wenn ja: Wem steht der Anspruch zu und findet sich eine Regelung, die in diesem Fall Helenas schulische Förderung mit einschließt?

Der 4. Unterabschnitt behandelt die **Hilfe für junge Volljährige (§ 41 SGB VIII)**.

Einführung

Durch die Norm soll die »Deckung eines spezifischen Hilfebedarfs beim Übergang in die Selbständigkeit« sichergestellt werden. Die Rechtsnorm berücksichtigt die Tatsache, dass junge Menschen insbesondere aufgrund verlängerter Schul- und Ausbildungszeiten zunehmend später selbständig werden und der Ablösungsprozess häufig mit besonderen sozialen Schwierigkeiten verbunden ist (*Wiesner*, SGB VIII, § 41, Rn. 1). *Seelisch behinderte junge Volljährige* können im Rahmen der Hilfe für junge Volljährige Eingliederungshilfe als Jugendhilfeleistung erhalten (§ 41 Abs. 2 SGB VIII).
Häufig ist in der Praxis streitig, ob statt einer »Hilfe für junge Volljährige« vom *Träger der Sozialhilfe* wegen erheblicher Verhaltensstörungen des jungen Menschen eine Hilfe gem. § 67 SGB XII zu gewähren ist – »Hilfe zur Überwindung besonderer sozialer Schwierigkeiten«. Die Antwort ist eindeutig: Sind die Voraussetzungen sowohl des § 41 SGB VIII als auch die des § 67 SGB XII (zum Personenkreis siehe § 1 DVO – Durchführungsverordnung nach § 69 SGB XII) gegeben, hat Jugendhilfe Vorrang, § 10 Abs. 4 S. 1 SGB VIII, § 67 S. 2 SGB XII.

Fragen, Aufgaben und Fälle

1. Fragen:

1.1 Unter welchen Voraussetzungen ist die *»Hilfe für junge Volljährige«* zu gewähren und zu welchem Zweck wird die Leistung erbracht?

1.2 Besteht ein *Rechtsanspruch* auf Gewährung der Hilfe?

1.3 Dürfen im Rahmen der *Hilfe für junge Volljährige* einem 19-jährigen Arbeitslosen gewährt werden: *1. Vollzeitpflege, 2. Heimerziehung einschließlich der Förderung der schulischen oder beruflichen Bildung, 3. Erziehung in einer Tagesgruppe, 4. Soziale Gruppenarbeit, 5. Sozialpädagogische Familienhilfe?*

2. Fall:

2.1 Der seelisch behinderte 19-jährige Matthias erhält Hilfe für junge Volljährige durch Unterbringung in einer Wohnform gem. § 41 Abs. 2 i.V. mit § 35a Abs. 2 Nr. 4 SGB VIII. Er lebt dort zusammen mit anderen jungen Volljährigen und soll nun als weitere Hilfe für seine Persönlichkeitsentwicklung und zur Vorbereitung seiner Entlassung aus der Wohnform zusätzlich eine ambulante Hilfe durch Inanspruchnahme von sogenannten *Fachleistungsstunden* (geplanter Umfang zunächst 40 Stunden im Monat) erhalten. Diese Fachleistungsstunden sollen bei einem selbständig tätigen Sozialpädagogen als qualifizierte Beratungs- und Betreuungsleistung in Anspruch genommen und im Hilfeplan verankert werden. Betreuungsumfang und Betreuungsziele sollen festgeschrieben und in regelmäßigen Abständen überprüft werden.
Ist es zulässig, im Zuge einer Hilfe für junge Volljährige in Form der Unterbringung in einer Wohnform die Gewährung von Fachleistungsstunden *»als ambulante Betreuungsform«* gem. § 35a Abs. 2 Nr. 1 vorzusehen?

2.2 ***(Alternative Fallgestaltung)*** Matthias soll die Fachleistungsstunden nicht neben der stationären Hilfe, sondern erst nach seiner Entlassung aus der Wohnform erhalten. Es ist geplant, dass er eine eigene Wohnung bezieht. Da der Übergang in die Selbständigkeit und ins Erwerbsleben fließend gestaltet werden soll und noch bestehende Entwicklungsrückstände abzubauen sind, benötigt Matthias noch weitere Unterstützung und Hilfe. Zunächst sind 40 Fachleistungsstunden vorgesehen, nach einem halben Jahr 30, danach 20 und zuletzt nur noch 10 Stunden im Monat. Nach einem Jahr soll die Hilfe beendet sein.
Ist diese Hilfe nach dem SGB VIII als Jugendhilfeleistung für junge Volljährige möglich? Wer bezahlt die Wohnung und den Lebensunterhalt des jungen Mannes?

3. Frage: Darf die *Hilfe für junge Volljährige* (erstmalig) einem 22-jährigen gewährt werden?

4. Fall:

4.1 Darf der *seelisch behinderten 21-jährigen* Petra aus *Braunschweig*, die sich bereits seit 4 Jahren in *Osnabrück* im Heim befindet, weiterhin *Heimerziehung* als Maßnahme der Jugendhilfe gem. § 35a SGB VIII gewährt werden, wenn derzeit nicht abzusehen ist, ob und wann die seelische Behinderung überhaupt behoben werden kann?

4.2 Welcher örtlicher Träger der öffentlichen Jugendhilfe war bei der Heimeinweisung, welcher Träger der öffentlichen Jugendhilfe ist jetzt zuständig?
4.3 Wie ist die *Kostentragung* zur Zeit geregelt? Ist die (vermögende) Petra zu den Kosten *heranzuziehen?* Sind ihre Eltern zu den Kosten *heranzuziehen?*

5. Frage: Inwiefern hat ein junger Volljähriger bei der Maßnahme »Hilfe für junge Volljährige« *mitzuwirken?* (Nicht vergessen, die entspr. §§ zu zitieren!)

6. Fall: Der 17-jährige Uwe erkundigt sich im Jugendamt, ob die ihm gewährte Hilfe (Erziehungsbeistandschaft als HzE), die seit 2 Jahren läuft, auch nach der Volljährigkeit weitergewährt werden kann. Er selbst wünscht eine Betreuung durch den Erziehungsbeistand auch nach seinem 18. Lebensjahr. Ist das möglich? Wer hat ggf. die Weiterführung der Maßnahme zu beantragen?

7. Fall: Die 18 ½-jährige Manuela befand sich längere Zeit in psychiatrischer Behandlung in einer Fachklinik, da sie mehrfach Selbsttötungsversuche unternommen hat. Laut Gutachten eines Facharztes für Psychiatrie ist noch für mehrere Jahre eine (ambulante) Therapie und eine umfassende lebenspraktische Betreuung erforderlich. Ist Jugendhilfe gem. § 41 SGB VIII zu gewähren?

8. Fall:

8.1 Der 21-jährige Horst wird seit seinem 16. Lebensjahr sozialpädagogisch betreut. Hilfe zur Erziehung wurde gewährt und nach der Volljährigkeit zunächst als Maßnahme gem. § 41 SGB VIII fortgeführt. Die Entwicklungsverzögerungen des jungen Mannes, bedingt durch die häuslichen Verhältnisse, konnten im Zuge der Unterbringung zunächst im Heim, später im Rahmen des betreuten Wohnens teilweise behoben werden, allerdings ist Horst noch nicht seelisch stabil. Gleichwohl konnte er kürzlich das Abitur machen und möchte jetzt ein Studium beginnen, dessen Dauer mit 8–10 Semestern (also 4–5 Jahren) zu veranschlagen ist. Horst wünscht sich eine Weiterförderung durch den Träger der öffentlichen Jugendhilfe, weil damit der Lebensunterhalt erst einmal gesichert wäre. Besteht weiterhin ein Anspruch auf die Jugendhilfemaßnahme?

8.2 Wie ist zu entscheiden, wenn Horst als seelisch behinderter junger Mensch die Leistung begehrt?

9. Fall: Die 19-jährige drogenabhängige Gunda ist auf Kosten der Krankenversicherung in einer Einrichtung der Drogenhilfe untergebracht. Der Lebensunterhalt ist durch Zahlungen des Versicherungsträgers gesichert. Gunda stellt beim Jugendamt den Antrag, ihr ebenso wie anderen Abhängigen in der Einrichtung regelmäßig ein Taschengeld zu zahlen. Mit Recht?

10. Fall: Der drogenabhängige Achim aus Braunschweig, 20 Jahre alt, zur Zeit vorübergehend in Oldenburg, hat gem. §§ 41, 35a SGB VIII beim Jugendamt in Braunschweig Hilfe für junge Volljährige beantragt. In seiner sozialhygienischen Stellungnahme schreibt der Oldenburger Amtsarzt unter anderem: »Bei Achim steht eine geistige Behinderung im Vordergrund...« Vorausgesetzt, dass diese Diagnose des Amtsarztes zutreffend ist. Ist Achims Antrag stattzugeben?

Lösungen zu Übungsblatt 8

Eingliederungshilfe für seelisch behinderte Kinder und Jugendliche

1. Fall:

1. Den *Kindern* Kai und Melanie stehen gem. § 35a SGB VIII Ansprüche auf Eingliederungshilfe zu, nicht den Personensorgeberechtigten wie bei Hilfe zur Erziehung gem. § 27 SGB VIII. Bei der Geltendmachung ihrer Ansprüche werden sie von ihren Eltern vertreten, § 1629 Abs. 1 BGB.
2. *Melanie*: Eine Lese-Rechtschreibschwäche kann organische Ursachen haben (z.B. Sehschwäche) oder auf eine körperliche oder geistige Behinderung hindeuten. Eine länger als 6 Monate dauernde Abweichung von der alterstypischen seelischen Gesundheit oder sogar eine seelische Behinderung (vgl. Definition in § 3 der Verordnung nach § 60 SGB XII [EingliederungshilfeVO]) kommt ebenfalls in Betracht und könnte dazu führen, einen Anspruch auf Eingliederungshilfe gem. § 35a SGB VIII zu bejahen (zur Legasthenietherapie als Eingliederungshilfe bei seelischer Behinderung vgl. BVerwG Urt. v. 28.9.2000, ZfJ 2001, S. 310; zum Aufmerksamkeitsdefizitsyndrom vgl. OVG NRW, Beschl. v. 2.3.2010, Az.12 B 105). Nach der EingliederungshilfeVO sind seelische Störungen, die eine *seelische Behinderung* zur Folge haben können 1. körperlich nicht begründbare Psychosen, 2. seelische Störungen als Folge von Krankheiten oder Verletzungen des Gehirns, von Anfallsleiden oder von anderen Krankheiten oder körperlichen Beeinträchtigungen, 3. Suchtkrankheiten, 4. Neurosen und Persönlichkeitsstörungen. In unserem Fall ist von *Verhaltensauffälligkeiten* die Rede, die zu den Störungen gem. Nr. 4 gehören können und für eine seelische Behinderung sprechen. Hinzukommen (2. Stufe des Behinderungsbegriffs) muss aber eine Beeinträchtigung der Teilhabe am Leben in der Gesellschaft als Folge der Störung. Bloße Schulprobleme oder Schulängste genügen hierfür nicht (so OVG Rheinl.-Pfalz vom 26.3.2006, JAmt 2007, 365; BayVGH, Beschl. v. 9.11.2010, Az.12 ZB 09.1251).

   Legasthenietherapie kann auch als Hilfe zur Erziehung gem. § 27 SGB VIII gewährt werden zur Verhinderung von Entwicklungsstörungen, VGH BW, ZfJ 2000, 115 mit Anmerkung von *Kunkel* in ZfJ 1997, 315. Kriterien zur Abgrenzung der Leistungspflicht von Schule und Jugendhilfe ZfJ 2001, 115 und *Vondung*, LPK-SGB VIII, § 35a Rn. 19.

   Kai: Das mehrfache Brändelegen des 8-jährigen Kindes stellt ebenfalls eine *Verhaltensauffälligkeit* dar. Sie ist schon wegen ihres ungewöhnlichen Ausmaßes nicht mit einem gelegentlichen »Zündeln« aus Neugier oder Abenteuerlust zu vergleichen, sondern möglicherweise als *»chronische Entwicklungsstörung«* und damit als seelische Behinderung einzustufen, *die die psychosoziale Entwicklung und Integration des Kindes nachhaltig beeinträchtigt* (*Vondung*, LPK- SGB VIII, § 35a Rn. 11 ff.).

Ebenso wie die Legasthenie bei Melanie kann auch Kais Störung mit anderen Abweichungen (z.B. geistige Behinderung) einhergehen. Dann ist eine *Eingliederungshilfe als Maßnahme der Jugendhilfe* nachrangig gegenüber der Eingliederungshilfe als Sozialhilfe für geistig behinderte Menschen (§ 10 Abs. 4 S. 2 SGB VIII; lies OVG NRW, JAmt 2011, 544, 594,655).

Ergebnis: Sowohl bei Melanie als auch bei Kai ist entweder von einer seelischen Behinderung oder von einer drohenden seelischen Behinderung auszugehen, wenn beide bereits jetzt neurotische Störungen mit Krankheitswert aufweisen, die ihre soziale Integration nachhaltig beeinträchtigen oder wenn der Eintritt solcher Störungen mit hoher Wahrscheinlichkeit zu erwarten ist. Für Kai ist Sozialhilfe vorrangig zu gewähren.

3. Wie bei Hilfe zur Erziehung gem. § 27 Abs. 3 SGB VIII ist auch bei der Eingliederungshilfe gem. § 35a SGB VIII eine *Kombination verschiedener Hilfeformen* denkbar. Gem. § 35a Abs. 4 SGB VIII ist *neben* Eingliederungshilfe nach § 35a SGB VIII *Hilfe zur Erziehung* nach §§ 27 ff. SGB VIII möglich. So kann die *Therapie* eines Kindes/Jugendlichen wegen einer seelischen Behinderung und gleichzeitig eine *erzieherische Hilfe* (wegen einer bestehenden erzieherischen Mängellage oder aufgrund erhöhter Anforderungen an die Qualität der Erziehungsleistungen) gewährt werden.

   In unserem Fall wird *Eingliederungshilfe in ambulanter Form* gewährt – Legastheniehilfe als Therapieform gem. § 54 Abs. 1 S. 1 SGB XII i.V.m. § 26 Abs. 2 SGB IX. Diese Vorschrift des SGB XII ist bei seelisch behinderten Kinder und Jugendlichen, die Jugendhilfeleistungen erhalten, anwendbar gem. § 35a Abs. 3 SGB VIII. Gleichzeitig wird den *Eltern* die Inanspruchnahme eines Beratungsdienstes (HzE) gem. § 28 SGB VIII aufgegeben. Somit findet auch hier eine Kombination zwischen Eingliederungshilfe und Hilfe zur Erziehung statt, wie sie in § 35a Abs. 4 SGB VIII vorgesehen ist. *Neben den Voraussetzungen für Eingliederungshilfe müssen auch die Voraussetzungen für Hilfe zur Erziehung gem. § 27 Abs. 1 SGB VIII erfüllt sein* (so *Kunkel,* Jugendhilferecht, Rn. 175). Damit ist gemeint, dass die erzieherische Mängellage und die Notwendigkeit und Geeignetheit der erzieherischen Hilfe im Einzelfall zu überprüfen sind. (S.a. *Kunkel* ebenda Rn. 61 *Übersicht* über die Zuordnung der Hilfen für behinderte junge Menschen).

   Formal ist das Kind selbst anspruchsberechtigt. Das gilt nicht nur für die (therapeutische) Eingliederungshilfe nach Maßgabe des SGB XII, sondern ausnahmsweise auch für die Hilfe zur Erziehung nach §§ 28–35 SGB VIII, da nicht die erzieherische Mängellage, sondern die seelische Behinderung im Vordergrund steht. Die Gewährung pädagogischer Leistungen gehört somit auch bei der Eingliederungshilfe gem. § 35a SGB VIII zum Leistungsspektrum (*Wiesner* SGB VIII § 35a Rn. 35). Die Hilfe zur Erziehung in Form der Erziehungsberatung gem. § 28 stellt hier lediglich eine flankierende Maßnahme dar. Als *Betroffene* haben die Eltern bei der Gestaltung der Hilfe in jedem Falle mitzuwirken (so *Vondung*, LPK-SGB VIII, § 35a Rn. 71). Beide Formen der Hilfe (Therapie und Erziehungshilfe) sind im Hilfeplan zu verankern.

Ergebnis: Eine kombinierte ambulante Hilfe (Legastheniehilfe als Eingliederungshilfe für ein seelisch behindertes Kind und Erziehungsberatung als Hilfe zur Erziehung) ist gem. § 35a Abs. 4 SGB VIII zulässig. Melanies seelische Gesundheit weicht mit hoher Wahrscheinlichkeit länger als 6 Monate von dem für ihr Lebensalter typischen Zustand ab, ihre Teilhabe am Leben in der Gesellschaft ist beeinträchtigt, da psychische Auffälligkeiten und Störungen des Sozialverhaltens in der Klassengemeinschaft vorliegen. Sie selbst ist anspruchsberechtigt. Die Eltern (Sorgeberechtigten) werden intensiv in Planung und Gestaltung der Hilfe einbezogen, § 36 Abs. 2 SGB VIII; gem. § 36 Abs. 3 S. 1 SGB VIII ist auch ein Arzt bei der Aufstellung und Änderung des Hilfeplans und bei der Durchführung der Hilfe zu beteiligen.

4. Für die in ambulanter Form gewährte Eingliederungshilfe gem. § 35a SGB VIII, die Elemente der Hilfe zur Erziehung gem. § 28 SGB VIII mit umfasst, ist von den Eltern und dem betroffenen Kind gem. § 91 SGB VIII kein Kostenbeitrag zu erheben. (Lediglich bei stationärer oder teilstationärer Hilfe oder bei einer Unterbringung bei Pflegeeltern kommt gem. § 91 Abs. 1 Nr. 6, Abs. 2 Nr. 3 SGB VIII eine Kostenbeteiligung des Kindes und seiner Eltern in Betracht.)

2. Fall:

1. Ein Anspruch auf Hilfe zur Erziehung ist gem. § 27 SGB VIII nicht gegeben, da sich aus der Fallgestaltung keine erzieherische Notlage ergibt.
2. Ein Anspruch Helenas auf Eingliederungshilfe könnte gem. § 35a Abs. 1 SGB VIII gegeben sein, wenn eine länger dauernde Abweichung von der alterstypischen seelischen Gesundheit vorliegen sollte (siehe dazu auch Fall 1). Das ist nach dem Sachverhalt zu bejahen. Schulische Förderung gehört auch zum Spektrum möglicher Hilfen: § 35a Abs. 3 SGB VIII verweist auf § 54 SGB XII. Somit gehört gem. § 54 Abs. 1 Nr. 1 SGB XII die »Hilfe zu einer angemessenen Schulbildung, vor allem im Rahmen der allgemeinen Schulpflicht« zu den Maßnahmen der Eingliederungshilfe, die im Einzelfall vom Jugendamt zu gewähren sind. Somit kann grundsätzlich die Hilfe in einer Einrichtung über Tag und Nacht (Internat) gem. § 35a Abs. 2 Nr. 4 SGB VIII begehrt werden. Bei der Gestaltung der Hilfe ist zu berücksichtigen, dass zu den Maßnahmen, die den Schulbesuch ermöglichen oder erleichtern, auch die Zurverfügungstellung zusätzlichen sozialpädagogischen Personals (Schulbegleiter, Integrationshelfer) während des Unterrichts gehören kann (vgl. auch *Vondung*, LPK-SGB VIII, § 35a Rn. 56), vor allem, wenn das Kind im Rahmen der Inklusion eine Regelschule besucht.

Ergebnis: Helena kann schulische Förderung als Eingliederungshilfe gem. § 35a SGB VIII vom Träger der öffentlichen Jugendhilfe beanspruchen.

Hilfe für junge Volljährige

1. Fragen:

1.1 § 41 Abs. 1 S. 1 SGB VIII: Einem jungen Volljährigen *soll Hilfe für die Persönlichkeitsentwicklung und zu einer eigenverantwortlichen Lebensführung* gewährt werden, *wenn und solange* die Hilfe aufgrund der individuellen Situation des jungen Menschen *notwendig* ist. Satz 2 stellt klar, dass die Hilfe *in der Regel nur bis zur Vollendung des 21. Lebensjahres gewährt wird; in begründeten Einzelfällen* soll sie *für einen begrenzten Zeitraum* (Höchstgrenze: 26 J.) darüber hinaus *fortgesetzt* werden.

1.2 Die Hilfe ist als *Soll-Leistung* ausgestaltet. Das bedeutet, dass *regelmäßig* ein einklagbarer Rechtsanspruch auf die Leistung besteht. Nur im atypischen Sonderfall darf die Behörde die Leistung verweigern.

1.3

1. *Vollzeitpflege:* Bei dem 19-Jährigen handelt es sich um einen jungen Volljährigen unter 21, der, sofern die übrigen Voraussetzungen des § 41 Abs. 1 S. 1 SGB VIII vorliegen, Anspruch auf die Hilfe hat. Für die Ausgestaltung gelten gem. 41 Abs. 2 SGB VIII die dort genannten einzelnen Hilfearten der Hilfe zur Erziehung entsprechend, auch § 33 SGB VIII Somit kann er Vollzeitpflege erhalten, muss den Anspruch jedoch selbst geltend machen.
2. *Heimerziehung einschließlich der Förderung der schulischen oder beruflichen Bildung:* Heimerziehung unter Einbeziehung von Ausbildung- und Beschäftigungsmaßnahmen ist bei Bedarf möglich, soweit eine Ausbildungsförderung durch Maßnahmen und Programme anderer Träger nicht sichergestellt wird, § 41 Abs. 2 i.V. m. §§ 34, 27 Abs. 3, 13 Abs. 2 SGB VIII.
3. *Erziehung in einer Tagesgruppe:* § 32 SGB VIII ist im Katalog der entsprechend anwendbaren Hilfen des § 41 Abs. 2 SGB VIII nicht aufgeführt; somit ist diese Hilfeart nicht möglich.
4. *Soziale Gruppenarbeit:* Gem. § 41 Abs. 2 i.V. § 29 SGB VIII entspr. kann diese Hilfeart gewählt werden.
5. *Sozialpädagogische Familienhilfe:* Auch diese Hilfe eignet sich nicht für einen in einer Phase der Ablösung vom Elternhaus begriffenen jungen Volljährigen; folgerichtig taucht auch § 31 SGB VIII nicht im Katalog der Hilfen gem. § 41 Abs. 2 SGB VIII auf.

2. Fall:

2.1 Solange Matthias eine *stationäre Hilfe* durch Unterbringung in einer *»sonstigen Wohnform«* gem. § 41 Abs. 2 i.V. § 35a Abs. 2 Nr. 4 SGB VIII erhält, ist eine *zusätzliche* ambulante Hilfe durch ambulante sozialpädagogische Beratung und Betreuung gem. § 41 Abs. 1 S. 1 SGB VIII *nicht notwendig.* Matthias ist vielmehr ein *»sozialpädagogisch betreutes Wohnen in einer Wohngemeinschaft«* zu gewähren. Zwar verlangt § 35a Abs. 2 Nr. 4 SGB VIII nicht ausdrücklich eine Betreuung bei den sonstigen Wohnformen, ohne eine solche Betreuung kann dem Hilfebedarf des seelisch behinderten jungen Volljährigen jedoch nicht entsprochen werden; sie ist Bestandteil der Hilfe (vgl. *Vondung*, LPK-SGB VIII, § 35a Rn. 67).

Ergebnis: Während der Unterbringung in einer betreuten Wohnform darf eine zusätzliche ambulante Hilfe – Inanspruchnahme von »Fachleistungsstunden« – nicht gewährt werden.

2.2 Bei dieser alternativen Fallgestaltung kann Matthias *nach* dem Verlassen der Wohngemeinschaft als anschließende *ambulante Betreuungsform* gem. § 41 Abs. 2 i.V. mit § 35a Abs. 2 Nr. 1 SGB VIII die Inanspruchnahme von Fachleistungsstunden gewährt werden. Wohnungsmiete und Lebensunterhalt würde in diesem Fall vom Jugendamt bezahlt werden. Die Rechtsgrundlage findet sich in § 41 Abs. 3 SGB VIII: Auch nach Beendigung der Hilfe (gemeint ist die vorausgegangene Hilfe in Form des betreuten Wohnens) soll der junge Volljährige im notwendigen Umfang beraten und unterstützt werden. Die Unterstützung erfolgt hier durch Bereitstellung finanzieller Mittel, die von anderer Seite (Agentur für Arbeit, Sozialamt) nicht gezahlt werden können, da der immer noch »labile« junge Volljährige derzeit noch nicht ins Arbeitsleben integriert werden kann, weiterhin Jugendhilfeleistungen in Form von Fachleistungsstunden erhält und Jugendhilfe auch als »Nachsorge« gem. § 41 Abs. 3 SGB VIII vorrangig vor Sozialhilfe (Hilfe zum Lebensunterhalt) zu gewähren ist. (§ 41 Abs. 2 SGB VIII ist hier nicht heranzuziehen, da bei der Gewährung von Fachleistungsstunden als *ambulanter* Hilfe gem. § 35a Abs. 2 Nr. 1 SGB VIII der Lebensunterhalt außerhalb des Elternhauses außer Betracht bleibt, § 39 Abs. 1 SGB VIII entspr.)

Ergebnis: Nach der Beendigung der Maßnahme (Entlassung des jungen Volljährigen aus der betreuten (»sonstigen«) Wohnform gem. § 35a Abs. 2 Nr. 4 SGB VIII kann neben der anschließenden Gewährung von »Fachleistungsstunden« als eigenständiger ambulanter Hilfe gem. § 35a Abs. 2 Nr. 1 SGB VIII eine weitere »nachsorgende« Unterstützung durch Übernahme der Wohnungsmiete und Finanzierung des Lebensunterhalts gem. § 41 Abs. 3 erfolgen. Dies könnte auch im Rahmen der neuen Leistungsform »Persönliches Budget« – Geldleistung gem. § 17 Abs. 1 SGB IX – erfolgen (vgl. *Vondung*, LPK-SGB VIII, § 35a Rn. 68). Es besteht aber eine mögliche Leistungskonkurrenz zur Grundsicherung für Arbeitsuchende gem. SGB II (vgl. hierzu *Kunkel*, Junge Menschen im »Bermudadreieck« zwischen SGB VIII, SGB II und SGB III, in: NDV 2007, 397). Hier ist es entscheidend, ob der junge Volljährige arbeitsuchend ist oder sich in einer Ausbildungsmaßnahme befindet.

3. Frage:

Erstmalig darf die Hilfe für junge Volljährige einem 22-jährigen nicht gewährt werden. § 41 Abs. 1 S. 2 SGB VIII erlaubt in begründeten Einzelfällen nach der Vollendung des 21. Lebensjahres lediglich die *Fortsetzung* einer bereits vor dem 21. Lebensjahr begonnenen Jugendhilfeleistung (vgl. VG Minden, Urt. v. 21.5.2010, Az. 6 K 2895/09).

4. Fall:

1. *Voraussetzungen für die Fortsetzung der Maßnahme:* Die Voraussetzungen für eine Weiterführung der Maßnahme über das 21. Lebensjahr hinaus sind in diesem Fall nicht erfüllt, da bei einer Fortsetzung der Hilfe innerhalb eines *begrenzten Zeitraums* eine deutliche positive Weiterentwicklung im Hinblick auf Petras Persönlichkeit nicht zu erwarten ist. Auch ist zweifelhaft, ob das Ziel der Hilfe – Hinführung zur Selbständigkeit und Selbstverantwortung – im Rahmen der Heimerziehung- (vgl. *Wiesner,* SGB VIII, § 41 Rn. 26) mit den Mitteln der Jugendhilfe überhaupt erreicht werden kann (gegen eine zu restriktive Handhabung des § 41 SGB VIII in der Praxis jedoch u.a. *Mrozynski,* SGB VIII, § 41 Rn. 4). Der begrenzte Zeitraum ist nicht an das Ende einer Ausbildung gekoppelt, sondern endet mit dem Erreichen des im Hilfeplan fixierten Entwicklungsziels.

   Hinweis: Die Auslegung des unbestimmten Rechtsbegriffs »begrenzter Zeitraum« in § 41 Abs. 1 S. 2 SGB VIII bereitet Schwierigkeiten und wird in der Praxis unterschiedlich gehandhabt. In Niedersachsen wird ein Zeitraum von 1/2 bis 1 Jahr angenommen. Nach einer Entscheidung des Bundesverwaltungsgerichts (ZfJ 2000, S. 191 ff.) setzt Hilfe für junge Volljährige nicht voraus, dass der junge Volljährige seine Verselbstständigung bis zur Vollendung des 21. Lebensjahres erreichen wird.

2. *Örtliche Zuständigkeit:* Bei der Heimeinweisung vor vier Jahren war Petra 17 Jahre alt, d.h. sie war *Jugendliche* gem. § 7 Abs. 1 Nr. 2 SGB VIII. Für die örtliche Zuständigkeit des Jugendamts war seinerzeit gem. § 86 Abs. 1 S. 1 SGB VIII der gewöhnliche Aufenthalt ihrer Eltern maßgeblich. Mit Vollendung des 18. Lebensjahres wurde die Hilfe als Hilfe für junge Volljährige gem. § 41 SGB VIII weitergeführt. Gem. § 86 a Abs. 4 richtet sich die örtliche Zuständigkeit des Jugendamts seitdem nach dem gewöhnlichen Aufenthalt der jungen Volljährigen vor Aufnahme in die Einrichtung. Somit ändert sich nichts im Hinblick auf die örtliche Zuständigkeit des Jugendamts.

   Ergebnis: Gem. § 86 a Abs. 4 SGB VIII bleibt es bei der Zuständigkeit des »Heimatjugendamts«, des Jugendamts, in dessen Bereich Petra vor ihrer Heimaufnahme als Jugendliche zusammen mit ihren Eltern lebte.

3. *Kostentragung und Heranziehung zu den Kosten:* Die Hilfe für die seelisch behinderte junge Volljährige Petra umfasst gem. § 41 Abs. 2 i.V. § 39 SGB VIII auch die Sicherstellung des notwendigen Unterhalts im Heim (Leistungen zum Unterhalt bei Eingliederungshilfe als Annexleistung; vgl. *Kindle*, LPK-SGB VIII, § 41 Rn. 27). Für die Heranziehung zu den Kosten gilt für die Leistung gem. § 41 SGB VIII: Gem. § 92 Abs. 1 Nr. 2 SGB VIII wird die junge Volljährige Petra zu den Kosten der Eingliederungshilfe im Heim (§ 91 Abs. 1 Nr. 8 SGB VIII) herangezogen. Dies geschieht durch Erhebung eines Kostenbeitrags. Petras Eltern werden ebenfalls (§ 92 Abs. 1 Nr. 5 SGB VIII) zur Kostentragung durch Erhebung eines solchen Kostenbeitrags (öffentlich-rechtlicher Leistungsbescheid als Verwaltungsakt) herangezogen.

   Ergebnis: Die vermögende Petra kann zu den Kosten der Heimunterbringung herangezogen werden, soweit es ihr zuzumuten ist. Das geschieht durch Erhebung eines Kostenbeitrags. Ihre Eltern können ebenfalls durch Erhebung eines Kostenbeitrags herangezogen werden.

5. Fall:

Der junge Volljährige selbst muss den Anspruch auf Leistung gem. § 41 SGB VIII beim Träger der öffentlichen Jugendhilfe geltend machen. Da § 41 Abs. 2 SGB VIII auch § 36 SGB VIII für entsprechend anwendbar erklärt, soll der junge Volljährige sich beraten lassen und sich bei auswärtiger Unterbringung bei der Auswahl des Heims oder der Pflegestelle beteiligen. Bei einer längerfristigen Hilfe (ambulant oder stationär) soll er bei der Ausgestaltung der Hilfe sowie bei der Aufstellung und Abänderung des Hilfeplans und bei der Verwirklichung der dort aufgestellten Ziele mitwirken. Dies ist zu fordern, auch wenn übertriebene Anforderungen an die anfängliche Motivation des jungen Volljährigen nicht gestellt werden dürfen, sondern häufig erst im Verlauf einer bereits eingeleiteten Hilfe eine wachsende Einsicht in die eigene Hilfebedürftigkeit und die Notwendigkeit einer Unterstützung bei der Persönlichkeitsentwicklung erreicht werden kann. Jedenfalls dürfte ein bloßer »Veränderungswunsch« des jungen Menschen und seine Mitwirkung nach den allgemeinen Vorschriften (§§ 60 ff. SGB I) nicht genügen (so aber *Mrozynski,* SGB VIII, § 41 Rn. 15). Lehnt der junge Volljährige eine entsprechende Mitwirkung ab und will er stattdessen lediglich eine Unterkunft und eine Sicherung des allgemeinen Lebensbedarfs, ist er auf die Leistungen nach § 19 SGB II (Alg II) zu verweisen.

6. Fall:

Die Erziehungsbeistandschaft, geregelt in § 30 SGB VIII, ist eine Maßnahme der Hilfe zur Erziehung (§ 27 SGB VIII), die gem. § 41 Abs. 2 SGB VIII auch als Hilfe für junge Volljährige gewährt werden kann. Diese Hilfe zur Erziehung, die zuvor den Personensorgeberechtigten, also Uwes Eltern gewährt wurde, kann somit nach der Vollendung des 18. Lebensjahres als Hilfe für den jungen Volljährigen fortgesetzt werden, sofern Uwe selbst dies beantragt. Ohne einen solchen Antrag dürfte die Maßnahme allerdings nicht weitergeführt werden.

7. Fall:

Manuela kann dann keinen Anspruch auf eine Hilfe für junge Volljährige gem. § 41 SGB VIII geltend machen, wenn die Zwecke – Hilfe zur Persönlichkeitsentwicklung *und* zur eigenverantwortlichen Lebensführung – nicht innerhalb einer bestimmten und hinsichtlich der Fortsetzung der Hilfe nach dem 21. Lebensjahr eher eng zu bemessenden Frist erreicht werden können (vgl. auch oben Fall 4.1). Auch bei sehr großzügiger (und umstrittener) Auslegung des § 41 SGB VIII kommt eine Hilfe jedenfalls dann nicht in Betracht, wenn abzusehen ist, dass die Hilfe jedenfalls bis zum 27. Lebensjahr des jungen Volljährigen nicht zum Erfolg führen kann. (Bejahend zur Hilfe in »besonders gelagerten Fällen« bis zur Vollendung des 27. Lebensjahres *Mrozynski* a.a.O. Rn. 8. Derselbe spricht sich dort auch für die Möglichkeit einer *Fortsetzung der Hilfe jeweils für bestimmte Bewilligungszeiträume* aus.)
Im vorliegenden Fall ist die Prognose unsicher und eher als ungünstig einzustufen. Dennoch verbietet sich der zur Zeit voreilige Schluss, dass innerhalb eines begrenzten

Zeitraums – ggf. erst nach Fortsetzung der Maßnahme über das 21. Lebensjahr hinaus – eine Förderung mit Mitteln der Jugendhilfe nicht erfolgversprechend ist. Somit ist bei der 18 1/2 jährigen Manuela derzeit ein Anspruch auf Hilfe für junge Volljährige in Form der Eingliederungshilfe für seelisch Behinderte (§ 3 Nr. 1 oder Nr. 3 EingliederungshilfeVO) grundsätzlich zu bejahen. Es sei aber ausdrücklich darauf hingewiesen, dass in der Praxis in gleichgelagerten Fällen bei unbestimmter Dauer von Therapie und lebenspraktischer Betreuung vermutlich häufig eine andere Meinung vertreten wird.

Ergebnis: Manuela hat einen Anspruch auf die Leistung gem. § 41 SGB VIII, da derzeit nicht ausgeschlossen werden kann, dass die Ziele – Hilfe für die Persönlichkeitsentwicklung und zu einer eigenverantwortlichen Lebensführung – innerhalb einer absehbaren Frist und deutlich vor dem 27. Lebensjahr erreicht werden können.

8. Fall:

8.1 Ein Anspruch auf Fortsetzung der Hilfe für junge Volljährige könnte gem. § 41 Abs. 1 S. 2 SGB VIII gegeben sein, wenn es sich um einen begründeten Einzelfall handelt und die Hilfe nur für einen begrenzten Zeitraum weiter gewährt werden soll. Aber auch dann, wenn man davon ausgeht, dass Horst noch einer weiterführenden Hilfe bedarf, weil seine Persönlichkeitsentwicklung noch nicht abgeschlossen ist und eine eigenverantwortliche Lebensführung erst während des Studiums erlernt werden kann, besteht kein weitergehender Anspruch, da letztlich nur die Sicherstellung des Lebensunterhalts begehrt wird und keine pädagogische Unterstützung und Betreuung durch die Jugendhilfe während des Studiums. Die Existenzsicherung aus öffentlichen Mitteln ist Aufgabe der Grundsicherung nach dem SGB II oder der Sozialhilfe nach dem SGB XII, nicht der öffentlichen Jugendhilfe. Nach dem System der Jugendhilfe werden wirtschaftliche Leistungen als Annex nur dann zugebilligt, wenn Jugendhilfe tatsächlich gewährt wird. Es reicht nicht aus, dass Jugendhilfe (weiter) gewährt werden könnte oder sollte. Wenn eine sozialpädagogische Leistung nicht mehr fortgesetzt wird, entfällt auch die Verpflichtung, Leistungen zum Unterhalt zu gewähren.

Ergebnis: Es besteht kein Anspruch des 21-jährigen Horst auf eine Fortsetzung der Hilfe für die Dauer des Studiums, da lediglich die Sicherstellung des Lebensunterhalts verlangt wird, nicht aber eine Fortführung der pädagogischen Betreuung. Die bloße Übernahme des notwendigen Lebensunterhalts ist im Rahmen einer Jugendhilfemaßnahme nicht möglich; auf die Frage, ob die Hilfe überhaupt nur für »einen begrenzten Zeitraum« begehrt wird, kommt es somit nicht mehr an (zur Ablehnung weiterführender *mehrjähriger* Hilfe für über 21-Jährige vgl. oben Fall 4.1).

8.2 Dem seelisch behinderten jungen Menschen Horst stehen gem. §§ 41 Abs. 2 i.V.m. § 35a Abs. 3 SGB VIII Leistungen zur Teilhabe zu, die vom Jugendamt zu gewähren sind. Für die Teilhabeleistungen sind §§ 53, 54 SGB XII bestimmend (*Vondung* a.a.O. Rn. 43 ff.). § 54 Abs. 1 Nr. 2 SGB XII enthält Hilfen zur schulischen Ausbildung für einen angemessenen Beruf einschließlich des Besuchs einer Hochschule. Diese Hilfen werden nur geleistet, wenn zu erwarten ist, dass der behinderte junge Mensch dadurch das Ziel der Ausbildung erreichen wird, § 13 Abs. 2 EingliederungshilfeVO. In jedem Fall umfasst die Hilfe nur den *behinderungsbedingten Bedarf;* keinesfalls müssen die allgemeinen Ausbildungskosten übernommen werden, die auch ein nicht behinderter junger Mensch zu tragen hätte (*Vondung* a.a.O. Rn. 48). Am Ergebnis ändert sich somit nichts (vgl. oben 8.1).

9. Fall:

Gunda begehrt vom Träger der öffentlichen Jugendhilfe *ergänzend* zu den Leistungen eines anderen Trägers (Unterbringung, Therapie, Lebensunterhalt) die Zahlung von *Taschengeld*. Wie in Fall 8 wird *lediglich eine wirtschaftliche Leistung* gefordert. Als mögliche Rechtsgrundlage wäre § 41 Abs. 2 i.V. § 39 SGB VIII zu prüfen. § 39 Abs. 2 S. 2 u. 3 SGB VIII sieht die Zahlung von Heimkosten, Pflegegeld und – bei auswärtiger Unterbringung im Heim oder in einer Vollzeit-Pflegestelle – »*einen angemessenen Barbetrag zur persönlichen Verfügung des Kindes oder des Jugendlichen*« vor. Da der Anspruch auf Taschengeldzahlung wie der Anspruch auf Zahlung »des notwendigen Unterhalts außerhalb des Elternhauses« ein sogenannter »*Annexanspruch*« ist (vgl. § 39 Abs. 1 S. 1 SGB VIII) und die Gewährung einer stationären (nicht teilstationären) Hilfe für junge Volljährige oder Eingliederungshilfe gem. § 35a SGB VIII voraussetzt, wäre der Antrag abzulehnen. Die gegenteilige Meinung im DIV-Gutachten vom 6.4.98 (ZfJ 1998, 340 ff.) zu den »Therapienebenkosten« wie Taschengeld und Bekleidungspauschale setzt sich über den Wortlaut des § 39 Abs. 1 SGB VIII hinweg, verwischt den Unterschied zwischen »pädagogischer« Hauptleistung und »wirtschaftlicher« zusätzlicher Annexleistung im gesamten System der Jugendhilfe und vermag daher nicht zu überzeugen. (Zur »Annexleistung« vgl. im Übrigen Ausführungen oben zu Fall 8 und Fall 4 Nr. 3 – zur vorrangigen Zuständigkeit der Krankenversicherung *Vondung*, LPK-SGB VIII, § 35a Rn. 28.)

Ergebnis: Gunda hat gegen das Jugendamt keinen Anspruch auf Zahlung von Taschengeld, da die Hauptleistung – Unterbringung in einer Einrichtung der Drogenhilfe – nicht vom Träger der öffentlichen Jugendhilfe als stationäre Hilfe für junge Volljährige erbracht wird.

10. Fall:

Zur örtlichen Zuständigkeit des Jugendamts Braunschweig:

Der 20-jährige Achim hat vor Beginn der Leistung seinen gewöhnlichen Aufenthalt in Braunschweig. Daher ist das Jugendamt Braunschweig für die begehrte Hilfe gem. § 86 a Abs. 1 SGB VIII örtlich zuständig.

Begründetheit des Antrags: Der Antrag ist als unbegründet zurückzuweisen, da nach der sozialhygienischen Stellungnahme des Amtsarztes eine seelische Behinderung oder eine drohende seelische Behinderung des Drogenabhängigen zwar möglicherweise nicht auszuschließen ist, aber nicht den Schwerpunkt der Behinderung ausmacht. Vielmehr steht eine geistige Behinderung im Vordergrund. Eingliederungshilfe für geistig behinderte junge Volljährige ist aber gem. § 10 Abs. 4 S. 2 SGB VIII vorrangig nach dem SGB XII vom Träger der Sozialhilfe zu gewähren. (Bei Zusammentreffen von geistiger und seelischer Behinderung – einer Form der *Mehrfachbehinderung* – ist die Sozialhilfe vorrangig.)

Ergebnis: Achims Antrag ist nicht stattzugeben. Er ist ggf. darauf zu verweisen, einen Antrag auf Eingliederungshilfe beim Träger der Sozialhilfe zu stellen.

ÜBUNGSBLATT 9

SGB VIII, Kapitel 3: Andere Aufgaben der Jugendhilfe

Im ersten Abschnitt des Kapitels werden **vorläufige Maßnahmen zum Schutz von Kindern und Jugendlichen** geregelt **(§ 42 SGB VIII).**

Einführung

Während sich das 2. Kapitel des SGB VIII den *Leistungen* widmet, geht es im Folgenden um die sogenannten »*anderen Aufgaben der Jugendhilfe*«. Zu diesen gehört die **Inobhutnahme** von Kindern und Jugendlichen durch das Jugendamt, § 42 SGB VIII. Bei der Inobhutnahme sind die Voraussetzungen gem. § 42 Abs. 1 S. 1 Nr. 1, 2 und 3 SGB VIII zu unterscheiden. Nr. 1: Selbstmelder; Nr. 2: dringend Gefährdete; Nr. 3: Unbegleitete Minderjährige. Nr. 2 umfasst zugleich die Herausnahme (S. 2 HS. 2). Absätze 2–6 regeln das Verfahren, aber auch Leistungen (z.B. den Unterhalt in Abs. 2 S. 3). Gem. § 76 Abs. 1 SGB VIII können Träger der freien Jugendhilfe (z.B. der Kinderschutzbund) bei der Wahrnehmung dieser Aufgaben beteiligt werden; die Verantwortlichkeit für die Erfüllung der Aufgaben verbleibt aber beim Träger der öffentlichen Jugendhilfe (§ 76 Abs. 2 SGB VIII). Einen Verwaltungsakt (§ 31 SGB X) zur Inobhutnahme kann ein freier Träger nicht erlassen.
Wichtig ist, sich anhand eines Lehrbuchs genauer mit der Materie zu befassen, damit Missverständnisse vermieden werden. Häufig wird beispielsweise der Begriff der »freiheitsentziehenden Maßnahmen« in § 42 Abs. 5 SGB VIII falsch interpretiert (s.a. Frage 5).
Weitere zu beachtende Vorschriften:
§ 87 SGB VIII: Örtliche Zuständigkeit;
§ 89 b SGB VIII: Kostenerstattung durch (anderen) Träger der öffentlichen Jugendhilfe;
§ 91 SGB VIII: Grundsätze der Heranziehung zu den Kosten;
§ 8a SGB VIII: Schutzauftrag.

Fragen, Aufgaben und Fälle

1. Fall:
1.1 Die obdachlose Heimausreißerin Ilona, 15 Jahre alt, entzieht sich seit 3 Jahren erfolgreich jeglichen Versuchen, sie zu erziehen. Sie lebt auf der Straße und nutzt gelegentlich ein Angebot der Jugendhilfe: Sie nächtigt in einem umgebauten Bauwagen, duscht sich dort und bekommt ein warmes Essen. Handelt es sich hier um eine Inobhutnahme der Jugendlichen gem. § 42 SGB VIII?

1.2 Das Jugendamt erfährt von einer Fachkraft der Sozialpädagogischen Familienhilfe, dass der 2 Monate alte Säugling Julius der Familie Meier anscheinend nur unzureichend ernährt wird und Austrocknung bzw. Verhungern des Kleinen droht. Außerdem weise das Kind Misshandlungsspuren auf. Besteht eine Verpflichtung des Jugendamts, das Kind aus der elterlichen Familie herauszuholen und vorläufig anderweitig unterzubringen?

2. Fall (*Teil 1*): Der 15jährige Ausreißer Jochen aus Berlin wird auf dem Hauptbahnhof in Braunschweig von der Polizei aufgegriffen. Jochen riecht stark nach Alkohol, sieht verschmutzt und übermüdet aus und ist nach eigenen Angaben schon zwei Monate lang unterwegs. Kontakte zu seinen Eltern hat er vor einem halben Jahr abgebrochen. Er verweigert Angaben zu seiner Familiensituation und über mögliche Straftaten zur Finanzierung seines Lebensunterhaltes etc... Mehrfach erwähnt er jedoch seinen früheren Klassenlehrer Herrn Bruns, der jetzt in Hildesheim wohnen soll. Jochen wird zum Jugendamt gebracht. Zunächst kommt er für drei Tage – Kosten 250 Euro pro Tag – in eine Jugendschutzstelle und wird schließlich bei der »Bereitschaftspflegestelle«, dem Ehepaar Schröder, für die Dauer von einer Woche vorläufig untergebracht. Der gegenwärtige Aufenthalt der Eltern des Jungen kann zunächst nicht ermittelt werden; entweder sind sie verreist oder verzogen.

1. Ist die örtliche Zuständigkeit des Jugendamts Braunschweig für die Maßnahme »Inobhutnahme des Jugendlichen« gegeben?
2. Beschreiben Sie anhand des Falles das Verfahren der Inobhutnahme von Kindern und Jugendlichen durch das Jugendamt.
3. Wer hat für die Kosten der Inobhutnahme aufzukommen? Können Jochens Eltern und dieser selbst zu den Kosten herangezogen werden?

2. Fall (*Fortsetzung, Teil 2*): Jochens Eltern werden in Berlin ausfindig gemacht. Es stellt sich in einem Telefongespräch mit einem Sozialarbeiter des Jugendamts Braunschweig heraus, dass die Verhältnisse bei ihnen geordnet sind, Jochen könnte bei ihnen leben. Sie geben aber deutlich zu erkennen, dass sie ihr Kind nicht mehr bei sich aufnehmen wollen, da Jochen schon öfter ausgerissen ist. Sie lehnen es strikt ab, den Jungen auch nur vorübergehend bei sich zu dulden.

1. Gehört es zu den Pflichten des den Ausreißer aufgreifenden Jugendamts, den Jugendlichen seinen Eltern zuzuführen, oder sind diese in einem solchen Fall grundsätzlich verpflichtet, ihr Kind abzuholen?
2. Können die Eltern vom Jugendamt zur Aufnahme ihres Kindes gezwungen werden?
3. Ist hier eine geschlossene Unterbringung des Jugendlichen in einer Jugendschutzstelle erlaubt und pädagogisch sinnvoll?

Ausführlich zu diesen Fragen *Wiesner*, SGB VIII, § 42 Rn. 51–65. Zur geschlossenen Unterbringung siehe auch Frage 5.

3. Fall: Die 12-jährige Bettina offenbart der Betreuerin Frau K. während eines vom Jugendamt durchgeführten Zeltlagers, dass ihr Stiefvater ihr nachstelle, während die Mutter bei der Arbeit sei. Er habe früher die kleine Schwester missbraucht, die jetzt

im Heim lebe. Sie habe Angst vor dem Stiefvater und wolle auf keinen Fall mehr nach Hause zurück. Frau K. bezweifelt Bettinas Angaben und beschwichtigt das Mädchen. Sie erklärt ihr, da könne man nichts machen, Bettina müsse nach Hause zurück. Stimmt das? Oder muss das Jugendamt Bettina in Obhut nehmen?
Unterscheiden Sie streng die *Voraussetzungen für eine behördliche Inobhutnahme* gem. § 42 SGB VIII von den Fragen, die sich im Zusammenhang mit einer *Missbrauchsverdächtigung durch Jugendamtsfachkräfte* ergeben können. Letztere wird u.a. von *Ollmann* problematisiert in ZfJ 96, 486 ff.

4. Fall: Die 10-jährige Brigitte liegt mit Verletzungen im Krankenhaus, die von Schlägen herrühren – nicht von einem Treppensturz, wie die Mutter angibt. Die behandelnden Ärzte haben einen Verdacht, fühlen sich jedoch an ihre Schweigepflicht gebunden und verfolgen die Angelegenheit nicht weiter. Brigitte wird später nach Hause zur allein sorgeberechtigten Mutter entlassen, läuft aber fort. Das Jugendamt erhält Kenntnis von diesem Sachverhalt. Ist Brigitte gegen ihren Willen der Mutter zuzuführen?

5. Freiheitsentziehende Maßnahmen. Was ist unter »freiheitsentziehenden Maßnahmen« zu verstehen? Unter welchen Voraussetzungen sind diese im Rahmen der Inobhutnahme zulässig, und wer entscheidet hierüber?

6. Fall: Die 15-jährige schwangere Lisa wird von der Polizei um 01.00 Uhr nachts a) in der Disco, b) auf der Straße aufgegriffen und dem Jugendamt zugeführt.
Nach welchen Vorschriften erfolgt die Inobhutnahme durch das Jugendamt, wenn Lisa ihren Personensorgeberechtigten nicht zugeführt werden kann? (Vgl. auch § 8 Jugendschutzgesetz.)

7. Fall: Die 17-jährige Katrin ist von zu Hause weggelaufen und lebt mit Zustimmung ihrer Eltern seit einer Woche bei dem Zuhälter Fred in dessen Wohnung.
Darf das Jugendamt gegebenenfalls unter Einsatz unmittelbaren Zwangs Katrin aus der Wohnung holen und vorläufig anderweitig unterbringen?

8. Fall: Der 4-jährige Stefan befindet sich über das Wochenende bei seiner Tante, da seine Eltern verreist sind. Die Tante misshandelt Stefan (Samstagnacht). Sein Schreien alarmiert Nachbarn, diese informieren die Polizei, die u.a. den Notdienst des Jugendamtes einschaltet. Maßnahme des Jugendamtes?

9. Fall: Die 15-jährige Beate befindet sich bei einer von den Eltern ausgesuchten Pflegefamilie. Gegen die Eltern lief ein Verfahren auf Sorgerechtsentzug vor dem Familiengericht gem. § 1666 BGB, da Beates Wohl zuhause erheblich gefährdet war (und weiterhin ist). Das Gerichtsverfahren gegen die Eltern wurde ausgesetzt, da die Gefahr für Beates Wohl zunächst einmal durch ihre Unterbringung bei Pflegeeltern abgewendet wurde. Die Personensorgeberechtigten stellen nunmehr beim Jugendamt einen Antrag auf Hilfe zur Erziehung. Das Jugendamt hält die Pflegeperson für die von den Eltern längerfristig angestrebte Hilfe »Vollzeitpflege« (§§ 27, 33 SGB VIII) nicht geeignet, befürwortet aber die (vorübergehende) Unterbringung Beates bei den Pflegeeltern im Rahmen einer »Inobhutnahme« gem. § 42 SGB VIII. Das Jugendamt gibt eine »Eignungserklärung« zugunsten der Pflegefamilie gem. § 42 Abs. 1 S. 2 SGB VIII ab und sucht gleichzeitig nach einer anderen geeigneten Familie für eine Unterbringung der Jugendlichen gem. §§ 27, 33 SGB VIII.

a) Diskutieren Sie das Verfahren des Jugendamts in diesem Fall.

b) Unterscheiden Sie die Inobhutnahme und Unterbringung gem. § 42 Abs. 1 S. 2 SGB VIII und die Unterbringung bei Vollzeitpflege gem. §§ 27, 33 SGB VIII.

c) Erhält die Pflegeperson bei Inobhutnahme ein Pflegegeld vom Jugendamt?

10. Fall: Die Mutter des Kindes wohnt in Helmstedt, sie arbeitet in Braunschweig. Nun kommt sie mit dem Kind ins Jugendamt Braunschweig und fordert die sofortige Unterbringung ihres Kindes in einer Pflegestelle, »sonst passiert was.« Der Sachbearbeiter des Jugendamts hat den Eindruck einer für das Kind »gefährlichen Situation.« Ist das Jugendamt Braunschweig für Eilmaßnahmen gem. § 42 SGB VIII hier örtlich zuständig? (Siehe auch Übungsblatt 13 Fall 5.)

Lösungen zu Übungsblatt 9

SGB VIII, Kapitel 3: Andere Aufgaben der Jugendhilfe – vorläufige Maßnahmen gem. § 42 SGB VIII

1. Fall:

a) Gem. § 42 Abs. 1 S. 2 ist *Inobhutnahme* eines Kindes oder Jugendlichen dessen *vorläufige Unterbringung in einer Notlage oder Gefährdungssituation*. Diese Unterbringung hat bei geeigneten Pflegepersonen (»Bereitschaftspflege«), in einer Einrichtung der Jugendhilfe oder in einer betreuten Wohnform zu erfolgen. Von einer solchen *»Unterbringung«* ist im Fall jedoch nicht die Rede. Die *Beratung* und ggf. *Erziehung, Beaufsichtigung und Aufenthaltsbestimmung* des Kindes oder des Jugendlichen gehört weiterhin zu den Aufgaben des Jugendamts bzw. des von diesem beauftragten Trägers der freien Jugendhilfe während der Unterbringung; dabei ist der *mutmaßliche Wille* des Personensorgeberechtigten oder des Erziehungsberechtigten *angemessen* zu berücksichtigen. Auch die Wahrnehmung dieser Aufgaben anstelle der verhinderten Personensorgeberechtigten ist im Fall nicht vorgesehen. Schließlich fehlt es auch an der Beachtung des in Absatz 2 und 3 geregelten *Verfahrens* der Unterbringung.

Hinweis: Der Fall bietet Anlass, sich mit dem Wesen der Inobhutnahme auseinanderzusetzen. Häufig wird immer noch von der Vorstellung ausgegangen, »Inobhutnahme« gem. § 42 SGB VIII sei ein »Eingriff«. Nach moderner Auffassung stimmt das spätestens seit dem Inkrafttreten des KJHG 1991 nicht mehr. In der Begründung der Bundesregierung zum Gesetzentwurf zur Neuordnung des Kinder- und Jugendhilferechts werden Grundlagen und Zielsetzung der gesetzlichen Regelung der Inobhutnahme von Kindern und Jugendlichen wie folgt erläutert:
»Die Vorschrift regelt sozialpädagogische Hilfen des Jugendamts... im Krisen- und Gefahrenfall... Inobhutnahme von Kindern und Jugendlichen ist in der Vergangenheit häufig als Einschließen, als sicheres Verwahren und nicht als sozialpädagogisches Hilfeangebot im Sinne einer Krisenintervention verstanden worden... Die Vorschrift will insbesondere die Tätigkeit von sogenannten Jugendschutzstellen, Aufnahmeheimen, Kinder- und Jugendnotdiensten und Bereitschaftspflegestellen auf eine hinreichende rechtliche Grundlage stellen und den sozialpädagogischen Anspruch ihrer Arbeit hervorheben.«
Auf diese Aspekte hat *K. Späth* in seinem Beitrag »Konzeption und Praxis der Inobhutnahme nach § 42 KJHG« (abgedruckt in ZfJ 1998, 303 ff.) hingewiesen und weiter ausgeführt:
»Damit ist deutlich gemacht, daß die Inobhutnahme, aus welchem Grund und in welcher Form sie auch immer angeboten und durchgeführt wird, nach dem Willen des Gesetzgebers in erster Linie eine sozialpädagogische Aufgabenstellung zu erfüllen hat. Nicht ein Aufsichts- und Kontrollinteresse des Staates oder der Öffentlichkeit steht im Vordergrund, sondern die Bereitstellung von Hilfe- und Unterstützungsangeboten für Kinder und Jugendliche in Krisen- und Gefährdungssituationen. Dieser Anspruch kann allerdings nur eingelöst werden, wenn für diese Tätigkeit besonders qualifizierte Fachkräfte in ausreichender Zahl vorhanden und auch eingesetzt werden können.«

Ergebnis: Das gelegentliche Übernachten in einem Bauwagen und die Versorgung mit Essen ohne weitergehende pädagogische Betreuung ist keine vorläufige Unterbringung und stellt deshalb keine Inobhutnahme nach dem SGB VIII dar.

b) Im Unterschied zu der vor dem KICK geltenden Rechtslage enthält nun § 42 Abs. 1 S. 1 Nr. 2 SGB VIII eine Ermächtigungsgrundlage für die Herausnahme eines Kindes aus der eigenen Familie. Außerdem gilt die Nr. 2 für die Zuführung des Kindes durch die Polizei oder Dritte von jugendgefährdenden Orten. Aber auch unversorgte Kinder, z.B. nach einem Verkehrsunfall der Eltern, sind in Obhut zu nehmen (so *Lakies,* ZfJ 1992, 52).

Die Inobhutnahme eines gefährdeten Kindes ist Teil des in § 8a SGB VIII geregelten Schutzauftrages des Jugendamtes (§ 8a Abs. 2 S. 2 SGB VIII). Sie kommt nur dann in Betracht, wenn eine Entscheidung des Familiengerichts (auch durch einstweilige Anordnung) nicht abgewartet werden kann (§ 42 Abs. 1 S. 1 Nr. 2 b und § 8a Abs. 2 S. 2 SGB VIII).

Ergebnis: Der Säugling ist wegen einer dringenden Gefahr für sein Wohl (Lebensgefahr, da Verhungern droht) vom Jugendamt/von der Polizei sofort aus der Familie zu entfernen und anderweitig unterzubringen. Die Polizei ist einzuschalten, wenn das Gebot der Herausgabe des Kindes (VA) nicht befolgt wird und daher der VA vollstreckt werden muss. Die Vollstreckung mit unmittelbarem Zwang geschieht durch die Polizei (§ 42 Abs. 6 SGB VIII), die nach den Polizeigesetzen der Länder zur Amtshilfe verpflichtet ist, was in einzelnen Ausführungsgesetzen zum SGB VIII eigens geregelt ist (z.B. § 26 Abs. 2 LKJHG BW).

2. Fall *(Teil 1):*

1. *Die örtliche Zuständigkeit* für die Inobhutnahme des jugendlichen Ausreißers Jochen ist in § 87 SGB VIII geregelt. Danach ist der örtliche Träger der öffentlichen Jugendhilfe zuständig, in dessen Bereich sich das Kind oder der Jugendliche vor Beginn der Maßnahme *tatsächlich aufhält*; das ist Braunschweig (in Berlin, nach der Fallgestaltung der Wohnsitz der Eltern, hat Jochen den *gewöhnlichen Aufenthaltsort;* auf diesen kommt es bei der Maßnahme nicht an).
2. *Verfahren der Inobhutnahme in diesem Fall:* Die Inobhutnahme ist ein Verwaltungsakt (§ 31 SGB X), der schriftlich, mündlich oder in anderer Weise erlassen werden kann und dessen sofortige Vollziehbarkeit angeordnet werden kann. Adressat des Verwaltungsakts ist das Kind oder der Jugendliche selbst, in diesem Fall also Jochen (vgl. *Kunkel*, LPK-SGB VIII, Anhang Verfahren Rn. 32). Mit der Inobhutnahme *ist* Jochen *unverzüglich* (§ 121 BGB: ohne schuldhaftes Zögern), das heißt hier, sobald er ausgeschlafen ist und sich waschen konnte, Gelegenheit zu geben, Herrn Bruns als Person seines Vertrauens zu benachrichtigen. Das könnte evtl. durch ein Telefonat geschehen. Jochen ist in seiner gegenwärtigen Lage zu *beraten*; ihm sind Möglichkeiten der Hilfe und Unterstützung aufzuzeigen (§ 42 Abs. 2 SGB VIII). Durch das vorgeschriebene Verfahren ist gewährleistet, dass eine erste sozialpädagogische Krisenintervention stattfindet.
3. *Kosten der Inobhutnahme:* § 42 Abs. 2 S. 3 SGB VIII regelt, dass während der Inobhutnahme der notwendige Unterhalt und die Krankenhilfe sicherzustellen

sind. Gem. §§ 91 Abs. 1 Nr. 7, 92 SGB VIII sind der Jugendliche und seine Eltern zu einem zumutbaren Kostenbeitrag heranzuziehen. Grundsätzlich übernimmt der Träger der öffentlichen Jugendhilfe die Kosten der »anderen Aufgabe« Inobhutnahme gem. § 91 Abs. 5 SGB VIII zunächst einmal unabhängig davon, ob dem Jugendliche und seinen Eltern die Aufbringung der Mittel aus ihrem Einkommen oder Vermögen zuzumuten ist und ein Kostenbeitrag erhoben werden kann. Dem zuständigen Jugendamt Braunschweig sind die Kosten durch das Jugendamt des gewöhnlichen Aufenthalts – Berlin – gem. § 89 b Abs. 1 SGB VIII zu erstatten.

2. Fall *(Fortsetzung, Teil 2):*

1. An dieser Stelle ist genauer auf die *Voraussetzungen* der Inobhutnahme in diesem Fall einzugehen. Sie ergeben sich aus § 42 Abs. 1 S. 1 Nr. 2 SGB VIII: Ein Jugendlicher ist in Obhut zu nehmen, wenn eine *dringende Gefahr* für sein Wohl die Inobhutnahme erfordert, wenn also ein Schadenseintritt unmittelbar bevorsteht (vgl. VG Stuttgart, Beschl. v. 23.11.2011, Az. 7 K 2240/11). . Diese dringende Gefahr liegt im Fall vor, da der 15-jährige übermüdet und alkoholisiert aufgegriffen wird. Somit ergibt sich eine Pflicht des Jugendamts, den Personensorgeberechtigten *unverzüglich* zu benachrichtigen (nicht stets »sofort«, sondern »ohne schuldhaftes Zögern«, d.h. nach angemessener Zeit der Prüfung und Entscheidung, nach Klärung der sorgerechtlichen Situation, vgl. *Wiesner* a.a.O. Rn. 35).

   Diese Benachrichtigung ist in unserem Fall erfolgt, nun ergibt sich die Frage, ob die Eltern die Pflicht haben, Jochen aus Braunschweig abzuholen. Die Frage ist zu bejahen. Das Gesetz enthält keine Verpflichtung, den Jugendlichen zum Wohnort der Eltern zu begleiten (Näheres bei *Wiesner*, SGB VIII, § 42 Rn. 44). Eine Begleitung wäre auch sinnlos, da die Eltern Jochens Aufnahme entschieden abgelehnt haben. Kommen die Eltern ihrer Verpflichtung nicht nach, wäre vom Jugendamt in Braunschweig das für sozialpädagogische *Leistungen* gem. § 86 SGB VIII örtlich zuständige Jugendamt in Berlin einzuschalten, damit dieses zusammen mit den Eltern ggf. weitere Maßnahmen planen und einleiten kann. In der Zwischenzeit bleibt Jochen zunächst in der Bereitschaftspflegestelle bei dem Ehepaar Schröder. Die vorgesehene Frist von einer Woche für die vorläufige Unterbringung wäre dann zu verlängern, wenn innerhalb dieser Frist die Angelegenheit noch nicht geklärt werden kann.
2. Das Jugendamt hat keine Möglichkeiten, Zwangsmaßnahmen gegen Eltern einzuleiten. Eine Verpflichtung zum Tätigwerden – Anrufung des Familiengerichts – könnte sich aber aus § 8a Abs. 2 SGB VIII ergeben, wenn Sorgerechtsmaßnahmen gem. § 1666 BGB gegen Eltern eingeleitet werden müssten (z.B. Entzug des Aufenthaltsbestimmungsrechts), um eine Gefährdung des Jugendlichen abwenden zu können, die durch die Untätigkeit der Eltern entsteht.
3. Eine geschlossene Unterbringung, das ist eine Unterbringung als freiheitsentziehende Maßnahme, ist nur unter den Voraussetzungen des § 42 Abs. 5 SGB VIII möglich, d.h. wenn sie *erforderlich ist,* um eine *Gefahr für Leib oder Leben des Jugendlichen* oder Dritter abzuwenden. Nur das Jugendamt ist in

diesem Fall befugt, einen weiteren Verwaltungsakt – Anordnung des vorläufigen Freiheitsentzuges – zu erlassen. Die Freiheitsentziehung durch das Jugendamt ist ohne gerichtliche Entscheidung des Familiengerichts spätestens mit Ablauf des Tages nach ihrem Beginn zu beenden (§ 42 Abs. 5 S. 2 SGB VIII); z.B. Unterbringung am 5.12. um 14 Uhr, Beendigung am 6.12. um 24 Uhr. In unserem Fall fehlen Anhaltspunkte für eine derartige Gefahrensituation. Es ist auch höchst umstritten, ob die Maßnahme *geschlossene* Unterbringung gem. § 42 SGB VIII selbst dann, wenn sie erlaubt wäre, pädagogisch sinnvoll ist. In unserem Fall würde eine Unterbringung unter Freiheitsentzug beispielsweise dazu führen, dass Jochen seinen Aufenthaltsort bei Familie Schröder aufgeben müsste, da die freiheitsentziehende Maßnahme – Unterbringung in einer *geschlossenen Einrichtung* oder in einer einzelnen Abteilung oder einem einzelnen Raum derselben – in einer *Pflegefamilie* nicht möglich ist (vgl. auch *Trenczek* in ZfJ 2000, 121 ff.).

Ergebnis: Da hier konkrete Anhaltspunkte für eine fortdauernde Gefahr für Leib oder Leben des Jugendlichen oder Dritter, die nur durch Unterbringung in einer geschlossenen Einrichtung (z.B. Jugendschutzstelle) abgewendet werden kann, nicht vorliegen, ist die geschlossene Unterbringung des Jugendlichen nicht erlaubt. Sie wäre im Übrigen vermutlich auch pädagogisch unsinnig, da Jochen bei einer derartigen Maßnahme seinen Unterbringungsort in der Bereitschaftspflegestelle aufgeben müsste.

3. Fall: Eine Verpflichtung des Jugendamts, Bettina in Obhut zu nehmen, ergibt sich aus § 42 Abs. 1 S. 1 Nr. 1 SGB VIII. Danach hat das Jugendamt ein Kind oder einen Jugendlichen in Obhut zu nehmen, *wenn das Kind oder der Jugendliche um Obhut bittet*. Weitere Voraussetzungen enthält das Gesetz nicht. Insbesondere ist das Kind oder der Jugendliche (»Selbstmelder«) nicht verpflichtet, eine Not- oder Konfliktlage, von der in solchen Fällen grundsätzlich auszugehen ist, darzulegen und glaubhaft zu machen. Die Verpflichtung trifft das Jugendamt, in dessen Bereich sich Bettina vor Beginn der Maßnahme *tatsächlich* aufhält (§ 87 SGB VIII). Zuständig ist also nicht das Jugendamt des »gewöhnlichen Aufenthalts« des Kindes, sondern das Jugendamt am Ort des Zeltlagers, sofern die Betreuerin vor Ort eine Inobhutnahme veranlasst. Das »Heimatjugendamt« ist zuständig, falls Bettina erst nach ihrer Rückkehr aus dem Zeltlager in Obhut genommen werden soll.

Bei der Inobhutnahme des »Selbstmelders« (vgl. hierzu *Czerner*, ZfJ 2000, 371 ff. (374)), kommt der »unverzüglichen Unterrichtung« des Personensorgeberechtigten von der (erfolgten) Inobhutnahme, die gem. § 42 Abs. 3 S. 1 SGB VIII vorgeschrieben ist, ein besonderes Gewicht zu, da die Bitte um Obhut bereits ein Indiz für eine Konflikteskalation darstellt und die Reaktion der Eltern häufig nicht vorhersehbar ist. Eine angemessene Zeit zur Prüfung und Entscheidung, sollte daher im Einzelfall der Benachrichtigung vorausgehen. Diese Zeit kann im Einzelfall einen Zeitraum von ein bis zwei Tagen umfassen (so *Wiesner* a.a.O. Rn. 37).

Falls hier eine Inobhutnahme nach Absprache mit der 12-jährigen und in Abstimmung mit dem Jugendamt vor Ort bereits während des Zeltlagers erfolgen soll und – nach Prüfung – von dort die Benachrichtigung der Eltern erfolgt, ist weiter zu über-

legen, wie zu verfahren ist, wenn die Eltern anreisen, um Aufklärung bitten und auf Abholung ihres Kindes dringen. Sofern durch die Benachrichtigung der Eltern über den gegenwärtigen Aufenthaltsort des Kindes eine unmittelbare Gefährdung des Wohls des Kindes droht, ist das Jugendamt berechtigt, die Unterrichtung der Eltern auf die Tatsache der Inobhutnahme ohne genaue Nennung des Aufenthaltsortes des Kindes zu begrenzen (so *Wiesner* a.a.O. Rn. 38 mit weiterer Begründung). In dem Fall wäre das Familiengericht einzuschalten und auf das Verschweigen des Aufenthaltsorts hinzuweisen.
Auch im europäischen Ausland ist eine »Inobhutnahme« von Kindern und Jugendlichen (auch von »Selbstmeldern«) durch die dortigen Behörden bei einer drohenden Gefährdung eines Minderjährigen nach dem Haager Minderjährigenschutzabkommen (MSA) möglich.

Ergebnis: Die Aussage der Betreuerin stimmt nicht. Wenn ein Kind oder ein Jugendlicher, in diesem Fall die 12-jährige Bettina, das Jugendamt um »Inobhutnahme« bittet, so *ist* diesem Wunsch zu entsprechen (§ 42 Abs. 1 S. 1 SGB VIII). Über die erfolgte Inobhutnahme sind die Personensorgeberechtigten *unverzüglich* zu unterrichten (§ 42 Abs. 3). Widersprechen sie der Inobhutnahme, ist das Kind ihnen entweder unverzüglich zu übergeben, oder (bei Kindeswohlgefährdung) eine Entscheidung des Familiengerichts herbeizuführen (§ 42 Abs. 3 S. 2 Nr. 2 SGB VIII).

4. Fall: Die Voraussetzungen für eine Inobhutnahme durch das Jugendamt sind gemäß § 42 Abs. 1 SGB VIII zu prüfen. Eine dringende Gefahr für das Wohl des 10-jährigen Kindes, die eine vorläufige Unterbringung erfordert, liegt objektiv vor, da der begründete Verdacht auf Kindesmisshandlung im Elternhaus besteht. Hierfür spricht die Vermutung der Ärzte, aber auch das Verhalten des 10-jährigen Kindes selbst, das nach dem Krankenhausaufenthalt von zuhause fortgelaufen ist (zu den Anforderungen an den Nachweis der Gefahrenlage siehe auch unten Fall 10). Das Jugendamt hat in diesem Fall zu versuchen, durch ärztliches Zeugnis (evtl. Einschaltung eines Amtsarztes) zu klären, ob ein bestehender Verdacht erhärtet werden kann (§ 8a Abs. 1 SGB VIII). Bei seiner Ermittlungstätigkeit im Zusammenhang mit der geplanten Inobhutnahme darf das Jugendamt gem. § 62 Abs. 3 Nr. 2 c) personenbezogene Daten grundsätzlich ohne Mitwirkung des Betroffenen erheben (*Röchling*, LPK-SGB VIII, § 42 Rn. 61). Die behandelnden Ärzte sind in derartigen Fällen nicht unbedingt an ihre ärztliche Schweigepflicht gem. § 203 StGB gebunden. Sie könnten sich unter Umständen gem. § 34 StGB auf einen »rechtfertigenden Notstand« oder auf eine Offenbarungsbefugnis nach § 4 KKG berufen, der die Weitergabe der Verdachtsmomente an das Jugendamt erlaubt. Spätestens dann, wenn nach den weiteren Ermittlungen des Jugendamts und ggf. einem ärztlichen Zeugnis eine »dringende Gefahr« für das Kindeswohl feststeht, hat die Inobhutnahme des Kindes zu erfolgen; eine sofortige Rückführung des Kindes wäre dann unzulässig. Erst nach weiterer Klärung der Gefahrenlage und der erzieherischen Situation würde Bettina anschließend entweder der personensorgeberechtigten Mutter zugeführt, oder aber weitere erzieherische Maßnahmen wären einzuleiten.

Ergebnis: Sofern der Verdacht auf Kindesmisshandlung durch ärztliches Zeugnis erhärtet werden kann, erfordert eine dringende Gefahr für das Wohl des Kindes dessen Inobhutnahme. Eine sofortige Rückführung des Kindes zur Mutter wäre in diesem Fall unzulässig. Die behandelnden Krankenhausärzte sind unter Umständen gem. § 34 StGB oder § 4 KKG befugt, wenn auch nicht verpflichtet, ihren Verdacht dem Jugendamt gegenüber zu offenbaren, ohne dass zuvor eine Entbindung von der ärztlichen Schweigepflicht durch die personensorgeberechtigte Mutter erfolgen müsste.

5. *Freiheitsentziehende Maßnahmen:* Freiheitsentziehende Maßnahmen sind von freiheitsbeschränkenden Maßnahmen zu unterscheiden. Freiheitsentziehende Maßnahmen liegen vor, wenn jemand gegen oder ohne seinen Willen durch die öffentliche Gewalt an einem bestimmten, eng umgrenzten Raum festgehalten wird (*Röchling*, LPK-SGB VIII, § 42 Rn. 116). Im Rahmen der Inobhutnahme sind diese gem. § 42 Abs. 5 SGB VIII nur zulässig, wenn und soweit sie erforderlich sind, um eine Gefahr für Leib oder Leben des Kindes/Jugendlichen oder eine Gefahr für Leib oder Leben Dritter abzuwenden. Dies betrifft die Inobhutnahme, die aufgrund einer dringenden Gefahr für das Wohl des Kindes/Jugendlichen erfolgt, aber auch – nach der Neufassung durch das KICK – die anderen Fälle der Inobhutnahme.

6. Fall:

a) Hält die 15-jährige Lisa sich in der Disco auf, so verstößt sie gegen das Jugendschutzgesetz, da Jugendlichen unter 16 Jahren die Anwesenheit bei öffentlichen Tanzveranstaltungen ohne Begleitung eines Erziehungsberechtigten nicht gestattet ist (§ 5 JuSchG). Lisa ist zum Verlassen dieses »jugendgefährdenden Ortes« anzuhalten. Sofern die Schwangere wegen ihres Zustands besonderer Fürsorge bedarf, ist sie dann, wenn kein Erziehungsberechtigter erreichbar ist, dem Jugendamt zuzuführen.

b) Die Straße als solche ist kein jugendgefährdender Ort; das Jugendschutzgesetz kommt nicht zur Anwendung. Ein Eingreifen der Polizei ist nach den Gefahrenabwehrgesetzen der Länder geboten, sofern der schwangeren Minderjährigen nachts auf der Straße eine Gefahr droht. Diese Landesgesetze regeln auch die Zusammenarbeit der Polizei mit dem Jugendamt (z.B. § 26 Abs. 1 LKJHG BW). Die Polizei bringt die Jugendliche in eine Jugendschutz- oder Jugendhilfsstelle (Einrichtung des Jugendamts i.S. § 42 Abs. 1 SGB VIII).

7. Fall: In diesem Fall ist § 42 Abs. 1 eventuell i. V. mit § 42 Abs. 6 SGB VIII heranzuziehen, der bei Gefahr im Verzug die *Befugnis* des Jugendamts regelt, ein Kind oder einen Jugendlichen aus einer *fremden* Wohnung oder aus einer Einrichtung herauszuholen, wenn der Aufenthalt dort vom Personensorgeberechtigten gebilligt wird. Außerdem ist § 8a Abs. 2 SGB VIII zu beachten. Es ergibt sich jetzt eine Pflicht zum Handeln, wenn die Eltern nicht bereit oder in der Lage sind zu handeln und eine Entscheidung des Familiengerichtes nicht abgewartet werden kann (*Röchling*, LPK-SGB VIII, § 42 Rn. 95).

Die Zustimmung zum gegenwärtigen Aufenthalt des Kindes oder Jugendlichen ist im Hinblick auf § 1666 BGB zu überprüfen, d.h. sie muss einen Sorgerechtsmissbrauch darstellen und der Inhaber des Sorgerechts außerstande oder unwillig sein, sein Kind selbst außer Gefahr zu bringen. Anschließend ist das Kind oder der Jugendliche vom Jugendamt vorläufig unterzubringen. Der Einsatz unmittelbaren Zwangs ist dem Jugendamt selbst verwehrt (dazu *Röchling*, LPK-SGB VIII, § 42 Rn. 127); dieses hat aber die Möglichkeit, Beamte des polizeilichen Vollzugsdienstes einzuschalten (§ 42 Abs. 6 SGB VIII), die nach Maßgabe der landesrechtlichen Polizeigesetze (Gefahrenabwehrgesetze) tätig werden. Auch wenn man berücksichtigt, dass die Jugendliche bereits 17 Jahre alt ist und demnächst volljährig wird, erscheint die Maßnahme nicht unverhältnismäßig, jedenfalls dann nicht, wenn eine freiwillige Herausgabe oder Rückkehr der Jugendlichen scheitert. Der Einsatz staatlichen Zwangs dürfte auch unter dem Gesichtspunkt strafrechtlichen Jugendschutzes zur Verhinderung einer Straftat gem. § 180 Abs. 2 oder § 180 a Abs. 2 Nr. 1 StGB gerechtfertigt sein, da die Gefahr besteht, dass die Jugendliche auf Veranlassung des Zuhälters in dessen Wohnung der Prostitution nachgeht oder demnächst nachgehen soll. Fraglich ist aber, ob eine Gewaltanwendung *gegenüber der Jugendlichen* zulässig ist, um sie aus der Wohnung zu entfernen. Nach bürgerlichem Recht ist *streitig*, ob Beschlüsse des Familiengerichts auf *Herausgabe* des Kindes an den Personensorgeberechtigten gem. § 1632 Abs. 1 BGB auch unter Gewaltanwendung gegenüber *dem Kind* gem. § 88 FamFG vollstreckt werden dürfen (vgl. *Palandt* BGB § 1632 Rn. 16). Hier ist die Legitimation für eine Gewaltanwendung gegen eine Jugendliche, die gegen die Herausgabe Widerstand leistet, jedoch allein aus dem öffentlichen Recht abzuleiten. § 42 SGB VIII und das Polizeirecht dienen der *Gefahrenabwehr*. Unter Umständen muss hier der aus Art. 1 und 2 Abs. 1 GG abgeleitete Grundsatz der Menschenwürde und des Selbstbestimmungsrechts, der jedenfalls im Recht der elterlichen Sorge den Einsatz staatlichen Zwangs gegenüber fast Volljährigen im Einzelfall verbietet, zurücktreten.

Ergebnis: Das Jugendamt hat die 17-jährige Jugendliche aus der Wohnung des Zuhälters zu entfernen und anderweitig bei einer geeigneten Person, in einer Einrichtung oder in einer sonstigen betreuten Wohnform vorläufig unterzubringen, sofern die Personensorgeberechtigten ihrer Pflicht, für das Wohl ihrer Tochter zu sorgen und sie selbst abzuholen, nicht nachkommen. Sofern von Seiten des Zuhälters oder der Jugendlichen selbst Widerstand geleistet wird, darf unmittelbarer Zwang angewandt werden, allerdings nicht durch Fachkräfte des Jugendamts selbst. Vielmehr müsste sich das Jugendamt in einem solchen Fall der Hilfe der Polizei bedienen.

8. Fall: Wie im vorhergehenden Fall besteht hier wegen Gefahr im Verzug die Befugnis des Jugendamts, Stefan aus der Wohnung zu entfernen und vorläufig anderweitig unterzubringen, da die Eltern am Wochenende nicht erreichbar sind. Das Jugendamt hat einen Nacht- und Wochenenddienst zu unterhalten, um jederzeit in Krisenfällen eingreifen zu können, ggf. in Zusammenarbeit mit der Polizei. Gerade der Fall der schweren Kindesmisshandlung am Wochenende erfüllt die Voraussetzungen des § 42 Abs. 1 S. 1 Nr. 2 b SGB VIII, da es hier schwierig sein dürfte, rechtzeitig eine familiengerichtliche Entscheidung (einstweilige Anordnung gem. § 1666 BGB) zu erlangen. Das Jugendamt hat die Personensorgeberechtigten *unverzüglich,* d.h. hier spätestens Montag früh, von der getroffenen Maßnahme zu unterrichten (§ 42 Abs. 3 S. 1 SGB VIII).

9. Fall:

a) Die Besonderheit des Falles liegt darin, dass die Jugendliche sich im Rahmen einer Inobhutnahme nach Sorgerechtsentzug bei einer von den Eltern ausgewählten Pflegestelle befindet (Unterbringung gem. § 42 Abs. 1 SGB VIII durch vorläufige Unterbringung bei einer geeigneten Person – »Bereitschaftspflegestelle«). Nach der Fallgestaltung ist nicht klar, ob 1. das Jugendamt selbst die Initiative ergriffen und Beate untergebracht hat, oder ob 2. *im Nachhinein* eine von Eltern vorgenommene Unterbringung als »Inobhutnahme« deklariert wurde. Letztlich ist dies nicht entscheidend. Auch im zweiten Fall spricht nämlich nichts dagegen, sondern ist es im Gegenteil wünschenswert, die Unterbringung durch Eltern bei Gefahr im Verzuge nicht nur als privatrechtliche Aufenthaltsbestimmung, sondern *öffentlich-rechtlich* als Inobhutnahme nach dem SGB VIII aufzufassen, wenn das Jugendamt anschließend davon erfährt. Der Grund liegt darin, dass eine dringende Gefahr für das Wohl des Kindes die Inobhutnahme erforderte (§ 42 Abs. 1 S. 1 Nr. 2 SGB VIII), und nur so die Überprüfung der Pflegestelle gem. § 44 Abs. 3 SGB VIII und die Bereitstellung des notwendigen Unterhalts durch Zahlung von Pflegegeld gem. § 42 Abs. 2 S. 3 SGB VIII gesichert sind. Hätte die Überprüfung der Pflegeperson in diesem Fall ergeben, dass diese den Eignungskriterien des Jugendamts für eine Bereitschaftspflegestelle nicht genügte, hätte die Maßnahme eingestellt werden müssen. Das hätte bedeutet, dass der Pflegeperson kein Pflegegeld vom Jugendamt gezahlt würde (dazu unten c). In einem solchen Fall verbleibt das Kind oder der Jugendliche bei der Pflegeperson, es sei denn, dass infolge einer Gefährdung eine Herausnahme erfolgen müsste.

b) Nunmehr lehnt das Jugendamt den Wunsch der Eltern ab, das Kind bei derselben Pflegeperson im Rahmen einer *Vollzeitpflege* gem. §§ 27, 33 SGB VIII unterzubringen. Das Jugendamt unterscheidet zu Recht deutlich zwischen der »anderen Aufgabe« Inobhutnahme und der »Leistung« Hilfe zur Erziehung. Die Auffassung des Jugendamts, die Pflegefamilie eigne sich für die vorübergehende Notaufnahme, nicht jedoch für ein Pflegekindverhältnis (Vollzeitpflege) auf Dauer, mag hier zutreffend sein.

Bei dem Verfahren der Inobhutnahme, die in eine weitergehende Maßnahme, z.B. Hilfe zur Erziehung münden soll, stellt sich in der Praxis stets auch die Frage der *Dauer der Inobhutnahme*, die gesetzlich nicht geregelt ist und in der Praxis höchst unterschiedlich beantwortet wird. Sie kann ca. zwei Tage bis drei Monate dauern. Da zum Verfahren der Inobhutnahme gehört, die Eltern von der Maßnahme zu benachrichtigen und das weitere Vorgehen mit ihnen zu besprechen (sogenannte »Clearingphase«), sollte im Regelfall rasch (innerhalb von 1–2 Tagen) geklärt sein, ob ein Kind oder ein Jugendlicher entweder umgehend nach Hause entlassen werden kann oder ob seitens der Eltern weitergehende Anträge auf erzieherische Hilfen gestellt werden müssen (§ 42 Abs. 3 S. 4 SGB VIII). Auch ein laufendes Verfahren vor dem Familiengericht kann dazu führen, dass die Inobhutnahme andauert. Sofern die Inobhutnahme »nahtlos« in eine Hilfe zur Erziehung übergehen soll, kommt eine »vorläufige« HzE ab Antragstellung der Personensorgeberechtigten in Betracht. Sämtliche Formalien, Hilfeplan etc. können nachgeholt werden. Unterschiedlich wird in der Praxis die Rechtsnatur der oben erwähnten »Clearingphase« gesehen. Teilweise wird sie der Inobhutnahme zugerechnet, teilweise als Bestandteil der Leistung (HzE) betrachtet. Nach der Neuregelung durch das KICK dauert die Inobhutnahme bis zu einer Entscheidung des Jugendamtes über die Gewährung der HzE (§ 42 Abs. 4 Nr. 2 SGB VIII), was Auswirkungen auf die Kostenerstattung nach § 89 b Abs. 1 SGB VIII hat.

c) Nach Überprüfung hat das Jugendamt einer »geeigneten« Pflegeperson i.S. § 42 Abs. 1 S. 2 SGB VIII ein *Pflegegeld* zu zahlen, um den notwendigen Unterhalt eines Kindes oder Jugendlichen in der Bereitschaftspflegestelle sicherzustellen.

10. Fall: Wie bereits oben in Fall 3 ausgeführt, ist für die Inobhutnahme gem. § 87 SGB VIII das Jugendamt örtlich zuständig, in dessen Bereich sich das Kind oder der Jugendliche vor Beginn der Maßnahme tatsächlich aufhält; das ist hier Braunschweig. Das Jugendamt Braunschweig muss somit tätig werden und eine Inobhutnahme veranlassen; es wäre fehlerhaft, die Mutter in dieser Lage darauf zu verweisen, zum 30 km entfernten Jugendamt in Helmstedt zu fahren und dort mit dem Kind vorstellig zu werden. Für die Einschätzung der Gefahrenlage gem. § 42 Abs. 1 SGB VIII gilt das von *Röchling* (LPK-SGB VIII, § 42 Rn. 113) Ausgeführte sinngemäß. So relativiert das Gesetz letztlich die Bedeutung der Fakten auf *konkrete Anhaltspunkte für Kindeswohlgefährdungen* (§ 8a Abs. 1 SGB VIII), mit anderen Worten: Die Umstände müssen die Schlussfolgerung auf eine Kindeswohlgefährdung nahelegen. Ein *Nachweis* für Tatsachen in Bezug auf die Kindeswohlgefährdung selbst ist für ein Eingreifen des Jugendamts mithin nicht erforderlich. Das bedeutet hier: Die Erklärung der Mutter, das Kind müsse sofort in einer Pflegestelle untergebracht werden, »sonst passiert was«, verbunden mit der Einschätzung des Sachbearbeiters, dass in der Tat eine Gefahrenlage für das Kind bestehe, reicht aus, um eine *Verpflichtung* des Jugendamts zum Eingreifen gem. § 42 SGB VIII i.V.m. § 8a Abs. 1 SGB VIII anzunehmen.

Ergebnis: Das gem. § 87 SGB VIII örtlich zuständige Jugendamt Braunschweig hat das Kind gem. § 42 Abs. 1 S. 1 Nr. 2 SGB VIII wegen einer durch die Äußerung der Mutter glaubhaft gemachten »dringenden Gefahr« in Obhut zu nehmen und in einer Bereitschaftspflegestelle (sofern vorhanden, sonst in einer geeigneten Einrichtung) vorläufig unterzubringen.

ÜBUNGSBLATT 10

SGB VIII, Kapitel 3: Andere Aufgaben

Der dritte Abschnitt des Kapitels beschäftigt sich mit der **Mitwirkung in gerichtlichen Verfahren (§§ 50–52 SGB VIII).**

Literaturhinweise:
Kunkel, Jugendhilferecht, Kap. 3.2.3
Münder/Wiesner/Meysen, Handbuch, Kap. 3.11, 3.12

Einführung

Die *Mitwirkung* des Jugendamts in Verfahren *der Familiengerichte* (§ 50 SGB VIII), ferner seine Tätigkeit bei der *Beratung und Belehrung in Verfahren zur Annahme als Kind* (§ 51 SGB VIIII) sowie in *jugendgerichtlichen Verfahren* (§ 52 SGB VIII) gehört zu den *anderen Aufgaben der Jugendhilfe (vgl. § 2 SGB VIII).*

1. Mitwirkung des Jugendamts in Verfahren der Familiengerichte gem. § 50 SGB VIII

Das Jugendamt *unterstützt* das *Familiengericht* bei allen Maßnahmen der elterlichen Sorge (§ 50 Abs. 1 S. 1 SGB VIII). In Kindschafts-, Abstammungs-, Adoptions-, Ehewohnungs- und Gewaltschutzsachen hat es mitzuwirken (§ 50 Abs. 1 S. 2 SGB VIII).
Von der Mitwirkung in gerichtlichen Verfahren als anderer Aufgabe der Jugendhilfe sind *Leistungen* der Scheidungs- und Trennungsberatung gem. § 17 SGB VIII zu unterscheiden. Der Berechtigte kann sich für oder gegen d*ie Leistung »Beratung« entscheiden, die andere Aufgabe »Mitwirkung im Gerichtsverfahren« muss von ihm hingenommen werden* – auch wenn ohne seine faktische Mitwirkung die Aufgabe in der Praxis nur eingeschränkt wahrgenommen werden kann. Streitig ist, welchen Inhalt die *gutachtliche Stellungnahme* des Jugendamts in Kindschaftssachen haben sollte: Ist die Mitwirkung in gerichtlichen Verfahren auf die *»Unterrichtung des Gerichts nach § 50 Abs. 2 SGB VIII über angebotene und erbrachte Leistungen und andere Hilfemöglichkeiten«* beschränkt, oder erstreckt sie sich auch darauf, die Entscheidungsfindung des Gerichts durch die *fachliche Wertungskompetenz* des Jugendamts zu unterstützen? Denkbar ist ferner, dass im konkreten Fall eine zwischen den Eltern im Rahmen der Beratung durch das Jugendamt getroffene Vereinbarung zur Grundlage einer gerichtlichen Entscheidung gemacht wird.

2. Beratung und Belehrung in Verfahren zur Annahme als Kind gem. § 51 SGB VIII

Das Jugendamt berät und belehrt Eltern in Adoptionsverfahren. Ausdrücklich verpflichtet ist das Jugendamt gem. § 51 Abs. 1 SGB VIII zur Beratung eines Elternteils, dessen Einwilligung in die Adoption nach § 1748 Abs. 1, Abs. 2 S. 1 BGB wegen Gleichgültigkeit ersetzt werden soll, und des Vaters eines Kindes, der nie zur elterlichen Sorge für das Kind berechtigte und verpflichtet war, in allen Adoptionsangelegenheiten.

3. Mitwirkung in Verfahren nach dem Jugendgerichtsgesetz gem. § 52 SGB VIII

Das Jugendamt *unterstützt* gem. § 52 SGB VIII das Jugendstrafgericht in allen Verfahren nach dem Jugendgerichtsgesetz. Neben der Begleitung des Jugendlichen im Verfahren und der Abgabe einer gutachtlichen Stellungnahme im Verfahren hat das Jugendamt zu prüfen, ob für den Jugendlichen oder den jungen Volljährigen Leistungen der Jugendhilfe in Betracht kommen.

Fragen, Aufgaben und Fälle

1. Anhörung durch das Familiengericht

In welchen Fällen hat das Familiengericht das Jugendamt vor seiner Entscheidung anzuhören? Wann ist eine Anhörung entbehrlich (vgl. beispielsweise §§ 162 Abs. 3, 176, 194 FamFG)?

2. Stellungnahme des Jugendamts – Trennung des Kindes von der Familie gem. §§ 1666, 1666 a BGB

Welche Angaben gehören in eine Stellungnahme des Jugendamts, wenn bei einer Gefährdung des Kindeswohls eine Trennung des Kindes von der Familie erfolgen soll?

3. Bereich Adoption und Adoptionsvermittlung

Welche Aufgaben des Jugendamts sind im SGB VIII geregelt (§§ 2 Abs. 3 Nr. 7, 51 SGB VIII), welche im Adoptionsvermittlungsgesetz?

4. Beschreiben Sie die Aufgaben der **Jugendgerichtshilfe** gem. §§ 52 SGB VIII, 38 JGG.

5. Der 18jährige Erik wird gefragt, ob er in dem gegen ihn laufenden Jugendstrafverfahren einen Strafverteidiger haben wolle. Erik verneint dies, da er annimmt, die Jugendgerichtshilfe sei zu seiner Verteidigung aufgerufen. Stimmt das?

Lösungen zu Übungsblatt 10

SGB VIII, Kapitel 3: Mitwirkung in gerichtlichen Verfahren (§§ 50 – 52 SGB VIII)

1. Die *Anhörung des Jugendamts* vor einer Entscheidung des *Familiengerichts* in Kindschaftssachen ist in § 162 FamFG geregelt. In Kindschaftssachen hat das Familiengericht das Jugendamt anzuhören. Nur bei Gefahr im Verzug kann auf eine Anhörung verzichtet werden, die dann jedoch unverzüglich nachzuholen ist.
In Abstammungssachen soll das Familiengericht das Jugendamt anhören, wenn es bei einer Vaterschaftsanfechtung auf das Bestehen einer sozial-familiären Beziehung zwischen dem Kind und einem Mann ankommt. Im Übrigen kann das Gericht das Jugendamt anhören, § 176 Abs. 1 FamFG.
In Adoptionssachen hat das Familiengericht das Jugendamt anzuhören, sofern das Jugendamt nicht bereits eine fachliche Äußerung als Adoptionsvermittlungsstelle angegeben hat, § 195 Abs. 1 FamFG.
Die Anhörung erfolgt vielfach durch das Einholen einer gutachtlichen Stellungnahme.
Das Jugendamt unterstützt auch durch das Erteilen von Auskünften, das Begutachten von Familienverhältnissen usw. und hilft somit in der Praxis vielfach dem Familiengericht bei der ihm obliegende Aufgabe der Sachverhaltsermittlung von Amts wegen (§ 26 FamFG). Ein Familiengericht kann vom Jugendamt als eigenständiger Fachbehörde jedoch nicht bestimmte Ermittlungen oder eine bestimmte Art der Durchführung von Ermittlungen fordern. Das Familiengericht bleibt zudem – auch wenn es Einschätzungen des Jugendamts übernimmt – für die Feststellungen in der gerichtlichen Entscheidung verantwortlich.
Bei *Gefahr im Verzug* kann das *Gericht einstweilige Anordnungen* (Eilentscheidungen) treffen. Eine einstweilige Anordnung in einer Angelegenheit geht in der Regel auf eine Anregung des Jugendamts zurück – beispielsweise in Fällen, in denen die Fachkräfte im Jugendamt der Ansicht sind, dass das Kind sofort von seinen Eltern getrennt werden muss.

2. Muss bei einer *Gefährdung des Kindeswohls* eine *Trennung* des Kindes von der Familie gegen den Willen der Eltern erfolgen, so hat das Jugendamt in seiner Stellungnahme zur Entscheidung des Familiengerichts gem. §§ 1666, 1666 a BGB, unter anderem darzulegen, dass *ambulante öffentliche Hilfen* (z.B. Erziehungsberatung, sozialpädagogische Familienhilfe etc.) zwar angeboten, aber von den Personensorgeberechtigten ausgeschlagen wurden oder aber in dieser Notlage nicht die geeigneten Mittel darstellen (denkbar z.B. bei sexuellem Missbrauch des Kindes in der Familie). Das Jugendamt sollte sich auch dazu äußern, welche Bestandteile der elterlichen Sorge entzogen werden sollten, da ein *Entzug der gesamten Personensorge* gem. §§ 1666, 1666 a BGB in vielen Fällen nicht erforderlich und damit unverhältnismäßig ist. So reicht für eine Unterbringung des Kindes in einer Pflegefamilie in der Regel aus, wenn den Eltern das *Aufenthaltsbestimmungsrechts* und das Recht, Hilfen zur Erziehung zu beantragen, sowie die Gesundheitssorge entzogen wird.

3. *Aufgaben des Jugendamts bei Adoption:* In § 2 Abs. 3 Nr. 7 SGB VIII findet sich als »andere Aufgabe« die »*Beratung und Belehrung in Verfahren zur Annahme als Kind*«. § 51 Abs. 1 SGB VIII regelt die Möglichkeit, *Elternteile* über die *Ersetzung der Einwilligung* in die Annahme zu belehren, in Abs. 2 geht es um Hilfen des Jugendamts, die das Verbleiben des Kindes in der eigenen Familie ermöglichen könnten. Abs. 3 der Vorschrift betrifft Beratungspflichten gegenüber einem *Vater,* der nicht zur elterlichen Sorge für das Kind berechtigt und verpflichtet ist. Dieser ist über seine Rechte gem. § 1747 Abs. 1 BGB zu belehren, das heißt über sein Recht, die Einwilligung in die Adoption seines Kindes zu erteilen (oder diese zu verweigern und damit die Adoption zu verhindern) und über die Möglichkeit, auf die Übertragung der alleinigen elterlichen Sorge gem. § 1672 Abs. 1 BGB zugunsten der Adoptivbewerber zu verzichten.
Das *Gesetz über die Vermittlung der Annahme als Kind und über das Verbot der Vermittlung von Ersatzmüttern (*Adoptionsvermittlungsgesetz – AdVermiG) regelt die Aufgaben des Jugendamts im Rahmen der inländischen und internationalen Adoptionsvermittlung, insbesondere die Vorbereitung der Vermittlung – inklusive der allgemeinen Eignungsprüfung – (§ 7 AdVermiG) und die Adoptionsbegleitung (§ 9 AdVermiG). Gem. §§ 2, 2a AdVermiG ist die inländische und die internationale *Adoptionsvermittlung* Aufgabe des Jugendamtes und des Landesjugendamtes.

4. *Jugendgerichtshilfe:* § 52 SGB VIII stellt die Verbindung von Jugendhilfe und Jugendstrafrecht her, indem die Mitwirkung des Jugendamts in Verfahren nach dem Jugendgerichtsgesetz vorgeschrieben wird. Die Mitwirkung in Jugendstrafverfahren ist gem. § 2 Abs. 3 Nr. 8 SGB VIII ebenfalls eine *andere Aufgabe.* Inhalt und Umfang der Mitwirkung richten sich nach §§ 38, 50 Abs. 2 S. 2 JGG: Die Jugendgerichtshilfe hat die Pflicht, das Jugendgericht (und den Jugendlichen oder Heranwachsenden selbst) in einem Jugendstrafverfahren durch *Ermittlungshilfe, Sanktionsvorschlag, Sanktionsüberwachung und Betreuung* auch während des Vollzugs von Maßnahmen zu unterstützen. In der Hauptverhandlung äußert sich die Jugendgerichtshilfe beispielsweise zu der Frage der strafrechtlichen Verantwortlichkeit eines Jugendlichen gem. § 3 JGG bzw. zur Anwendung von Jugendstrafrecht oder allgemeinen Strafrechts (Erwachsenenstrafrechts) auf Heranwachsende zwischen 18 und 21 Jahren, § 105 JGG. Die Jugendgerichtshilfe hat auch zu überprüfen, ob Jugendhilfeleistungen bei jungen Straftätern in Betracht kommen. Sie hat den Staatsanwaltschaft oder den Richter von diesen Leistungen zu unterrichten, damit ggf. gem. §§ 45, 47 JGG von einer (weiteren) Strafverfolgung abgesehen werden kann (Diversion, § 52 Abs. 2 SGB VIII).

5. Der Heranwachsende irrt. Die Aufgabe der Jugendgerichtshilfe besteht nicht darin, *parteilich* im Jugendstrafverfahren wie ein Verteidiger zugunsten des jungen Straftäters tätig zu werden. Bereits die Aufgaben des Jugendgerichtshelfers – Ermittlungshilfe, Überwachungstätigkeit, Haftentscheidungshilfe, Betreuungstätigkeit

– sind vielmehr Ausdruck der Rechtsstellung der Jugendgerichtshilfe als unabhängige Verfahrensbeteiligte in Jugendstrafverfahren.

ÜBUNGSBLATT 11

SGB VIII, Kapitel 3: 4. und 5. Abschnitt

Im 4. Abschnitt geht es um die **Beistandschaft, Pflegschaft und Vormundschaft für Kinder und Jugendliche** sowie um die **»Auskunft über die Nichtabgabe von Sorgeerklärungen« (§§ 52 a–58a SGB VIII).**

Literaturhinweise:
Kunkel, Jugendhilferecht, Kap. 3.2.4, 3.2.6
Münder/Wiesner/Meysen, Handbuch, Kap. 3.10, 3.14

Einführung

Die Voraussetzungen für das Entstehen einer *Beistandschaft, Pflegschaft oder Vormundschaft für Minderjährige* ergeben sich aus dem BGB. Eine Vormundschaft kann kraft Gesetzes oder durch richterliche Anordnung und Bestellung entstehen. Eine Pflegschaft entsteht immer durch richterliche Anordnung und Bestellung, eine Beistandschaft auf Antrag (§ 1712 BGB).
Kraft Gesetzes wird das Jugendamt Vormund des Kindes einer (ledigen) Kindesmutter, die bei der Geburt ihres Kindes noch minderjährig und daher nur *beschränkt geschäftsfähig* ist (§§ 1673 Abs. 2, 1678, 1791c BGB), sofern nicht vorgeburtlich ein Vormund bestellt wurde, sowie in den Fällen, in denen die sorgeberechtigten Eltern eines Kindes in dessen *Adoption* eingewilligt haben (§ 1751 Abs. 1 S. 2 BGB). Durch richterliche Anordnung und Bestellung erhält ein Minderjähriger einen Vormund oder Pfleger, wenn er nicht unter elterlicher Sorge steht oder die Eltern zumindest teilweise nicht zur Vertretung des Minderjährigen befugt sind (§ 1773 BGB).
Vormundschaft und Pflegschaft unterscheiden sich durch den Umfang der Vertretungsbefugnis. Während der *Vormund (ein Einzelvormund, ein Verein oder das Jugendamt als Amtsvormund, §§ 1776ff., 1779, 1791b BGB) sämtliche* Aufgaben der elterlichen Sorge für den Minderjährigen wahrzunehmen hat, hat der *Pfleger (ein Einzelpfleger, ein Verein bzw. das Jugendamt als Amtspfleger)* nur einen bestimmten, fest umrissenen Aufgabenbereich wahrzunehmen. So kann den Eltern durch das Familiengericht die Befugnis zur Bestimmung des Aufenthalts des Kindes und zur Beantragung von Hilfen zur Erziehung durch das Familiengericht entzogen (§ 1666 BGB), insoweit eine Pflegschaft angeordnet (§ 1697 BGB) sowie dann durch das Familiengericht ein Pfleger ausgewählt und bestellt (§§ 1789, 1791b BGB) werden. Die Sorge der Eltern erstreckt sich nicht auf die Angelegenheiten, für die ein Pfleger bestellt wurde (§ 1630 Abs. 1 BGB). Bei einer Vormundschaft haben die Eltern gar keine Befugnisse zur elterlichen Sorge. Ihnen verbleibt allein ihr Umgangsrecht (§ 1684 BGB).
Durch das Beistandschaftsgesetz wurde 1998 die freiwillige Beistandschaft des Jugendamts auf schriftlichen Antrag eines Elternteils zur Feststellung der Vaterschaft

und/oder Geltendmachung von Unterhaltsansprüchen eingeführt (§§ 1712–1717 BGB). Andere Aufgaben kann ein Beistand nicht haben. Die freiwillige Beistandschaft ersetzte die kraft Gesetzes eintretende Amtspflegschaft des Jugendamts für die genannten Aufgaben. Das Bestehen einer Beistandschaft hat grundsätzlich keine Auswirkungen auf die Befugnis eines Elternteils zur elterlichen Sorge. Nur in gerichtlichen Verfahren, in denen der Minderjährige durch einen Beistand vertreten wird, ist die Vertretung durch den sorgeberechtigten Elternteil ausgeschlossen (§§ 173, 234 FamFG).
Nach § 55 Abs. 2 SGB VIII überträgt das Jugendamt als Amtsvormund, Amtspfleger oder Beistand die Ausübung dieser Aufgaben auf eine einzelne Fachkraft. Bezogen auf Vormundschaften und Pflegschaften trifft das Gesetz ergänzende Regelungen: Vor der Übertragung ist das Kind oder der Jugendliche zur Auswahl der Fachkraft mündlich anzuhören, soweit dies nach Alter und Entwicklungsstand des Kindes oder Jugendlichen möglich ist, § 55 Abs. 2 S. 2 SGB VIII. Um eine persönlichen Kontakt zwischen der Fachkraft und dem Kind oder Jugendlichen zu garantieren, legt § 55 Abs. 2 S. 4 SGB VIII zudem fest, dass eine vollzeitbeschäftige Fachkraft höchstens 50 und bei gleichzeitiger Wahrnehmung anderer Aufgaben entsprechend weniger Vormundschaften oder Pflegschaften führen soll.
In der Praxis werden Vormundschaften und Pflegschaften überwiegend durch das Jugendamt und nicht durch ehrenamtliche oder professionelle Einzelvormünder bzw. -pfleger oder Vereine (§ 1791a BGB, § 54 SGB VIII) geführt. Für eine Amtsvormund- bzw. Amtspflegschaft oder eine Beistandschaft gelten grundsätzlich ebenfalls die Regelungen des BGB, § 56 Abs. 1 SGB VIII.

Fragen, Aufgaben und Fälle

1. Dem allein sorgeberechtigten Vater ist das Aufenthaltsbestimmungsrecht vom Familiengericht gem. §§ 1666, 1666a BGB entzogen worden. Ist das Jugendamt kraft Gesetzes Vormund oder ist eine Vormund- bzw. Pflegschaft anzuordnen und ein Vormund oder Pfleger auszuwählen und zu bestellen?

2. Beide Eltern des minderjährigen Kindes sind bei einem Verkehrsunfall ums Leben gekommen. Ist das Jugendamt kraft Gesetzes Vormund oder ist ein Vormund- bzw. Pflegschaft anzuordnen und ein Vormund oder Pfleger auszuwählen und zu bestellen?

3. Die 10jährige Marion, deren Eltern nicht verheiratet sind, befindet sich in Adoptivpflege bei dem Ehepaar Körber. Marions Mutter hat bereits gem. § 1747 Abs. 1 BGB in die Adoption eingewilligt. Es ist bekannt, welcher Mann Marions Vater ist. Die Vaterschaft dieses Mannes wurde jedoch nicht gerichtlich festgestellt. Welche Folgen hat die Einwilligung der Mutter von Marion in die Adoption von Marion durch das Ehepaar Körber auf ihre Rechte und Pflichten aus der elterlichen Sorge?

4. Herr Fuchs hat seine Vaterschaft für Klaus erfolgreich durch Klage gegen Klaus vor dem Familiengericht angefochten (§§ 1600 ff. BGB). Das Gericht hat durch Urteil festgestellt, dass Klaus nicht das Kind von Herrn Fuchs ist. Wer betreibt nun die Vaterschaftsfeststellung gegen den vermutlichen Vater von Klaus, Herrn Blüm,

a) wenn das Jugendamt durch einen Antrag der Mutter von Klaus Beistand von Klaus für die Vaterschaftsfeststellung geworden ist?

b) wenn die Mutter von Klaus keinen Antrag auf Beistandschaft stellt?

5. Nach den Regelungen im BGB ist vorrangig ein ehrenamtlicher Einzelvormund oder Einzelpfleger zum Vertreter des Kindes zu bestellen. Durch welche Vorschriften im SGB VIII wird das Jugendamt verpflichtet, diese Zielsetzung zu unterstützen?

6. Beim Vorliegen welcher Voraussetzungen tritt eine Beistandschaft des Jugendamts gem. §§ 1712–1717 BGB ein?

7. Welche Voraussetzungen müssen gegeben sein, damit ein Anspruch auf Beratung und Unterstützung bei der Vaterschaftsfeststellung und der Geltendmachung von Unterhaltsansprüchen nach § 52a SGB VIII besteht. Inwieweit unterscheiden sich Leistungen nach § 52a SGB VIII von den Möglichkeiten im Rahmen einer Beistandschaft?

8. Die Mutter von Katrin lebt zusammen mit Katrin in Wolfsburg, der Vater von Katrin wohnt ebenfalls in Wolfsburg, arbeitet jedoch in Braunschweig. Die Eltern sind nicht miteinander verheiratet. Der Vater möchte die Vaterschaft für Katrin vor dem Jugendamt in Braunschweig anerkennen. Ist das möglich?

9. Ist die Urkundsperson beim Jugendamt befugt, eine Sorgeerklärung gem. § 1626a Abs. 1 Nr. 1 BGB zu beurkunden? Was ist unter einer »Beurkundung« zu verstehen?

Lösungen zu Übungsblatt 11

Jugendamt als Beistand, Pfleger oder Vormund und weitere Aufgaben, §§ 52 a ff.

1. Das *Familiengericht* kann nach dem Entzug von Teilen der elterlichen Sorge nach §§ 1666, 1666a BGB – beispielsweise des Rechts zur Bestimmung des Aufenthalts – einen *Pfleger* mit einem entsprechenden Wirkungskreis auswählen, um eine Vertretung des Kindes zu ermöglichen. Die Bestellung des Pflegers gem. § 1789 BGB sowie dessen Beratung und Beaufsichtigung obliegen dem *Familiengericht.* Diese Aufgaben werden nicht durch den Richter, sondern durch den Rechtspfleger wahrgenommen.
Die elterliche Sorge erstreckt sich nicht auf Angelegenheiten, für die ein Pfleger bestellt wurde, § 1630 Abs. 1 BGB. Somit ist der Pfleger im Beispielsfall zur Bestimmung des Aufenthalts befugt. Alle übrigen Bestandteile der elterlichen Sorge verbleiben bei dem sorgeberechtigten Elternteil. Es wird daher von einer *Ergänzungspflegschaft* gesprochen (§ 1909 BGB).
Auch das Jugendamt kann zum Pfleger bestellt werden (vgl. § 1791b BGB). Auch § 55 Abs. 1 SGB VIII hält das Führen von Vormund- und Pflegschaften als Aufgabe der öffentlichen Träger der Jugendhilfe ausdrücklich fest. Nach der Bestellung des Jugendamts wird die Ausübung der Aufgaben einem einzelnen Beamten oder Angestellten übertragen (vgl. § 55 Abs. 2 SGB VIII). Im Rahmen der Übertragung ist der Beamte oder Angestellte gesetzlicher Vertreter des Kindes. Für die Fachkraft gelten zahlreiche Sonderregelungen – etwa im Hinblick auf den Datenschutz (vgl. § 68 SGB VIII). Auch die Weisungsbefugnisse des Dienstherrn sind stark eingeschränkt.

2. Das Kind steht nach dem Tode beider Eltern nicht mehr unter elterlicher Sorge. Es bedarf daher eines Vormunds, § 1773 Abs. 1 BGB. Zuständig für die *Anordnung* der Vormundschaft, § 1774 BGB, die Auswahl des Vormunds, § 1779 BGB, und dessen Bestellung, § 1789 FamFG, ist das Familiengericht. Ist ein geeigneter ehrenamtlicher Einzelvormund nicht vorhanden, kann auch das Jugendamt zum Vormund bestellt werden, § 55 Abs. 1 SGB VIII, § 1791b BGB.

3. Mit der Einwilligung der Mutter von Marion in die Adoption *ruht* deren elterliche Sorge, § 1751 Abs. 1 S. 1 BGB. Damit verliert sie die Befugnis zur Ausübung ihrer alleinigen elterlichen Sorge, §§ 1626a Abs. 2, 1675 BGB. Die gem. § 1747 Abs. 1 BGB erforderliche Einwilligung des Vaters von Marion kann wirksam bereits *während eines laufenden Verfahrens auf Feststellung der Vaterschaft* erteilt werden, also bevor der Mann rechtlicher Vater von Marion wird Unabhängig vom Erteilen einer Einwilligung des Vaters von Marion tritt gem. § 1751 Abs. 1 S. 2 BGB *gesetzlichen Vormundschaft des Jugendamts* ein, da der Vater von Marion derzeit nicht zur elterlichen Sorge berechtigt ist. Durch die kraft Gesetzes eintretende Amtsvormundschaft wird gewährleistet, dass die Personensorge, Vermögenssorge und gesetzliche Vertretung des Kindes bis zum Abschluss des Adoptionsverfahrens gesichert sind (zu den Aufgaben des Vormundes vgl. § 1793 BGB).

4. a) In seiner Eigenschaft als *Beistand* des Kindes hat das Jugendamt gem. § 1712 Abs. 1 Nr. 2 BGB die Aufgabe, die *Feststellung der Vaterschaft* zu betreiben. Die Führung der Beistandschaft liegt beim Jugendamt (§ 55 SGB VIII). Obwohl die Beistandschaft gem. § 1716 Abs. 1 BGB die elterliche Sorge nicht einschränkt, ist es der Mutter verwehrt, ihr Kind in einem gerichtlichen Verfahren zu vertreten, in dem das Jugendamt das Kind vertritt (§ 173 FamFG). Die Mutter kann jedoch jederzeit durch schriftliche Erklärung die Beistandschaft beenden, § 1715 Abs. 1 BGB.

b) Im Zeitpunkt der rechtskräftigen Feststellung, dass Herr Fuchs nicht Vater von Klaus ist (§ 1599 Abs. 1 BGB), wird die Mutter von Klaus allein zur elterlichen Sorge berechtigt. Wenn das Jugendamt nicht auf ihren Antrag hin Beistand von Klaus wird, hat sie selbst die Vaterschaftsfeststellung gegen Herrn Blüm zu betreiben und gegebenenfalls Klaus in einem gerichtlichen Verfahren auf Feststellung der Vaterschaft gegen Herrn Blüm zu vertreten. Betreibt sie die Vaterschaftsfeststellung nicht, bleibt Klaus im Rechtssinne zumindest solange „vaterlos" bis er sich als Volljähriger selbst für oder gegen eine Vaterschaftsfeststellungklage entscheidet.

5. Nach § 53 Abs. 1 SGB VIII hat das Jugendamt dem Familiengericht Personen und Vereine vorzuschlagen, die sich im Einzelfall zum Pfleger oder Vormund eignen. Zudem hat es Pfleger und Vormünder zu beraten und zu unterstützen (§ 53 Abs. 2 SGB VIII). In der Regel jährlich ist zu prüfen, ob im Interesse des Kindes oder des Jugendlichen eine Entlassung des Jugendamts als Amtspfleger oder Amtsvormund und die Bestellung einer Einzelperson oder eines Vereins möglich ist (§ 56 Abs. 4 SGB VIII).

6. Eine Beistandschaft entsteht aufgrund eines *schriftlichen Antrags eines insoweit allein sorgeberechtigten Elternteils*, § 1712 Abs. 1 BGB. Aufgabe eines Beistands kann allein die Vaterschaftsfeststellung und/oder das Geltendmachen von Unterhaltsansprüchen des Kindes sein. Die Aufgaben im konkreten Fall bestimmen sich nach dem Antrag des sorgeberechtigten Elternteils. Trotz Bestehens gemeinsamer elterlicher Sorge kann auch der Elternteil, bei dem das Kind lebt, eine Unterhaltsbeistandschaft beantragen.
Der Antrag ist beim *Jugendamt* zu stellen; er kann bereits *vor der Geburt des Kindes* gestellt werden, § 1713 Abs. 1 BGB. Die Beistandschaft tritt ein, sobald der Antrag dem Jugendamt *zugeht*. Auch die *minderjährige* nicht verheiratete Mutter kann bereits vor der Geburt einen solchen Antrag stellen, § 1713 Abs. 2 BGB. In diesem Fall *endet die Beistandschaft*, wenn mit der Geburt des Kindes die gesetzliche Amtsvormundschaft des Jugendamts gem. § 1791c BGB eintritt. Im Übrigen endet die Beistandschaft, wenn der Antragsteller dies schriftlich verlangt (vgl. zu Einzelheiten §§ 1712–1715 BGB).

7. Nach § 52a SGB VIII (vgl. zu Einzelheiten diese Regelung) hat das Jugendamt einer Mutter nach der Geburt ihres Kindes, sofern sie mit dem Vater des Kindes nicht verheiratet ist, Beratung und Unterstützung insbesondere bei der Vaterschaftsfeststellung und bei der Geltendmachung von Unterhaltsansprüchen anzubieten. In der Regel erfährt das Jugendamt durch das Standesamt von entsprechenden Fällen, da das Standesamt nach § 52a Abs. 4 i.V.m. § 68 Abs. 1 PStG i.V.m. § 57 PStV verpflichtet ist, die Geburt eines Kindes, dessen Eltern nicht miteinander verheiratet sind, unverzüglich dem JA anzuzeigen. Meist erfolgt zunächst eine schriftliche Kontaktaufnahme durch das Jugendamt. Der Mutter ist ein persönliches Gespräch anzubieten. Sie ist ausdrücklich auf die Möglichkeiten zur Beantragung einer Beistandschaft hinzuweisen.
Beratung und Unterstützung kann auch vor der Geburt des Kindes erfolgen, wenn anzunehmen ist, dass Vater und Mutter des Kindes nach der Geburt nicht verheiratet sein werden.
Von der Beistandschaft nach dem §§ 1712 ff. BGB unterscheidet sich die Beratung und Unterstützung nach § 52a SGB VIII (»kleine Beistandschaft«) insbesondere dadurch, dass eine rechtliche – insbesondere auch eine gerichtliche Vertretung des Kindes – nicht möglich ist.

Beurkundung, vollstreckbare Urkunden

8. Die Anerkennung der Vaterschaft in öffentlich beurkundeter Form ist gem. § 59 Abs. 1 Nr. 1 SGB VIII vor einer Urkundsperson des Jugendamts möglich. Die örtliche Zuständigkeit ist in § 87e SGB VIII geregelt: Danach ist die Urkundsperson bei *jedem* Jugendamt örtlich zuständig. Ein Vater kann demnach unabhängig von seinem gewöhnlichen Aufenthalt die Erklärung bei jedem Jugendamt – und somit auch vor dem Jugendamt in Braunschweig – abgeben.

9. Bei einer Beurkundung nimmt die Urkundsperson nach einer Belehrung die Erklärung einer Person gegenüber der Urkundsperson als Adressat der Erklärung in einer durch die Urkundsperson zu errichtenden Urkunde auf. Die Niederschrift der Erklärung wird vorgelesen, von dem Erklärenden genehmigt und von allen Beteiligten unterschrieben. Einzelheiten regelt das Beurkundungsgesetz.
Eine Sorgeerklärung bedarf gem. § 1626a Abs. 1 Nr. 1 BGB der öffentlich beurkundeten Form, § 1626d Abs. 1 BGB. Sie kann vor der Urkundsperson des Jugendamts oder vor einer anderen zur Beurkundung befugten Stelle abgegeben werden (§ 59 Abs. 1 Nr. 8 SGB VIII). Von den anderen Stellen wie Notariaten wird anders als durch das Jugendamt jedoch in der Regel ein Kostenbeitrag für ihre Tätigkeit erhoben.

ÜBUNGSBLATT 12

SGB VIII, Kap. 4: Schutz von Sozialdaten

Der »bereichsspezifische« Sozialdatenschutz ist in den **§§ 61–68 SGB VIII** regelt. »Bereichsspezifisch«, weil eine besondere Regelung für den Bereich der Jugendhilfe getroffen wurde.

Einführung

Das Grundrecht auf informationelle (nicht etwa: informelle!) Selbstbestimmung wird vom Bundesverfassungsgericht in seiner Entscheidung aus dem Jahr 1983 (»Volkszählungsurteil«) aus Art. 2 Abs. 1 i.V.m. Art. 1 Abs. 1 Grundgesetz (dem allg. Persönlichkeitsrecht) abgeleitet.
Danach hat jeder Bürger das Recht, selbst darüber zu bestimmen, welche Informationen von sich er preisgeben will. Dies gilt für die Datenerhebung ebenso wie für die Datenspeicherung und die Datenübermittlung. Für jede dieser Phasen des Umgangs mit Daten gilt, dass die Datenverwendung im Einzelfall erforderlich sein muss und grundsätzlich (Ausnahmen müssen gesetzlich geregelt sein) nur dem Zweck dienen darf, zu dem die Daten erhoben worden sind (Zweckbindungsgrundsatz).
Für die *Datenerhebung* gilt, dass der Bürger überblicken können muss, was im Einzelfall mit seinen Daten geschieht. Nur ausnahmsweise ist eine Erhebung personenbezogener Daten ohne oder sogar gegen seinen Willen bei Dritten erlaubt *(§ 62 SGB VIII)*.
Die *Datenübermittlung* ist in *§ 64 SGB VIII* geregelt. Die Daten dürfen nur zu dem Zweck übermittelt werden, zu dem sie rechtmäßig nach § 62 SGB VIII erhoben worden sind. Werden sie zu einem anderen Zweck übermittelt, bedarf es einer Übermittlungsbefugnis. Diese liegt vor bei Einwilligung oder bei gesetzlichen Übermittlungstatbeständen. Die gesetzlichen Übermittlungstatbestände finden sich in den §§ 68–75 SGB X. Die wichtigste Übermittlungsbefugnis gibt § 69 SGB X. Zusätzlich zu beachten ist für diese Übermittlungsbefugnis aber ihre Einschränkung durch § 64 Abs. 2 SGB VIII: danach darf die Übermittlung nicht den Leistungserfolg gefährden. Für alle Fälle der gesetzlichen Übermittlungsbefugnis gem. §§ 68–75 SGB X ergibt sich eine weitere Einschränkung der Übermittlungsbefugnis aus § 65 SGB VIII. Hat sich eine Hilfe suchende Person einer Fachkraft des Jugendamtes im Rahmen einer persönlichen Hilfe (z.B. Beratung oder Hilfe zur Erziehung) anvertraut, bedarf die Weitergabe dieser Daten zusätzlicher Voraussetzungen. Dies sind im Wesentlichen dieselben, die strafrechtliche Rechtfertigungsgründe für eine Offenbarung eines Berufsgeheimnisses nach § 203 Abs. 1 StGB darstellen. Solche sind (1) Einwilligung, (2) besondere gesetzliche Mitteilungspflichten (z.B. die Einschaltung des Familiengerichtes bei Gefährdung des Kindeswohls nach § 8a Abs. 2 SGB VIII) oder die gesetzliche Mitteilungsbefugnis nach § 4 KKG oder (3) rechtfertigender Notstand (§ 34 StGB). Auf diesen besonderen Vertrauensschutz wurde bereits hingewiesen

(*Übungsblatt 10, Einführung*). Dieser besondere Vertrauensschutz soll sicherstellen, dass Erkenntnisse aus der Beratungstätigkeit (z.B. bei der *Leistung* Trennungs-/ Scheidungsberatung gem. § 17 SGB VIII) ohne Einwilligung des Betroffenen nicht bei der *sonstigen Aufgabenerfüllung* (z.B. gutachtliche Stellungnahme zur Sorgerechtsentscheidung des Familiengerichtes gem. § 50 SGB VIII) verwendet werden. Zu Ausnahmen siehe *ebenfalls Übungsblatt 10.*

»Seit es den Datenschutz gibt, weiß bei uns niemand mehr, was er noch darf. Ich habe beschlossen, auch nicht mehr zu wissen, was ich nicht darf« (wie es trefflich in dem empfehlenswerten Krimi *»Selbs Justiz«* von *Schlink/Popp* heißt). Die Schwierigkeiten bei der Anwendung der Datenschutzbestimmungen rühren daher, dass als Basisregelung die §§ 35 SGB I und 67–78 SGB X angewendet werden müssen und als »Jugendhilfe-Additive« die §§ 61–68 SGB VIII hinzukommen. Für die Anwendung des § 65 SGB VIII ist darüber hinaus Kenntnis des § 203 StGB erforderlich. Fehlerhaften Umgang mit Sozialdaten bestraft die »Doppelzange« des § 203 StGB und des § 85a SGB X mit Kriminalstrafe, zumindest aber mit Geldbuße gem. § 85 SGB X. Noch weiter kompliziert wird der Datenschutz dadurch, dass für einzelne Bereiche der Jugendhilfe ein »Hausdatenschutz« gilt. Für die Amtsbeistandschaft/Amtspflegschaft/Amtsvormundschaft gilt nämlich nur § 68 SGB VIII); für die Adoptionsvermittlung gelten SGB I und X sowie das Adoptionsvermittlungsgesetz (vgl. zum Ganzen: *Kunkel, Jugendhilferecht, Übersicht bei Rn. 308*).

Für die *Träger der freien Jugendhilfe* gilt, was ihre Bezeichnung verheißt – sie sind frei von der Bindung an o.g. Normen. Sie sind allerdings »abgeleitete« Normadressaten, wenn der Träger der öffentlichen Jugendhilfe sich ihrer bedient (z.B. mit ihren Beratungsstellen oder ihren Heimen). Dann trifft den Träger der öffentlichen Jugendhilfe eine Gewährleistungspflicht für die Einhaltung der unmittelbar nur für ihn geltenden Datenschutzbestimmungen auch beim Träger der freien Jugendhilfe (§ 61 Abs. 3 SGB VIII). Abgeleitete Normadressaten sind sie ferner, wenn sie von Trägern der öffentlichen Jugendhilfe Daten übermittelt bekommen haben (§ 78 SGB X). In diesen beiden Fällen gelten § 35 SGB I und §§ 67–78 SGB X sowie §§ 61–67 SGB VIII auch für sie entsprechend.

Zusammengefasst gilt für den Datenschutz bei Trägern der freien Jugendhilfe:

1. Ist der Träger der freien Jugendhilfe abgeleiteter Normadressat des § 35 SGB I?

   Nur dann, wenn er

   a)Daten vom Träger der öffentlichen Jugendhilfe *erhalten* hat (§ 78 SGB X) oder

   b)für den Träger der öffentlichen Jugendhilfe *Aufgaben erfüllt* (§ 61 Abs. 3 SGB VIII).

   - Beachte für a): Die Übermittlung an den Träger der freien Jugendhilfe ist nur gem. § 69 Abs. 1 Nr. 1 SGB X möglich; zusätzlich ist § 64 Abs. 2 SGB VIII zu beachten. Bei anvertrauten Daten sind außerdem § 76 SGB X und § 65 SGB VIII zu beachten;
   - In jedem Fall gilt für den Umfang des Datenschutzes § 35 Abs. 3 SGB I, für die Datensicherung § 35 Abs. 1 SGB I, für die Rechte des Betroffenen auf Auskunft, Löschung, Sperrung und Schadenersatz gelten §§ 81–84 a SGB X, für Sanktionen §§ 85, 85 a SGB X.

2. Falls Datenschutz nicht vom Träger der öffentlichen Jugendhilfe abgeleitet wird, gilt er aufgrund vertraglicher Nebenpflichten (§§ 241 Abs. 2, 242 BGB i.V.m. Dienst- oder Werkvertrag).
3. Gehört eine Fachkraft des Trägers der freien Jugendhilfe einer der in § 203 Abs. 1 u. Abs. 3 StGB genannten Berufsgruppen an, gilt zusätzlich die strafrechtliche Schweigepflicht.

Bei dieser verwirrenden Rechtslage werden Sie nach weiterführender Literatur dürsten: Einige *Literaturhinweise: Krahmer*, U., Sozialdatenschutz nach SGB I und X, Köln u.a. 1996; *Proksch*, R., Sozialdatenschutz in der Jugendhilfe – Institut für soziale Arbeit e.V. (Hg.), Soziale Praxis Heft 13, Münster 1996; *AFET-Schrift* (Arbeitsgemeinschaft für Erziehungshilfe), Datenschutz in Einrichtungen und Diensten freier Träger der Jugendhilfe; *Kunkel*, P.-Chr., Der Datenschutz in der Jugendhilfe nach der Änderung des Sozialgesetzbuchs, ZfJ 1995, 354 ff.; zum Sozialdatenschutz in Jugendhilfe und Sozialhilfe ferner *Maas*, U. in: Soziale Arbeit als Verwaltungshandeln, Weinheim, 2. Aufl. 1996, 99 ff. Zum Datenschutz bei der Familiengerichtshilfe: *Kunkel*, FamRZ 1993, 505. Zum Datenschutz bei Straftaten an Kindern, zum Zeugnisverweigerungsrecht und zur Auskunfts- und Anzeigepflicht: *Kunkel*, Strafverteidiger 2002, 333. Siehe auch Kommentierung der Datenschutzbestimmungen des SGB VIII und SGB I und X in den Kommentaren von *Wiesner* und *Kunkel*.

Fragen, Aufgaben und Fälle

1. Fall: Das *kommunale Prüfungsamt* will im Rahmen einer Rechnungsprüfung die Jugendhilfetätigkeit des Jugendamts überprüfen. Müssen dem Prüfungsamt neben den Kostenakten auch die Betreuungsakten zur Prüfung überlassen werden? (§ 64 Abs. 2 SGB VIII, §§ 69 Abs. 5, 67 c Abs. 3 SGB X). S.a. *Kunkel*, LPK-SGB VIII, § 61 Rn. 134; zur Übermittlung von Sozialdaten *nach außen,* an Rechnungshof und andere Stellen vgl. § 69 Abs. 5 SGB X. Vgl. auch zur Prüfungsbefugnis einer kommunalen Rechnungsprüfungsbehörde DIV-Gutachten v. 31.7.1997, DAV (Der Amtsvormund) 1997 Sp. 741 ff.

2. Fall: Ein Heim, das im Auftrag des Jugendamts Hilfe zur Erziehung gem. §§ 27, 34 SGB VIII durchführt, bittet das Jugendamt, zu prüfen, ob für das Heimkind Cordula eine vorübergehende heiminterne Beschulung geeignet und notwendig ist. Zu diesem Zweck möchte das Jugendamt die Schule befragen, sieht sich daran aber durch das Eingreifen der Eltern gehindert, die es dem Jugendamt untersagen, Kontakt zur Schule aufzunehmen. Darf das Jugendamt gleichwohl die Schule befragen? (§ 62 SGB VIII)

3. Fall: Eine Erziehungsberatungsstelle fertigt im Rahmen ihrer Tätigkeit (Hilfe zur Erziehung, §§ 27, 28 SGB VIII) Entwicklungsberichte an. Entgegen der Aufforderung des Jugendamts werden die Entwicklungsberichte nicht zur Verfügung gestellt, sondern nur das Beratungsergebnis mitgeteilt. Mit Recht?

4. Fall: Darf das Jugendamt die künftigen Pflegeeltern, die in ihrer Familie Hilfe zur Erziehung gem. §§ 27, 33 SGB VIII durchführen sollen, über folgende Umstände informieren? (§§ 64 SGB VIII, 69 SGB X):

1. Scheidung der Ehe der Eltern des Kindes;
2. Selbstmordversuch der leiblichen Mutter vor 5 Jahren;
3. Trunksucht des leiblichen Vaters;
4. Kaufhausdiebstähle des 13-jährigen Kindes;
5. Legasthenie des Kindes;
6. Verdacht der geistigen Behinderung des 2-jährigen Kindes;
7. Kind ist HIV-positiv;
8. leibliche Mutter ist Prostituierte und HIV-positiv;
9. das 9-jährige Pflegekind lügt häufig;
10. das 13-jährige Pflegekind wird verdächtigt, einer »Sprayerbande« anzugehören;
11. das Kind hat von seinen Großeltern zwei Mietshäuser geerbt.

5. Fall: Auszug aus ZfJ 93, 294 *(Umschau):* »Presseberichten zufolge ist es mittlerweile »gängige Praxis«, dass Sexualdelikte an Kindern und Jugendlichen nicht zur Anzeige kommen, wenn sich Täter einer freiwilligen Therapie unterziehen und das Kind aus der Familie kommt. »Ob der Täter vor Gericht kommt, ist nicht unser Bier« so ein Jugendamtsleiter. Aufgabe des Jugendamtes sei es, das Kind zu schützen und vor weiterem Missbrauch zu bewahren.« Ist die Auffassung des Jugendamtsleiters unter Berücksichtigung der Bestimmungen des Sozialdatenschutzes richtig? (§ 64 SGB VIII, §§ 68, 69 Abs. 1 Nr. 2, 73 SGB X; *siehe auch Fälle 8 und 6)*

6. Fall: Die Polizei erscheint im städtischen Jugendzentrum und befragt die dort tätigen Sozialarbeiter, ob der Jugendliche K. dort verkehre. K. habe vor drei Tagen einer alten Frau die Handtasche geraubt und sei jetzt auf der Flucht. Müssen die Sozialarbeiter die Polizei davon in Kenntnis setzen, dass K. sich regelmäßig im Jugendzentrum sehen lässt und erst gestern dort auftauchte? Müssen sie die Polizei informieren, wenn K. wiederum im Jugendzentrum erscheint? (§§ 73, 68 SGB X).

7. Fall: Eine Fachkraft der Jugendgerichtshilfe holt sich während der Abwesenheit der Sachbearbeiterin in der Abteilung »Besondere Erziehungshilfen« die Betreuungsakte eines Jugendlichen, um sich Kenntnisse über die Entwicklung dieses Jugendlichen zu verschaffen. Ist sie hierzu berechtigt?
Zur »innerbehördlichen Schweigepflicht« vgl. auch *Hassemer,* R., ZfJ 1993, 12 ff.

8. Fall: Eine Sozialarbeiterin des Jugendamts wird von der Schule auf ein Kind aufmerksam gemacht, das Anzeichen für einen sexuellen Missbrauch und Misshandlungsspuren aufweist. Das Kind und seine Eltern erweisen sich als unzugänglich; sie verweigern jegliche Auskünfte. Die Sozialarbeiterin möchte weitere Daten erheben (Einsicht in Jugendamtsakten, Befragung bestimmter Personen aus dem weiteren Umfeld des Kindes). Sie möchte sich auch an den behandelnden Hausarzt der Familie mit der Bitte um Informationen wenden.

1. Ist die von der Sozialarbeiterin geplante Erhebung weiterer Daten statthaft?
2. Ist der Arzt an die ärztliche Schweigepflicht gebunden?

Hinweis:
Zu Frage 1: Zum Missbrauchsverdacht *Ollmann,* R., Schadensersatz wegen Missbrauchsverdächtigung? in ZfJ 1996, 486 ff. Derselbe auch in FamRZ 1997, 321. *Vgl. auch Übungsblatt 9 Fall 3.*
Zu Frage 2:Dickmeis, F., Keine Schweigepflicht der Ärzteschaft bei Gewalttaten an Frauen und Kindern, ZfJ 1995, 474 ff.

9. Fall: Im streitigen Sorgerechtsverfahren im Verbund mit der Scheidung, in dem jeder Elternteil die Alleinsorge anstrebt, verbittet sich die Mutter, bei der das Kind lebt, Hausbesuche und sonstige Ermittlungen des Jugendamts und gestattet der Sozialarbeiterin auch nicht, Fühlung mit dem Kind aufzunehmen. Die Sozialarbeiterin unternimmt daher nichts weiter, sondern schildert diesen Sachverhalt dem Familiengericht. Verhält sie sich richtig, oder ist es ihre Pflicht, »hinter dem Rücken« der scheidungswilligen Eltern Ermittlungen anzustellen, um gem. § 50 SGB VIII, § 162 FamFG einen fundierten Vorschlag zum Sorgerecht unterbreiten zu können? (§ 62 Abs. 3 SGB VIII)

Hinweis: Zur Mitwirkung in familiengerichtlichen Verfahren und Datenschutz *Proksch* a.a.O. S. 264 f.; a.A. *Kunkel* FamRZ 97, 195 f., 201. *S.a. Einf. Übungsbl. 10.*

10. Fall: Im Verwaltungsgerichtsverfahren auf Gewährung einer Jugendhilfeleistung – Hilfe zur Erziehung für den Jugendlichen Michael – verlangt das Gericht die Vorlage der Betreuungsakte, die das Jugendamt über Michael führt. Mit Recht? (§ 35 SGB I, § 64 SGB VIII, § 69 Abs. 1 Nr. 2 SGB X)
Eine ausführliche Behandlung der Problematik finden Sie bei *Proksch* a.a.O. S. 218 f.

11. Fall: Die Großmutter, Frau F., berichtet einer Fachkraft des Jugendamts, der Lebensgefährte ihrer Tochter, Berthold Claasen, misshandele ihr Enkelkind. Claasen zwinge den schreienden 8-Jährigen unter Gewaltanwendung häufig, seine Mahlzeiten aufzuessen, »zur Abhärtung« lange unter der kalten Dusche zu stehen, usw. Sie könne das nicht mehr mit ansehen. Ist das Jugendamt berechtigt, die Mutter des Kindes, den Lebensgefährten und das Kind selbst zu diesen Vorfällen zu befragen? Dürften auch bei Nachbarn Erkundigungen über die Erziehung des Kindes in der Familie eingeholt werden?
Vgl. §§ 62 SGB VIII, 67 SGB X. Beachten Sie, dass die letztgenannte Vorschrift – Abs. 1 Satz 1 – die Definition des »Betroffenen« enthält.

12. Fall: Frau X erhält für sich und für ihr Kind Lena Hilfe nach SGB II vom Jobcenter und vom Jugendamt Hilfe zur Erziehung (§§ 27, 34 SGB VIII). Der im Jugendamt in O. angestellte Sozialarbeiter S. will das Jobcenter über die gewährte Jugendhilfeleistung informieren, um zu verhindern, dass Frau X einen Betrug begeht und weiterhin Leistungen im bisherigen Umfang bezieht. Ist S. zu dieser Mitteilung an das Jobcenter berechtigt?

Bearbeitungshinweis: Gemäß § 61 Abs. 1 S. 2 SGB VIII gilt der Sozialdatenschutz für »alle Stellen des Trägers der öffentlichen Jugendhilfe, soweit sie Aufgaben nach diesem Buch wahrnehmen«. Was ist unter »Stelle« zu verstehen? – Zum »funktionalen Stellenbegriff« vgl. *Proksch* a.a.O. S. 135.

Zur Übermittlungsbefugnis bei »sonstigen Straftaten von erheblicher Bedeutung« gem. § 73 SGB X bei »strafrechtlich relevantem Missbrauch und Betrug im Sozialbereich« vgl. *Wiesner/Mörsberger*, SGB VIII, Anhang 4 § 73 SGB X Rn. 11.

Lösungen zu Übungsblatt 12

Zur Lösung sollten Sie die Prüfungsschemata aus *Kunkel, Jugendhilferecht*, Anhang 2 Anlagen 6-19 verwenden.

1. Fall: Die Überlassung der Akten ist ein Eingriff in den Schutzbereich des § 35 SGB I i.V.m. § 61 SGB VIII. Der Eingriff besteht in der Übermittlung von Daten (§ 67 Abs. 6 Nr. 3 SGB X). Der Eingriff ist gerechtfertigt, wenn eine Übermittlungsbefugnis besteht (§ 35 Abs. 2 SGB I i.V.m § 61 SGB VIII). Die Übermittlungsbefugnis könnte sich ergeben aus § 69 Abs. 5 SGB X i.V.m. § 67 c Abs. 3 SGB X i.V.m. § 61 SGB VIII. Für die Prüfungstätigkeit erforderlich ist allerdings nur die Übersendung der Kostenakten, nicht dagegen der Betreuungsakten. Auch wegen § 64 Abs. 2 SGB VIII ist die Übersendung der Betreuungsakten ausgeschlossen. Auch § 65 SGB VIII steht der Übersendung der Betreuungsakten entgegen.

Ergebnis: Dem Prüfungsamt müssen die Betreuungsakten nicht überlassen werden; wegen § 35 Abs. 3 SGB I i.V.m. § 61 SGB VIII dürfen sie nicht einmal überlassen werden.

2. Fall: Die Daten sollen vom Jugendamt erhoben werden, also nicht vom freien Träger (Heim), so dass § 35 Abs. 2 SGB I i.V.m. § 62 SGB VIII einschlägig ist (ein Sonderproblem ist das Verhältnis von § 62 SGB VIII zu § 67a SGB X, das durch § 37 S. 2 SGB I geregelt ist; vgl. hierzu *Kunkel,* LPK-SGB VIII, § 61 Rn. 7 und § 62 Rn. 1). § 62 Abs. 1 SGB VIII verlangt zunächst, dass die zu erhebenden Daten *erforderlich* sind. Im vorliegenden Fall sind die Daten erforderlich, um Hilfe zur Erziehung gem. § 27 SGB VIII in der geeigneten und notwendigen Form und Art (§ 34 SGB VIII) gewähren zu können; die Vorlage eines Schulzeugnisses reicht hierfür nicht aus. Sodann muss die Datenerhebung grundsätzlich (§ 62 Abs. 2 SGB VIII) beim Betroffenen selbst oder mit seiner Einwilligung bei Dritten (*Betroffenenerhebung*) erfolgen. Betroffener ist gem. § 67 Abs. 1 S. 1 SGB X das Heimkind Cordula selbst, da sich die Einzelangaben (Schulleistungen, schulisches Verhalten) auf das Kind beziehen. Cordula ist aber noch zu jung, um allein über ihre Daten entscheiden zu können; sie unterliegt der elterlichen Sorge und hat altersbedingt noch nicht die notwendige Einsicht, um selbst wirksam in die Datenerhebung bei Dritten einwilligen zu können. (Zum Entscheidungsrecht einsichtsfähiger Minderjähriger in Datenschutzangelegenheiten vgl. *Proksch, a.a.O.* S. 138.) Daran ändert auch der Umstand nichts, dass Cordula neben dem Personensorgeberechtigten (den Eltern) bei der Ausgestaltung der Hilfe gem. § 36 Abs. 2 SGB VIII mitwirkt. die Datenerhebung muss daher grundsätzlich mit Einwilligung der Eltern erfolgen.
Nicht einschlägig ist § 62 Abs. 4 SGB VIII, da Cordula als Betroffene zwar nicht Leistungsberechtigte ist (dies sind bei Hilfe zur Erziehung die Eltern), aber an der Leistung beteiligt ist (sie ist Leistungsadressat, aber nicht Anspruchsadressat; anders aber wohl *Wiesner/Mörsberger*, SGB VIII, § 62 Rn. 29).

Da die Einwilligung der Eltern fehlt, ist eine Datenerhebung nur unter den Voraussetzungen des § 62 Abs. 3 SGB VIII (»*Fremderhebung*«) möglich. Hier kommt die Ermächtigung in § 62 Abs. 3 Nr. 2a SGB VIII in Betracht, da die Voraussetzungen einer Leistung festgestellt werden sollen. Nr. 2 verlangt aber zunächst, dass die Datenerhebung beim Betroffenen nicht möglich ist. Dies ist dann der Fall, wenn der Betroffene keine Auskunft geben will (subjektive Unmöglichkeit) oder nicht geben kann (objektive Unmöglichkeit) (vgl. hierzu *Proksch a.a.O.* S. 139 und *Kunkel*, LPK-SGB VIII, § 62 Rn. 13). Dies ist hier der Fall, da die Eltern keine Auskünfte zu den schulischen Belangen ihres Kindes geben.
Nicht einschlägig ist die zweite Alternative des § 62 Abs. 3 Nr. 2 SGB VIII, da die Hilfe zur Erziehung ihrer Art nach keine Ermittlung bei Dritten erfordert (strittig; vgl. hierzu *Wiesner/Mörsberger*, SGB VIII § 62 Rn. 8, *Kunkel*, LPK-SGB VIII, § 62 Rn. 14; *Krahmer a.a.O.*, SGB X § 67a Rn. 6).
Der Wortlaut des § 62 Abs. 3 SGB VIII ermöglicht also eine Datenerhebung bei der Schule. Zweckmäßig erscheint es allerdings nicht, gegen den Willen der Eltern diese Daten zu erheben, da die Eltern die Hilfe zur Erziehung jederzeit beenden können (§ 36 Abs. 1 S. 1 SGB VIII), wozu sie ein derartiges Vorgehen wohl veranlassen würde (im Ergebnis ebenso *Proksch a.a.O.* S. 139).
Lediglich dann, wenn die Eltern durch ihr Verhalten (verweigerte Mitwirkung) das Kindeswohl gefährden, kann und muss (§ 8a Abs. 2 SGB VIII) der Träger der öffentlichen Jugendhilfe durch eine Einschaltung des Familiengerichts weitere Maßnahmen gegen den Elternwillen durchsetzen. Eine Einschaltung des Familiengerichts ist gem. 1666 BGB möglich, unter Umständen auch nach § 1631a Abs. 2 BGB, wenn die Eltern durch ihr Verhalten sich in Ausbildungsangelegenheiten über Eignung und Neigung des Kindes hinwegsetzen und eine nachhaltige und schwere Beeinträchtigung der Entwicklung des Kindes droht.

Ergebnis: Das Jugendamt wird die Schule nicht befragen.

3. Fall: Sofern die Erziehungsberatungsstelle als Teil des Jugendamts in öffentlicher Trägerschaft tätig ist, darf eine Datenweitergabe gem. § 65 SGB VIII nicht erfolgen. Mangels näherer Angaben ist anzunehmen, dass es sich um eine Erziehungsberatungsstelle in freier Trägerschaft handelt. Eine unmittelbare Geltung des § 35 SGB I i.V.m. § 61 SGB VIII besteht daher nicht. Da der Träger der freien Jugendhilfe aber Hilfe zur Erziehung in der Hilfeart der Erziehungsberatung für den Träger der öffentlichen Jugendhilfe leistet, ist der Träger der freien Jugendhilfe »abgeleiteter Normadressat« (§ 61 Abs. 3 SGB VIII), so dass er § 35 SGB I i.V.m. § 61 SGB VIII beachten muss. Die Entwicklungsberichte enthalten Sozialdaten (§ 67 Abs. 1 SGB X). Die Mitteilung dieser Daten wäre ein Eingriff in das Sozialgeheimnis durch Übermittlung (§ 67 Abs. 6 Nr. 3 SGB X). Der Eingriff wäre nur zulässig, wenn eine Übermittlungsbefugnis vorläge (§ 35 Abs. 2 SGB I). Eine gesetzliche Übermittlungsbefugnis könnte sich aus § 69 Abs. 1 Nr. 1 SGB X i.V.m. § 61 Abs. 1 SGB VIII ergeben. Voraussetzung hierfür ist, dass die Kenntnis der Entwicklungsberichte für das Jugendamt erforderlich ist. Da das Jugendamt verantwortlich ist für die rechtmäßige Aufgabenerfüllung (§§ 3 Abs. 2 S. 2, 79 Abs. 1 SGB VIII), muss es sich ein Bild machen können, ob die Hilfe zur Erziehung in der Hilfeart der Erziehungsberatung

(weiterhin) die richtige Hilfe ist. Es wäre aber auch vertretbar, unter Hinweis auf die Selbständigkeit des freien Trägers bei der Aufgabenerfüllung (§ 4 Abs. 1 S. 2 SGB VIII) die Erforderlichkeit der Kenntnis zu verneinen.
Eine Einschränkung der Übermittlungsbefugnis gem. § 69 SGB X ergibt sich aus § 64 Abs. 2 SGB VIII. Dass die Weiterleitung der Entwicklungsberichte an das Jugendamt aber zu einer Gefährdung des Beratungserfolges führen könnte, ist dem Fall nicht zu entnehmen.
Eine weitere Einschränkung der Übermittlungsbefugnis könnte sich aus § 65 SGB VIII ergeben. Auch diese Regelung ist für den freien Träger entsprechend anwendbar. In der Beratungsstelle wird persönliche und erzieherische Hilfe geleistet, so dass eine Weitergabe der Daten an das Jugendamt nur mit Einwilligung der zu beratenden Personen erfolgen kann (§ 65 Abs. 1 S. 1 Nr. 1 SGB VIII). Das Jugendamt kann von den zu beratenden Personen verlangen, dass sie im Rahmen ihrer Mitwirkungspflicht nach § 60 Abs. 1 S. 1 Nr. 1 SGB I die erforderliche Einwilligung geben. Andernfalls könnte die Hilfe versagt werden (§ 66 Abs. 1 S. 1, Abs. 3 SGB I). Vertretbar ist aber auch hier die gegenteilige Ansicht mit dem Hinweis auf die Selbständigkeit des freien Trägers bei der Aufgabenerfüllung.
Zu beachten ist ferner, dass sich die Fachkraft des freien Trägers strafbar macht gem. § 203 Abs. 1 Nr. 4 StGB, wenn die Daten ohne die Einwilligung (es genügt eine stillschweigende) weitergegeben werden.

Ergebnis: Ohne Einwilligung können die Entwicklungsberichte nicht weitergegeben werden.

4. Fall: Die Weitergabe der Daten vom Jugendamt an die künftigen Pflegeeltern ist ein Eingriff in das Sozialgeheimnis (§ 35 Abs. 1 SGB I i.V.m. § 61 Abs. 1 SGB VIII) und zwar durch Übermitteln (§ 67 Abs. 6 Nr. 3 SGB X). Dieser Eingriff bedarf einer Übermittlungsbefugnis (§ 35 Abs. 2 SGB I). Diese könnte sich aus § 69 Abs. 1 Nr. 1 SGB X i.V.m. § 61 Abs. 1 SGB VIII ergeben. Die genannten Daten müssten erforderlich sein, um Hilfe zur Erziehung bei den Pflegeeltern durchführen zu können. Da die Pflegeeltern die tatsächliche Erziehung des Kindes übernehmen, müssen sie sein Verhalten richtig einordnen können. Dazu ist die Kenntnis der genannten Daten – mit Ausnahme von Nr. 11 – erforderlich. Bei Nr. 2, Nr. 3 und Nr. 8 ist darauf abzustellen, ob die Umstände auf der Elternebene längerfristige Auswirkungen auf die Erziehung des Kindes haben. Davon ist in der Regel auszugehen, daher sind die Pflegeeltern auch auf diese Umstände, ggf. in allgemeiner, »abgeschwächter« Form, hinzuweisen. Beispiel Nr. 2 (Selbstmordversuch der Mutter vor 5 Jahren): Bei der Mutter könnte eine psychische Labilität vorliegen, die möglicherweise ihre erzieherische Eignung beeinträchtigt hat und über welche die Pflegeeltern daher informiert werden sollten. Nr. 3 (Trunksucht des leiblichen Vaters): Eine Datenübermittlung dürfte im Hinblick auf zukünftige Besuchskontakte des Kindes mit seinen Eltern erforderlich sein. Ohne Kenntnis dieser Daten könnten die Pflegeeltern die geistige, seelische und körperliche Entwicklung des Kindes nicht ausreichend fördern.
§ 64 Abs. 2 SGB VIII steht der Übermittlung nicht entgegen, da die Datenübermittlung die Leistung der Hilfe zur Erziehung erst ermöglicht.

Eine Einschränkung der Übermittlungsbefugnis ergibt sich aber bei solchen Daten, die einer Fachkraft des Jugendamts im Rahmen des § 65 SGB VIII oder dem Jugendamt von einer Person nach § 203 Abs. 1 StGB i.V.m. § 76 SGB X übermittelt worden sind. Solche Daten können nur mit Einwilligung der Betroffenen an die Pflegefamilie weitergegeben werden.

Ergebnis: Die Daten nach Nr. 1, 4, 5, 6, 7, 9 und 10 können den Pflegeeltern mitgeteilt werden, möglicherweise aber erst nach Einwilligung der Betroffenen.

5. Fall: Eine Anzeige wäre ein Eingriff in das Sozialgeheimnis (§ 35 Abs. 1 SGB I i.V.m. § 61 Abs. 1 SGB VIII) durch Übermittlung eines Sozialdatums (§ 67 Abs. 1, Abs. 6 Nr. 3 SGB X). Dieser Eingriff wäre nur dann zulässig, wenn eine gesetzliche Übermittlungsbefugnis bestünde (§ 35 Abs. 2 SGB I). Eine solche könnte sich aus §§ 68, 69, 71, 73 SGB X ergeben.
§ 68 SGB X scheidet aus, da er nur einen ganz beschränkten Datensatz zur Übermittlung zulässt, also nicht die Tatsache des sexuellen Missbrauchs.
§ 69 Abs. 1 Nr. 1 SGB X scheidet aus, da Strafverfolgung keine Aufgabe nach dem SGB ist. § 69 Abs. 1 Nr. 2 SGB X käme dagegen als Übermittlungsbefugnis in Betracht, da ein Strafverfahren wegen sexuellen Missbrauchs in Zusammenhang steht mit der Leistung einer Hilfe zur Erziehung, die gerade wegen dieser Tat eingeleitet worden ist (vgl. hierzu *Kunkel*, LPK-SGB VIII, § 61 Rn. 124).
§ 71 Abs. 1 S. 1 Nr. 1 SGB X scheidet als Übermittlungsbefugnis aus, da danach nur eine geplante Straftat, und zwar nur eine solche, die in § 138 StGB genannt ist, gemeldet werden kann.
§ 73 SGB X scheidet ebenfalls aus, da die Entscheidungskompetenz zur Übermittlung von Sozialdaten nur beim Richter liegt (§ 73 Abs. 3 SGB X, also nicht beim Jugendamtsleiter (vgl. *Kunkel*, LPK-SGB VIII, § 61 Rn. 173).
Eine Einschränkung der nach § 69 Abs. 1 Nr. 2 SGB X möglichen Datenübermittlung könnte sich aus § 64 Abs. 2 SGB VIII ergeben. Würde durch die Anzeige die Leistung der Hilfe zur Erziehung gefährdet, wäre eine Anzeige nicht zulässig. In manchen Fällen kann sie aber auch ein Druckmittel sein, Hilfe zur Erziehung anzunehmen.
Ist die Tatsache des sexuellen Missbrauchs einer Fachkraft des Jugendamts im Verlauf eines Beratungsgesprächs im Rahmen des § 65 SGB VIII bekannt geworden, ist zusätzlich (vgl. hierzu *Kunkel*, LPK-SGB VIII, § 65 Rn. 11) zur Übermittlungsbefugnis nach § 69 SGB X eine Weitergabebefugnis nach § 65 Abs. 1 S. 1 Nr. 1 oder Nr. 5 SGB VIII notwendig. Nach Nr. 1 ist die Einwilligung der Person erforderlich, die die Tatsache des sexuellen Missbrauchs im Beratungsgespräch mitgeteilt hat. Nach Nr. 3 ist auch ohne eine solche Einwilligung die Übermittlung möglich, wenn ein übergesetzlicher Notstand anzunehmen ist (vgl. hierzu *Kunkel*, LPK-SGB VIII, § 61 Rn. 193 und in: Strafverteidiger 2002, 333).

Ergebnis: Die Aussage des Jugendamtsleiters ist nicht uneingeschränkt richtig. Auch eine Strafanzeige kann dazu dienen, das Kind vor weiterem Missbrauch zu bewahren; sie wäre dann zulässig.

6. Fall: Die angesprochenen Informationen sind als Sozialgeheimnis geschützt (§ 35 Abs. 1 SGB I i.V.m. § 67 Abs. 1 SGB X i.V.m. § 61 Abs. 1 SGB VIII). Die

Information der Polizei wäre ein Eingriff in das Sozialgeheimnis durch Übermittlung (§ 67 Abs. 6 Nr. 3 SGB X). Dieser wäre nur zulässig, wenn eine Übermittlungsbefugnis bestünde (§ 35 Abs. 2 SGB I).
Eine Übermittlungsbefugnis könnte sich aus § 68 SGB X i.V.m. § 61 Abs. 1 SGB VIII ergeben. Voraussetzung ist ein Ersuchen der Polizei. Ferner darf nur ein bestimmter Datensatz mitgeteilt werden. Zu diesem gehört nicht nur die Anschrift, sondern auch der gegenwärtige Aufenthaltsort. Schutzwürdige Interessen des Jugendlichen sind durch die Übermittlung nicht berührt, da der Schutz vor Strafverfolgung zwar im Interesse des Betroffenen liegt, aber nicht schutzwürdig ist.
Zu beachten ist, dass über das polizeiliche Ersuchen nicht Sozialarbeiter entscheiden können, sondern nur der Sozialdezernent, allenfalls der Jugendamtsleiter (vgl. hierzu *Kunkel*, LPK-SGB VIII, § 61 Rn. 109).
Aus § 73 SGB X ergibt sich keine Übermittlungsbefugnis, da die Übermittlung der Daten durch den Richter angeordnet werden müsste (§ 73 Abs. 3 SGB X). Außerdem handelt es sich nicht um ein Verbrechen (§ 12 Abs. 1 StGB) und auch nicht um eine Straftat von erheblicher Bedeutung, sondern um ein einfaches Vergehen (§ 12 Abs. 2 StGB). Daher ist nur der in § 73 Abs. 2 SGB X genannte Datensatz übermittlungsfähig; dazu gehört aber der gegenwärtige Aufenthaltsort nicht.
Eine Einschränkung der Übermittlungsbefugnis aus § 64 Abs. 2 SGB VIII ergibt sich für die Übermittlung nach § 68 SGB X nicht.

Ergebnis: Der Polizei muss zwar nicht mitgeteilt werden, dass K. gestern im Jugendzentrum aufgetaucht ist, aber sein gegenwärtiger Aufenthalt im Jugendzentrum muss gemeldet werden. Die Sozialarbeiter sind für diese Meldung aber nicht zuständig.

Eine andere Frage ist, ob die Sozialarbeiter dem Vorgesetzten das Auftauchen des K. mitteilen dürfen oder ob sie daran gem. § 203 Abs. 1 Nr. 5 StGB gehindert sind (nicht anwendbar ist § 203 Abs. 2 StGB, obwohl die Sozialarbeiter Amtsträger i.S.v. § 11 Abs. 1 Nr. 2 StGB sind; vgl. hierzu *Kunkel*, LPK-SGB VIII, § 61 Rn. 13). Der Aufenthalt im Jugendzentrum könnte ein »sonst bekannt gewordenes Geheimnis« i.S.d. § 203 Abs. 1 StGB sein. Eine Offenbarungsbefugnis könnte sich dann nur aus einer höherrangigen gesetzlichen Mitteilungspflicht ergeben; dazu gehört die dienstrechtliche Gehorsamspflicht nach den Landesbeamtengesetzen aber nicht (vgl. *Kunkel*, LPK-SGB VIII, § 61 Rn. 211).

7. Fall: Es handelt sich um einen Eingriff in den Schutzbereich des Sozialgeheimnisses (§ 35 SGB I i.V.m. § 61 Abs. 1 SGB VIII). Der Eingriff besteht nicht in einem Übermitteln von Daten (§ 67 Abs. 6 Nr. 3 SGB X), da die Daten weder weitergegeben worden noch zur Einsicht bereitgehalten worden sind. Vielmehr liegt ein Eingriff durch Erheben von Daten vor (§ 67 Abs. 5 SGB X).
Dieser Eingriff bedarf einer Befugnisnorm (§ 35 Abs. 2 SGB I). In Betracht käme § 62 SGB VIII (zum Verhältnis zwischen § 62 SGB VIII einerseits und § 67a SGB X andererseits; *vgl. Fall 2*). Daraus ergibt sich die Zulässigkeit der Datenerhebung, da die Kenntnis von der Entwicklung des Jugendlichen erforderlich ist, um die Aufgabe der Jugendgerichtshilfe nach § 38 JGG erfüllen zu können. Diese Aufgabe

ist zugleich eine nach dem Sozialgesetzbuch (§ 52 Abs. 1 SGB VIII). Die Daten dürfen auch ohne Mitwirkung des Betroffenen erhoben werden, weil § 62 Abs. 3 Nr. 2 c) SGB VIII dies zulässt.

8. Fall:

Frage 1:

Die Befragung und die Heranziehung weiterer Akten sind Eingriffe in das Sozialgeheimnis durch Erheben von Sozialdaten über Kind und Eltern (§ 35 Abs. 1 SGB I i.V.m. § 67 Abs. 1, 5 SGB X i.V.m. § 61 Abs. 1 SGB VIII).

Dieser Eingriff ist nur gerechtfertigt, wenn eine gesetzliche Ermächtigung hierfür besteht (§ 35 Abs. 2 SGB I). Diese könnte § 62 SGB VIII sein (zum Verhältnis von § 62 SGB VIII zur Regelung der Datenerhebung in § 67a SGB X *vgl. Fall 2*). Die Datenerhebung muss erforderlich sein zur Erfüllung einer konkreten Aufgabe (§ 62 Abs. 1 SGB VIII). Diese Aufgabe besteht hier darin, Hilfe zur Erziehung nach § 27 SGB VIII zu leisten oder das Familiengericht gem. § 8a Abs. 2 SGB VIII anzurufen. Zur Erfüllung jeder dieser beiden Aufgaben ist es notwendig, die Tatbestandsvoraussetzungen der Aufgabennorm (bei § 27: Erziehungsdefizit, bei § 8a Abs. 2: Gefährdung des Wohls des Kindes) zu prüfen. Dazu ist die Feststellung des sexuellen Missbrauchs notwendig. § 62 Abs. 2 S. 1 SGB VIII verlangt, dass diese Sozialdaten beim Betroffenen erhoben werden. Betroffene sind Eltern und Kind. Da sie weder selbst Angaben machen noch damit einverstanden sind, dass Dritte Auskünfte über sie geben, ist eine Erhebung bei ihnen nicht möglich. Dabei kommt es nur auf die subjektive Unmöglichkeit an, nicht dagegen auf die objektive (vgl. hierzu *Kunkel*, LPK-SGB VIII, § 62 Rn. 13). Eine Datenerhebung bei Dritten ist dann nach § 62 Abs. 3 Nr. 2 1. Alternative Buchst. a) (für Hilfe zur Erziehung) und Buchst. d) (für Anrufung des Familiengerichts) möglich. Buchst. c) kommt in Betracht, da die Herausnahme aus der eigenen Familie nach § 42 Abs. 1 Nr. 2 SGB VIII möglich ist

Ergebnis: Die geplante Erhebung weiterer Daten ist statthaft (die geplante Akteneinsicht richtet sich nicht nach § 25 SGB X, da diese Regelung nur für Beteiligte i.S.v. § 12 SGB X gilt).

Frage 2:

§ 62 SGB VIII ermöglicht dem Jugendamt lediglich, Fragen an den Arzt zu stellen. Dagegen verpflichtet § 62 SGB VIII nicht dazu, die Fragen zu beantworten. Der Arzt könnte durch die ärztliche Schweigepflicht an einer Beantwortung gehindert sein. § 203 Abs. 1 Nr. 1 StGB erlegt ihm eine Schweigepflicht auf. Eine Befugnis zum Offenbaren (beachte: bei § 203 StGB spricht man von »Offenbaren«, beim Sozialdatenschutz dagegen vom »Übermitteln«) der Untersuchungsdaten ergibt sich aber aus dem Rechtfertigungsgrund des übergesetzlichen Notstands (§ 34 StGB). Dieser ist für Ärzte speziell geregelt in der ärztlichen Berufsordnung (vgl. hierzu *Kunkel*, LPK-SGB VIII, § 61 Rn. 194). Der Arzt hat auch eine Offenbarungsbefugnis gegenüber dem Jugendamt, wenn er das (dreistufige)Verfahren nach § 4 KKG beachtet.

Ergebnis: Der Arzt ist nicht an die Schweigepflicht gebunden.

9. Fall: Die Ermittlung »hinter dem Rücken« (zumindest der scheidungswilligen Mutter) wäre ein Eingriff in deren Sozialgeheimnis durch Erheben von Sozialdaten (§ 35 Abs. 1 SGB I i.V.m. § 67 Abs. 1 und 5 SGB X i.V.m. § 61 Abs. 1 SGB VIII). Dieser Eingriff bedarf einer gesetzlichen Ermächtigungsgrundlage (§ 35 Abs. 2 SGB I). Diese könnte § 62 SGB VIII sein (zum Verhältnis zu § 67a SGB X *vgl. Fall 2*). § 62 Abs. 1 SGB VIII verlangt, dass eine Datenerhebung erforderlich ist für eine konkrete Aufgabenerfüllung nach dem SGB VIII. Die Aufgabe des Jugendamts ist in § 50 SGB VIII beschrieben. Sie besteht darin, dem Familiengericht »sachverständige Amtshilfe« zu leisten. Nach anderer Ansicht (zum Streitstand vgl. *Röchling*, LPK-SGB VIII, § 50 Rn. 80 f.) muss das Jugendamt keine gutachtliche Stellungnahme abgeben; die Datenerhebung wäre dann schon nicht erforderlich. Nach der hier vertretenen Auffassung dagegen ist die Datenerhebung erforderlich, weil die gutachtliche Stellungnahme es ist.
Die Datenerhebung muss grundsätzlich beim Betroffenen erfolgen (§ 62 Abs. 2 S. 1 SGB VIII); dies sind hier Vater, Mutter und Kind. Zumindest bei Mutter und Kind ist die Erhebung aber nicht möglich (zur Unmöglichkeit *vgl. Fall 8*). Dennoch gestattet § 62 Abs. 3 SGB VIII nicht die Datenerhebung bei Dritten, weil keine der Voraussetzungen nach Buchst. a) bis d) vorliegt. Auch Nr. 1 liegt nicht vor, da keine gesetzliche Bestimmung die Datenerhebung bei Dritten in diesem Falle vorschreibt oder erlaubt. § 50 SGB VIII ist dies nicht, weil er lediglich die Mitwirkung des Jugendamts im familiengerichtlichen Verfahren vorschreibt, aber nicht die Datenerhebung; § 60 SGB I ist es nicht, weil er eine Mitwirkung des Betroffenen lediglich für Sozialleistungen vorsieht, also nicht für die Erfüllung einer Aufgabe nach § 2 Abs. 3 SGB VIII.
Als Ermächtigungsgrundlage für die Datenerhebung kommt daher lediglich § 62 Abs. 4 SGB VIII in Betracht. Da es sich bei der Aufgabe nach § 50 SGB VIII nicht um eine Leistung handelt, ist Absatz 4 Satz 2 einschlägig. Die zu erhebenden Daten von Eltern und Kind sind Daten der an der Aufgabenerfüllung beteiligten Personen, so dass die Voraussetzungen von Absatz 4 Satz 2 nicht vorliegen.

Ergebnis: Die Sozialarbeiterin verhält sich richtig; sie hat zwar die Pflicht, einen fundierten Vorschlag zum Sorgerecht zu unterbreiten, kann diese Pflicht aber nicht erfüllen, da eine Erhebungsgrundlage hierfür fehlt.

10. Fall: Das Verwaltungsgericht stützt sein Vorlageverlangen auf § 99 VwGO. Die Pflicht zur Vorlage von Akten ist auch gegenüber dem Gericht begrenzt durch § 35 Abs. 3 SGB I i.V.m. § 61 SGB VIII. Danach besteht eine Vorlagepflicht nur dann, wenn die Übermittlung der in der Akte enthaltenen Daten zulässig wäre. Die Übermittlung ist ein Eingriff in das Sozialgeheimnis (§ 35 Abs. 1 SGB I). Er bedarf einer gesetzlichen Ermächtigung (§ 35 Abs. 2 SGB I). Die gesetzliche Übermittlungsbefugnis ergibt sich aus §§ 67 b Abs. 1, 67 d Abs. 1, 69 Abs. 1 Nr. 2 SGB X i.V.m. § 61 Abs. 1 SGB VIII. Die Übermittlungsbefugnis aber ist eingeschränkt durch § 64 Abs. 2 SGB VIII. Danach darf die Übermittlung nicht den Erfolg einer Leistung gefährden. Die Übermittlung der Betreuungsakte gefährdet nicht den Erfolg der Hilfe zur Erziehung, sondern ermöglicht sie erst, indem das Gericht feststellt, dass die tatbestandsmäßigen Voraussetzungen der Hilfe vorliegen.

Eine weitere Begrenzung der Übermittlungsbefugnis nach § 69 Abs. 1 Nr. 2 SGB X ergibt sich aus § 65 SGB VIII. Die Daten in der Betreuungsakte sind im Rahmen persönlicher und erzieherischer Hilfe anvertraut worden. Die Weitergabe dieser Daten ist gem. § 65 Abs. 1 S. 1 Nr. 1 SGB VIII nur möglich mit Einwilligung. Dabei muss es sich – im Unterschied zur Einwilligung nach § 67 b Abs. 2 SGB X – nicht um eine schriftliche handeln, es genügt auch eine stillschweigende. Diese liegt hier (konkludent) in der Klageerhebung.
Mit Vorlage der Akten ist das Gericht aber darauf hinzuweisen, dass es nun seinerseits das Sozialgeheimnis zu wahren hat (§ 78 Abs. 1 S. 2 SGB X i.V.m. § 61 Abs. 1 SGB VIII).

Ergebnis: Das Gericht verlangt zu Recht die Vorlage der Betreuungsakte.

11. Fall: Die Erkundigungen wären Eingriffe in das Sozialgeheimnis (§ 35 Abs. 1 SGB I i.V.m. § 61 Abs. 1 SGB VIII) durch Datenerhebung (§ 67 Abs. 1, Abs. 5 SGB X). Betroffen durch diesen Eingriff ist sowohl Berthold Claasen als auch das Enkelkind, weil es um tatsächliche Angaben zu ihrer Person geht (§ 67 Abs. 1 SGB X). Wenn die Dritten Angaben gemacht haben, werden auch sie zu Betroffenen, so dass dann auch ihre Daten als Sozialdaten geschützt sind (zu Sozialdaten mit Doppelbezug vgl. *Kunkel*, LPK-SGB VIII, § 61 Rn. 22). Die Datenerhebung ist nur zulässig, wenn eine gesetzliche Ermächtigung vorliegt (§ 35 Abs. 2 SGB I). Diese könnte § 62 SGB VIII sein (zum Verhältnis zwischen § 62 SGB VIII und § 67a SGB X *siehe Fall 2)*. Die Datenerhebung muss erforderlich sein zur Erfüllung einer Aufgabe nach dem SGB VIII (§ 62 Abs. 1 SGB VIII). Die konkrete Aufgabe ist hier, Hilfe zur Erziehung (§ 27 SGB VIII) zu leisten oder Anzeige beim Familiengericht zu machen (§ 8a Abs. 2 SGB VIII). Ob der Lebensgefährte auch Vater des Kindes ist, ist hierfür unerheblich. Eine Aufgabenerfüllung nach § 42 SGB VIII kommt ebenfalls in Betracht *(vgl. hierzu Fall 8)*. Zur Erfüllung der Aufgabe ist es notwendig, die tatsächlichen Voraussetzungen der Aufgabennorm zu prüfen. Die Angaben der Großmutter – ihre Richtigkeit unterstellt – sind geeignet, die Tatbestandsvoraussetzungen sowohl des § 27 SGB VIII als auch die des § 8a Abs. 2 und des § 42 SGB VIII zu erfüllen.
§ 62 Abs. 2 SGB VIII verlangt die Datenerhebung beim Betroffenen, also bei Lebensgefährte und Kind. Bei der Befragung dieser Betroffenen müssen die formellen Voraussetzungen des § 62 Abs. 2 S. 2 SGB VIII beachtet werden. Sind Lebensgefährte und Kind damit einverstanden, können weitere Daten auch bei der Mutter des Kindes und den Nachbarn erfragt werden. Sind sie mit diesen weiteren Befragungen aber nicht einverstanden, ist die sog. Dritterhebung nur zulässig unter den Voraussetzungen des § 62 Abs. 3 SGB VIII. Nach dessen Nr. 2 1. Alternative Buchst. a) kann die Datenerhebung erfolgen, um festzustellen, ob ein Erziehungsdefizit vorliegt und damit die Voraussetzungen des § 27 SGB VIII gegeben sind. Nach Buchst. d) kann die Datenerhebung erfolgen, um eine Gefährdung des Kindeswohls durch die Mutter (durch Duldung des Verhaltens des Lebensgefährten) festzustellen, um dann einen Eingriff in ihr Sorgerecht durch das Familiengericht zu veranlassen (§ 8a Abs. 2 SGB VIII). Dagegen kommt eine Datenerhebung bei der Mutter nach § 62 Abs. 4 S. 1 SGB VIII nicht in Betracht, da sie für die Hilfe zur Erziehung zugleich Leis-

tungsberechtigte und für die Anrufung des Familiengerichts zugleich Aufgabenbeteiligte wäre.

Ergebnis: Das Jugendamt ist berechtigt, die Mutter des Kindes, den Lebensgefährten und das Kind selbst zu den Vorfällen zu befragen. Auch bei den Nachbarn dürfen Erkundigungen eingeholt werden.

12. Fall: Die Mitteilung an das Jobcenter wäre ein Eingriff in das Sozialgeheimnis (§ 35 Abs. 1 SGB I i.V.m. § 61 Abs. 1 SGB VIII) und zwar durch Übermitteln (§ 67 Abs. 1 S. 2 Nr. 3 a SGB X). Ein Übermitteln liegt dann vor, wenn die Daten an einen Dritten weitergegeben werden. Fraglich könnte sein, ob die Weitergabe zwischen verschiedenen Stellen desselben Trägers (hier die Stadt O.) als Weitergabe an einen Dritten bezeichnet werden kann. »Dritter« ist jede Stelle außerhalb der verantwortlichen Stelle (§ 67 Abs. 10 SGB X). Der Begriff der »verantwortlichen Stelle« ist in § 67 Abs. 9 SGB X definiert. Für Jugend- und Sozialhilfe anwendbar ist dessen Satz 3, da Leistungsträger für beide Sozialleistungsbereiche eine Gebietskörperschaft (Stadtkreis oder Landkreis) ist. In der Gebietskörperschaft ist nicht die Behörde im organisationsrechtlichen Sinn (das Landratsamt bzw. das Bürgermeisteramt) verantwortliche Stelle, sondern eine enger gefasste Organisationseinheit, die in § 67 Abs. 9 S. 3 SGB X – juristisch unscharf – näher beschrieben wird als eine solche, »die eine Aufgabe... funktional« durchführt. Es ist jedenfalls das Jugendamt, das eine Aufgabe nach dem SGB VIII als einem besonderen Teil des SGB durchführt; ebenso das Jobcenter, das eine Aufgabe nach dem SGB II durchführt. Fraglich bleibt aber, ob auch kleinere Organisationseinheiten innerhalb dieser Ämter verantwortliche Stelle sind (so *Kunkel*, LPK-SGB VIII, § 61 Rn. 63). Darauf kommt es im vorliegenden Fall aber nicht an.

Das Übermitteln ist nur zulässig, wenn eine gesetzliche Übermittlungsbefugnis besteht (§ 35 Abs. 2 SGB I). Diese könnte sich aus § 69 Abs. 1 SGB X ergeben (zu §§ 68, 71, 73 *vgl. Fall 5).* § 69 Abs. 1 Nr. 2 SGB X liegt nicht vor, da es gerade um die Verhinderung eines Strafverfahrens geht. § 69 Abs. 1 Nr. 1 SGB X liegt weder in der ersten noch in der zweiten Variante vor, da die Übermittlung weder dem Erhebungszweck dient noch der Erfüllung einer Aufgabe des Jugendamtes. Die dritte Variante (vgl. zu § 69 SGB X die Übersicht bei *Kunkel, Jugendhilferecht Anhang 2 Anlage 9*) liegt vor, wenn das Übermitteln erforderlich ist zur Erfüllung einer Aufgabe des Empfängers, hier also des Jobcenters. Die Übermittlung verfolgt den Zweck, den Nachrang der Sozialhilfe gegenüber der Jugendhilfe zu sichern (§ 10 Abs. 4 S. 1 SGB VIII). Erforderlich aber ist das Übermitteln nur dann, wenn Frau X. nicht von sich aus das Jobcenter über die gewährte Jugendhilfeleistung informiert oder wenigstens zu erkennen gegeben hat, dass sie diese Information unterlassen will. Wenn der Sozialarbeiter einen Betrug verhindern will, könnte er Frau X. allenfalls auf ihre Pflicht aus § 60 Abs. 1 Nr. 1 SGB I hinweisen, das Jobcenter zu informieren (ebenso der *Niedersächsische Datenschutzbeauftragte* in seinem *Tätigkeitsbericht für die Jahre 1997/1998*, S. 13).

Da die Übermittlungsbefugnis schon an der Erforderlichkeit scheitert, ist auf § 64 SGB VIII als Einschränkung der Übermittlungsbefugnis nicht weiter einzugehen. Ausführungen hierzu deshalb lediglich als Exkurs: § 64 Abs. 1 SGB VIII wäre keine

Einschränkung der Datenübermittlung, da er lediglich den Zweckbindungsgrundsatz aus dem Volkszählungsurteil formuliert, aber nicht dahin missverstanden werden darf, dass eine Datenübermittlung nur zulässig sei, wenn sie dem Erhebungszweck dient. Dass die Übermittlung auch zu anderen Zwecken als dem Erhebungszweck zulässig ist, ergibt sich schon aus § 64 Abs. 2 SGB VIII. Auch er stünde einer Übermittlung hier nicht entgegen, da der Erfolg der Hilfe zur Erziehung durch die Übermittlung an das Sozialamt wohl kaum gefährdet wäre.

Ergebnis: S. wäre zur Mitteilung an das Jobcenter – jedenfalls zu diesem Zeitpunkt – nicht berechtigt.

ÜBUNGSBLATT 13

SGB VIII, Kap. 7: Zuständigkeit, Kostenerstattung

Das Kapitel enthält u.a. Regelungen über die **örtliche Zuständigkeit (§§ 86–88 SGB VIII).**
Außerdem werden hier die **sachliche** Zuständigkeit (§ 85 SGB VIII) sowie die **Kostenerstattung** zwischen Trägern der öffentlichen Jugendhilfe (§§ 89–89 h SGB VIII) behandelt.

Einführung

Vor Prüfung der örtlichen Zuständigkeit ist immer die sachliche Zuständigkeit (§ 85 SGB VIII) zu prüfen. Die Grundnorm für die daraufhin erfolgende Prüfung der örtlichen Zuständigkeit ist für **Leistungen § 86 SGB VIII.** Wenn in dieser Vorschrift von *Eltern bzw. Elternteilen* die Rede ist, kommt es auf die biologische Elternschaft (oder Adoptivelternschaft) an, nicht auf das Sorgerecht! Auch hier sind also wiederum *Eltern* und *Personensorgeberechtigte* voneinander zu unterscheiden. Sind die Eltern eines Kindes nicht miteinander verheiratet, muss die Vaterschaft gem. § 1592 BGB durch Anerkennung oder Gerichtsentscheidung feststehen.
Werden Leistungen an **junge Volljährige** erbracht (z.B. nach § 41 SGB VIII), gilt **§ 86 a SGB VIII.**
Erhalten Mütter (oder Väter) Leistungen in **gemeinsamen Wohnformen** nach § 19 SGB VIII, gilt **§ 86 b SGB VIII.**
Um bei einem Umzug lückenlose Leistungsgewährung zu ermöglichen, regelt **§ 86 c SGB VIII,** dass beim **Zuständigkeitswechsel** das bisher zuständige Jugendamt die Leistung so lange weiter gewähren muss, bis das neu zuständige Jugendamt die Leistung fortsetzt.
Bei Zweifeln über die Zuständigkeit oder bei Untätigkeit des zuständigen Trägers regelt **§ 86 d SGB VIII,** dass der Träger **vorläufig** tätig werden muss, in dessen Bereich der tatsächliche (im Unterschied zum gewöhnlichen) Aufenthalt besteht.
Geht es nicht um Leistungen, sondern um **andere Aufgaben,** sind die **§§ 87–87 e SGB VIII** zu prüfen.
Im Dritten Abschnitt geht es um die **Kostenerstattung zwischen öffentlichen Trägern (§§ 89–89 h SGB VIII).**
Genauer: In welchen Fällen ein **örtlicher Träger** (vulgo: das Jugendamt; genauer: Stadtkreis oder Landkreis) Kosten von einem **überörtlichen Träger** (vulgo: dem Landesjugendamt; genauer: Land/Landeswohlfahrtsverband/Landschaftsverband) erstattet verlangen kann, regelt **§ 89 SGB VIII.** Die Kostenerstattung zwischen **zwei örtlichen Trägern** regeln **§§ 89 a–89 c SGB VIII.** Vom **Land** kann der örtliche Träger Kostenerstattung gem. **§ 89 d SGB VIII** verlangen, wenn ein junger Mensch nach Deutschland eingereist ist.

Literaturhinweis:
Kunkel, §§ 86, 87c SGB VIII – die Leuchttürme der örtlichen Zuständigkeit, ZfJ 2001, 361 und 416.

Fälle

Fall 1: Familie Meyer wohnt in Augsburg. Herr Meyer hat seine Familie verlassen und ist aus der Moselstraße in die Rheinstraße in einen anderen Stadtbezirk gezogen. Für den gemeinsamen Sohn soll eine Erziehungsberatung des Jugendamts in Anspruch genommen werden (Hilfe zur Erziehung gem. §§ 27, 28 SGB VIII). Wie ist die örtliche Zuständigkeit des Jugendamts gem. § 86 SGB VIII geregelt?

Fall 2: Die dreijährige Britta (B), deren Eltern nicht miteinander verheiratet sind, lebt seit einem Jahr bei ihrem Vater (V) in Kassel; die Mutter (M) des Mädchens wohnt in Frankfurt/M. und besucht ihr Kind regelmäßig. Die Mutter möchte nunmehr Sozialpädagogische Familienhilfe gem. §§ 27, 31 SGB VIII beantragen. Welches Jugendamt ist örtlich zuständig, wenn
a) eine Sorgeerklärung gem. § 1626 a BGB abgegeben wurde?
b) keine Sorgeerklärung abgegeben wurde?

Fall 3: Fall wie bei 2. mit folgender Abweichung: B, M und V lebten früher in Magdeburg zusammen. Das Jugendamt Magdeburg gewährte auf Antrag der Mutter Sozialpädagogische Familienhilfe. Nunmehr zieht der Vater mit dem Kind nach Kassel, die Mutter nimmt sich eine Wohnung in Frankfurt/M. Im Einverständnis aller Beteiligten soll weiterhin Sozialpädagogische Familienhilfe geleistet werden. Welches Jugendamt ist jetzt zuständig für die Maßnahme? Prüfen Sie bei einem Wechsel der örtlichen Zuständigkeit Kostenerstattungsansprüche!

Fall 4: Zerstrittene Eltern aus Lübeck gaben ihr Kind vor vier Monaten zur Oma in Hamburg, um das Kind zur Ruhe kommen zu lassen. Nunmehr haben sie die Scheidung eingereicht. Das Jugendamt in Lübeck übersendet die Akten an das Jugendamt in Hamburg mit der Bitte, eine Stellungnahme für das Familiengericht in Lübeck zu erstellen. Die Sachbearbeiterin schickt die Akten an das Jugendamt in Lübeck zurück mit dem Bemerken, sie sei nicht zuständig. Hat sie Recht?

Fall 5: Der fünfzehnjährige Carlo aus Berlin wird von der Bahnhofspolizei in Stuttgart aufgegriffen. Das Jugendamt wird eingeschaltet. Carlo soll nach Berlin zurückgebracht werden bzw. in einer Jugendhilfestelle untergebracht werden. Welches Jugendamt ist zuständig? Prüfen Sie auch Kostenerstattungsansprüche.

Fall 6: Katharina aus Braunschweig lebt seit zwei Jahren bei Pflegeeltern in Celle. Es ist zu erwarten, dass das dreijährige Mädchen auf Dauer bei den Pflegeeltern verbleibt. Das Jugendamt Braunschweig weigerte sich zuletzt, weiterhin das Pflegegeld an die Pflegeeltern zu zahlen. Mit Recht?

Fall 7: Wie Fall 6. mit folgender Abweichung: Katharinas Pflegeeltern verziehen mit dem Kind nach München.
Frage 1: Welches Jugendamt ist nun zuständig?
Frage 2: Wer zahlt das Pflegegeld?
Frage 3: Wie ist die Kostenerstattung geregelt? (Zur Kostenerstattung der Träger untereinander *vgl. wiederum §§ 89ff. SGB VIII.)*

Fall 8: Der 19-jährige Jochen aus Mainz verbüßte zuletzt eine einjährige Jugendstrafe in Trier. 5 Monate später ist er immer noch in Trier. Er möchte eine Hilfe für junge Volljährige gem. § 41 SGB VIII beantragen. Welches Jugendamt ist örtlich zuständig? Wie ist zu entscheiden, wenn Jochen sofort nach der Haftentlassung Hilfe für junge Volljährige gem. § 41 SGB VIII beantragen möchte? – Prüfen Sie auch einen Anspruch auf Kostenerstattung.

Fall 9: Die siebzehnjährige ledige Joana hat ein einjähriges Kind Nina. Joana lebt bei ihren Eltern in Braunschweig. Sie soll nun in einem Mutter-Kind-Heim gem. § 19 SGB VIII zusammen mit Nina untergebracht werden. Dieses Heim befindet sich in Celle. Welches Jugendamt ist zuständig für die Leistungsgewährung?

Fall 10.1 (Alternative): Fall wie oben Fall 9 mit folgender Abweichung: Bis zu ihrem vierzehnten Lebensjahr lebte Joana zusammen mit ihren Eltern in Braunschweig. Dann wurde Hilfe zur Erziehung gem. §§ 27, 34 SGB VIII gewährt, und Joana kam für zwei Jahre in ein Heim in Hamburg. Als die inzwischen 16-jährige Joana dort ein Kind erwartet, soll für sie eine gemeinsame Wohnform gem. § 19 Abs. 1 S. 3 SGB VIII gefunden werden (Mutter-Kind-Heim in Celle). Welches Jugendamt ist für die Hilfe örtlich zuständig?

Fall 10.2 (Fortsetzung von 10.1): Joanas Kind wird in Celle geboren. Es bleibt zunächst mit der Mutter im Mutter-Kind-Heim. Joana wird weiter sozialpädagogisch betreut. Sie versorgt ihr Kind selbst.
Frage 1: Wer trägt die Kosten für Joanas Betreuung und Unterbringung?
Frage 2: Wer kommt für die Unterbringung und für die medizinische Versorgung des Kindes auf?

Fall 11: Marie-Louise aus Rostock fährt nach Schwerin. Dort lässt sie ihr fünfjähriges Kind Henning (Eltern nicht miteinander verheiratet) bei ihrer Freundin Hannelore. Danach hat die Mutter des Kindes ständig wechselnde Aufenthalte. Sie besucht ihr Kind nicht, schickt aber regelmäßig Pflegegeld an Hannelore. Drei Monate vergehen. Welches Jugendamt ist zuständig für die Erteilung einer Pflegeerlaubnis an Hannelore? Bei welchem Jugendamt müsste die Mutter Hilfe zur Erziehung gem. §§ 27, 33 SGB VIII beantragen?

Fall 12: Der kleine Dirk ist von seinen Eltern schwer misshandelt worden. Den in Münster lebenden Eltern ist daher gem. § 1666 BGB die Personensorge entzogen worden. Als Pfleger wurde der Großvater A. des Kindes bestellt. Das Kind lebt nun bei seinem Großvater in Essen. Da diese Unterbringung nicht geeignet ist, das Wohl des Kindes zu gewährleisten, sollen für das Kind auf Antrag des Großvaters Pflegeeltern gesucht werden (Vollzeitpflege gem. §§ 27, 33 SGB VIII). Welches Jugendamt ist für die Hilfe zuständig?

Fall 13: Harry, 14 Jahre alt, kam begleitet von seinen Großeltern aus dem Ausland (Bürgerkriegsgebiet) nach München. Seine Mutter ist verstorben, sein Vater lebt im Untergrund in der Heimat. Die Großeltern wurden vom Familiengericht auf ihren Antrag hin zu Pflegern mit dem Wirkungskreis Personensorge für Harry bestellt. Sie beantragten beim zuständigen Jugendamt Hilfe zur Erziehung. Diese wurde ihnen gewährt. Sie erhalten ein Pflegegeld des Jugendamts. All dies geschah binnen eines Monats nach dem Grenzübertritt. Ist das Jugendamt München für die Hilfe zuständig? Kann eine Kostenerstattung von einem anderen Träger begehrt werden?

Frage 14: Welches Jugendamt ist örtlich zuständig für die Beistandschaft?

Fall 15: Der in der Türkei geborene Jugendliche Emin reiste am 23.3.2011 aus der Türkei und zwar in Hamburg ein, um dort Asyl zu beantragen. Er erhielt am 29.3.2011 eine Duldung, da die Voraussetzungen für eine Asylantragstellung noch nicht vorlagen. Die Duldung wurde mehrfach verlängert. Vom 1.4.2011 bis zum 26.10.2011 wurde der Jugendliche im S.-Haus in Hamburg untergebracht, da er ohne Betreuung, Versorgung und Unterkunft war. Bei dem S.-Haus handelt es sich nicht um eine Einrichtung der Jugendhilfe. Mehr als zwei Monate nach der Einreise, Anfang Juni 2011, beantragte das Jugendamt in Hamburg-Wandsbek eine gerichtliche Entscheidung über die erforderlichen Maßnahmen zum Wohle des Jugendlichen.

Hinweis: Die Unterbringung vom 1.4.2011 bis zum 26.10.2011 stellte eine Inobhutnahme gem. § 42 SGB VIII dar (sog. »andere Aufgabe« der Jugendhilfe, nicht »Leistung«; *vgl. hierzu § 2 SGB VIII und Einführung in Übungsblatt 1 Punkt 2),* allerdings wurden vom Jugendamt folgenreiche Fehler gemacht. Welche? Dazu müssen Sie sich intensiv mit dem Wortlaut des § 42 Abs. 3 und 2 SGB VIII auseinandersetzen! Zum Begriff »unverzüglich« in § 42 Abs. 2 und 3 SGB VIII lesen Sie § 121 Abs. 1 BGB.

Am 15.6.2011 wurde die Stadt Hamburg zum Vormund bestellt. Der Vormund beantragte am 13.7.2011 Hilfe zur Erziehung gem. §§ 27, 34 SGB VIII. Seit seiner Verlegung in eine sozialpädagogisch betreute Wohngruppe am 26.10.2011 erhält der Jugendliche diese Jugendhilfeleistung.
Frage 1: Sind die Kosten für die Unterbringung des Jugendlichen im S.-Haus vom 1.4.2011 bis zum 26.10.20011 gem. § 89 f Abs. 1 SGB VIII i.V. m. § 89 d SGB VIII zu erstatten?
Frage 2: Sind der Stadt Hamburg die Kosten für die ab 26.10.2011 geleistete Jugendhilfe in Form der Unterbringung in einer betreuten Wohnform gem. §§ 27, 34 SGB VIII zu erstatten (§ 89 d Abs. 1 SGB VIII)? (Sachverhalt nach VerwG Münster v. 26.6.1997, abgedruckt in ZfJ 1997, S. 426 ff. und Urteil des BVerwG v. 24.6.1999, ZfJ 2000, 31. Lies ferner OVG Hamburg, JAmt 2011,472. *Siehe auch Übungsblatt 1, Einführung Nr. 4 und Fall 8.2*).

Allgemeines Prüfungsschema zur Zuständigkeit
(Auszug aus *Kunkel, Jugendhilferecht, Übersicht bei Rn. 301*)

1. Sachliche Zuständigkeit

   Örtlicher Träger (§ 85 Abs. 1 SGB VIII) ist grundsätzlich zuständig; überörtlicher Träger nur dann, wenn einer der Fälle des § 85 Abs. 2 SGB VIII vorliegt.
2. Örtliche Zuständigkeit

   Die örtliche Zuständigkeit des sachlich zuständigen örtlichen oder überörtlichen Trägers (Achtung: Zungenbrecher) richtet sich
   a) bei *Leistungen* nach dem gewöhnlichen Aufenthalt der Eltern (§ 86 Abs. 1 S. 1 SGB VIII). In atypischen Fällen des gewöhnlichen Aufenthalts gilt § 86 Abs. 2–4 SGB VIII. Für Sonderfälle gelten § 86 Abs. 6 (Pflegeperson) und § 86 Abs. 7 (Asylsuchende) sowie §§ 86 a–86 d SGB VIII. Für Leistungen im Ausland gilt § 88 SGB VIII;
   b) bei *anderen Aufgaben* nach den §§ 87–87 e SGB VIII.

Zur **Kostenerstattung** vgl. zunächst die Übersicht in *Kunkel Jugendhilferecht, Rn. 337–339.*

Lösungen zu Übungsblatt 13

Fall 1: Sachlich zuständig für die Hilfe zur Erziehung ist gem. § 85 Abs. 1 SGB VIII der örtliche Träger der Jugendhilfe, hier also der Stadtkreis Augsburg. Die örtliche Zuständigkeit des örtlichen Trägers (so muss es tatsächlich korrekt heißen) richtet sich nach § 86 SGB VIII, weil es um eine Leistung i.S.v. § 2 Abs. 2 SGB VIII geht. Für die Gewährung der Hilfe zur Erziehung ist gem. § 86 Abs. 1 S. 1 SGB VIII der örtliche Träger zuständig, in dessen Bereich die Eltern ihren gewöhnlichen Aufenthalt (g.A.) haben. Örtlicher Träger ist der Stadtkreis (§ 69 Abs. 1 S SGB VIII i.V.m. Landesrecht); dies ist hier die Stadt Augsburg. Auf den einzelnen Stadtbezirk kommt es dagegen für die Bestimmung der örtlichen Zuständigkeit nicht an. Die Aufteilung in einzelne Stadtbezirke hat lediglich Bedeutung für die (trägerinterne) Zuordnung der Aufgabenwahrnehmung.

Ergebnis: Zuständig ist die Stadt (Stadtjugendamt) Augsburg.

Fall 2:

a) Sachlich zuständig ist der örtliche Träger (§ 85 Abs. 1 SGB VIII). Die örtliche Zuständigkeit des örtlichen Trägers richtet sich nach § 86 SGB VIII, weil eine Leistung beantragt wird. Hier ist § 86 Abs. 2 S. 2 einschlägig, da die Personensorge den Eltern gemeinsam zusteht, sie aber verschiedene gewöhnliche Aufenthalte haben. Dann ist der örtliche Träger zuständig, in dessen Bereich das Kind vor Beginn der Hilfe zur Erziehung seinen gewöhnlichen Aufenthalt hatte. Dies ist hier Kassel.

Da gemeinsame elterliche Sorge besteht, genügt der Antrag allein der Mutter nicht; der Vater muss zumindest auch mit der Gewährung der Hilfe zur Erziehung einverstanden sein (vgl. hierzu *Kunkel*, LPK-SGB VIII, § 36 Rn. 15).

Ergebnis: Örtlich zuständig ist die Stadt (Stadtjugendamt) Kassel.

b) Gem. § 86 Abs. 2 S. 1 SGB VIII ist die Stadt (das Stadtjugendamt) Frankfurt/M. örtlich zuständig, da die Mutter die alleinige elterliche Sorge hat (§ 1626 a Abs. 2 BGB).

Fall 3:

a) Bei gemeinsamer elterlicher Sorge gilt § 86 Abs. 5 S. 2 SGB VIII. Danach bleibt die Stadt (das Stadtjugendamt) Magdeburg – gleichsam virtuell – zuständig, auch wenn dies nicht sinnvoll erscheint.

b) Bei Alleinsorge der Mutter ist gem. § 86 Abs. 5 S. 1 SGB VIII die Stadt (das Stadtjugendamt) Frankfurt/M. zuständig. Magdeburg muss aber die Hilfe zur Erziehung solange weiter gewähren, bis Frankfurt die Leistung fortsetzt (§ 86 c S. 1 SGB VIII), damit das Kind nicht »zwischen die Stühle der Zuständigkeit fällt«.

Dann kann gem. § 89 c Abs. 1 S. 1 SGB VIII Magdeburg Kostenerstattung verlangen von Frankfurt bis zur Fortsetzung der Hilfe durch Frankfurt/M.

Fall 4: Sachlich zuständig ist der örtliche Träger (§ 85 Abs. 1 SGB VIII). Fraglich ist, welcher örtliche Träger örtlich zuständig ist. Die örtliche Zuständigkeit richtet sich hier nach § 87 b SGB VIII, weil es um die Mitwirkung im familiengerichtlichen Verfahren gem. § 50 SGB VIII geht. Eine Stellungnahme für das Familiengericht ist allerdings nach Scheidung nur noch dann notwendig, wenn ein Elternteil beantragt, dass ihm das Familiengericht die elterliche Sorge allein überträgt (§ 1671 Abs. 1 BGB). Gem. 87 b Abs. 1 S. 1 SGB VIII gilt § 86 SGB VIII – also die Regelung für die Gewährung von Leistungen – entsprechend. Gem. § 86 Abs. 1 S. 1 SGB VIII ist der gewöhnliche Aufenthalt der Eltern maßgebend, hier also Lübeck. Da Lübeck als zuständiger örtlicher Träger aber nicht tätig wird, regelt § 87 b Abs. 3 SGB VIII, dass auch § 86 d entsprechend gilt. Danach müsste der (nicht zuständige) Träger Hamburg vorläufig tätig werden. Dies kann aber nur gelten, wenn das vorläufige Tätigwerden sinnvoll ist. Das ist nur bei solchen Maßnahmen der Fall, die sofort ergriffen werden müssen. Dies ist hier nicht der Fall, da das Kind bei seiner Oma in Hamburg gut aufgehoben ist, so dass das Jugendamt in Lübeck seine Stellungnahme in alleiniger Kompetenz von Anfang bis Ende abgeben kann.

Ergebnis: Die Sachbearbeiterin hat Recht.

Fall 5: Sachlich zuständig ist der örtliche Träger (§ 85 Abs. 1 SGB VIII). Die örtliche Zuständigkeit des örtlichen Trägers richtet sich hier nach § 87 SGB VIII, da es um die Inobhutnahme des Jugendlichen gem. § 42 SGB VIII geht. Danach ist hier Stuttgart zuständig, da sich der Jugendliche hier *tatsächlich* aufhält – im Unterschied zum *gewöhnlichen* Aufenthalt (§ 30 Abs. 3 SGB I), den er weiterhin in Berlin hat. Hier kann gem. § 89 b Abs. 1 SGB VIII Stuttgart von Berlin Kostenerstattung verlangen, weil Stuttgart gem. § 42 SGB VIII tätig geworden ist und in Berlin ein g.A. besteht, an den eine Leistung gem. § 86 SGB VIII – fiktiv – hätte anknüpfen können.

Fall 6: Da es um eine Leistung geht (§§ 27, 33, 39 SGB VIII), ist § 86 SGB VIII einschlägig. Gem. § 86 Abs. 6 S. 1 SGB VIII ist die Stadt (das Stadtjugendamt) Celle örtlich zuständig (geworden), weil es nunmehr auf den gewöhnlichen Aufenthalt der *Pflegeeltern* (und nicht mehr auf den gewöhnlichen Aufenthalt der leiblichen Eltern) ankommt. Das Jugendamt in Celle muss gem. § 86 Abs. 6 S. 2 SGB VIII die Eltern (also nicht etwa das Jugendamt in Braunschweig) über den Zuständigkeitswechsel unterrichten. Damit die Pflegeeltern aber nicht Opfer eines Zuständigkeitsstreits werden, regelt § 86 c SGB VIII, dass beim Zuständigkeitswechsel der bisher zuständige Träger so lange die Leistung weiter gewähren muss, bis der neu zuständige Träger die Leistung fortsetzt. Solange Celle das Pflegegeld nicht bezahlt, muss deshalb Braunschweig weiter zahlen. Braunschweig muss allerdings Celle gem. § 86 c Abs. 2 S. 1 SGB VIII unverzüglich davon unterrichten, dass ein Zuständigkeitswechsel stattgefunden hat. Hier kann gem. § 89 a Abs. 1 S. 1 SGB VIII Celle von Braunschweig Kostenerstattung verlangen, weil Celle nach § 86 Abs. 6 SGB VIII zuständig geworden ist. Weil Braunschweig die Kosten tragen muss, hat Braunschweig keinen

Erstattungsanspruch gem. § 89 c SGB VIII für die gem. § 86 c SGB VIII weiterhin zu gewährende Leistung.

Ergebnis: Braunschweig weigert sich zu Unrecht.

Fall 7:

Frage 1: Sachlich zuständig ist der örtliche Träger (§ 85 Abs. 1 SGB VIII). Dessen örtliche Zuständigkeit richtet sich nach § 86 SGB VIII, da es sich um eine Leistung handelt. Hier ist § 86 Abs. 6 S. 1 SGB VIII einschlägig; es kommt also auf den gewöhnlichen Aufenthalt der Pflegeeltern an. Dieser ist nunmehr in München. Örtlich zuständig ist deshalb die Stadt (das Stadtjugendamt) München.

Frage 2: Das Pflegegeld zahlt der für die Hilfe zur Erziehung sachlich und örtlich zuständige Träger, also München. Solange München das Pflegegeld nicht zahlt, muss gem. § 86 c SGB VIII Celle weiter zahlen.

Frage 3: Die Kostenerstattung zwischen öffentlichen Trägern ist bei fortdauernder Vollzeitpflege in § 89 a SGB VIII geregelt. Da Katharina bereits seit zwei Jahren bei den Pflegeeltern lebt und wir davon ausgehen können, dass ihr weiterer Verbleib dort zu erwarten ist, kann in diesem Fall gem. § 89 a Abs. 3 SGB VIII ab dem Zeitpunkt des Umzugs nach München die Stadt München Kostenerstattung von der Stadt Braunschweig verlangen.

Fall 8:

Frage 1: Sachlich zuständig ist gem. § 89 Abs. 1 SGB VIII der örtliche Träger. Dessen örtliche Zuständigkeit richtet sich hier nach § 86 a SGB VIII, weil es um eine Leistung an einen Volljährigen gem. § 41 SGB VIII geht. Gem. § 86 a Abs. 1 SGB VIII ist hierfür der örtliche Träger zuständig, in dessen Bereich Jochen seinen gewöhnlichen Aufenthalt vor Beginn der Hilfe hat. Den gewöhnlichen Aufenthalt als Mittelpunkt der Lebensbeziehungen (§ 30 Abs. 3 SGB I) hat er möglicherweise in Trier begründet, weil er dort ein Jahr lang eine Jugendstrafe in einer Einrichtung verbüßt hatte. Ob in einer Strafanstalt überhaupt ein gewöhnlicher Aufenthalt begründet werden kann (es fehlt das subjektive Willensmoment; vgl. hierzu *Kunkel*, LPK-SGB VIII, § 86 Rn. 14), kann dahingestellt bleiben, weil § 86 a Abs. 2 SGB VIII zum Schutz der Anstaltsorte ausschließt, dass an einen hier begründeten gewöhnlichen Aufenthalt sich die Rechtsfolge der Zuständigkeit für eine Leistung anschließt. Vielmehr kommt es dann auf den gewöhnlichen Aufenthalt an, den der junge Volljährige vor der Aufnahme in die Anstalt hatte. Dieser Ausschluss der örtlichen Zuständigkeit gilt aber nur solange, wie sich der junge Volljährige in einer Anstalt aufhält. Jochen beantragt die Hilfe erst nach Entlassung aus der Anstalt, so dass § 86 a Abs. 2 SGB VIII nicht anwendbar ist. Es bleibt vielmehr bei der Regelung des § 86 a Abs. 1 SGB VIII. Vor Beginn der Hilfe (und nach Entlassung aus der Anstalt) hat sich Jochen fünf Monate in Trier aufgehalten. Dies ist ein Zeitraum, der »nicht nur vorübergehend« (§ 30 Abs. 3 S. 2 SGB I) ist. Ob ein Zeitraum nicht nur vorübergehend ist, kann nicht allein durch die Anzahl der Tage, Wochen oder Monate bestimmt werden, sondern ergibt sich aus den Umständen, unter denen jemand an einem Ort verweilt. Solche Umstände liegen vor, wenn jemand von Anfang an einen Aufenthalt nur für kurze Zeit geplant hat. Dies ist hier nicht der Fall, so dass Jochen einen gewöhnlichen Aufenthalt in Trier begründet hat.

Ergebnis: Örtlich zuständig ist das Stadtjugendamt Trier.

Frage 2: Nunmehr hat Jochen noch keinen gewöhnlichen Aufenthalt in Trier begründet (der Aufenthalt in der Anstalt wirkt nicht zuständigkeitsbegründend; *siehe Frage 1*). Vielmehr hat er lediglich seinen tatsächlichen Aufenthalt in Trier (aber nicht mehr in der Anstalt, so dass § 86 a Abs. 2 SGB VIII ausscheidet). Ob Jochen seinen gewöhnlichen Aufenthalt in Mainz aufgegeben hat, kann nicht entschieden werden, da Angaben darüber fehlen, ob Jochen noch Lebensbeziehungen zu Mainz aufrecht erhält. Ist dies der Fall, ist gem. § 86 a Abs. 1 SGB VIII Mainz zuständig; ist dies aber nicht der Fall, ist § 86 a Abs. 3 SGB VIII einschlägig, wonach es auf seinen tatsächlichen Aufenthalt vor Beginn der Hilfe ankommt. Der tatsächliche Aufenthalt aber besteht nach Entlassung aus der Anstalt in Trier. Der Schutz der Anstaltsorte aus § 86 a Abs. 2 SGB VIII gilt also nur für die Dauer des Aufenthalts in der Anstalt. Hätte Jochen während der Anstaltsdauer Hilfe beantragt und seinen gewöhnlichen Aufenthalt in Mainz aufgegeben gehabt, würde § 86 a Abs. 3 SGB VIII den tatsächlichen Aufenthalt in Mainz vor Beginn des Anstaltsaufenthalts maßgeblich sein lassen.

Ergebnis: Hat Jochen seinen gewöhnlichen Aufenthalt in Mainz beibehalten, ist Mainz zuständig; hat er ihn aufgegeben, ist Trier zuständig. Kostenerstattung kann gem. § 89 SGB VIII Trier vom überörtlichen Träger verlangen, da Trier gem. § 86 a Abs. 3 SGB VIII zuständig war.

Fall 9: Sachlich zuständig ist gem. § 85 Abs. 1 SGB VIII der örtliche Träger. Dessen örtliche Zuständigkeit richtet sich nach § 86 b SGB VIII, da es um eine Leistung in gemeinsamer Wohnform nach § 19 SGB VIII geht. Gem. § 86 b Abs. 1 S. 1 SGB VIII kommt es darauf an, wo Joana als Leistungsberechtigte ihren gewöhnlichen Aufenthalt vor Beginn der Leistung hat. Dieser bestand bei ihren Eltern in Braunschweig. Da der Begriff des gewöhnlichen Aufenthalts – im Unterschied zu dem des Wohnsitzes – keine Geschäftsfähigkeit voraussetzt, können auch Minderjährige einen gewöhnlichen Aufenthalt begründen. Er besteht in der Regel am Ort des gewöhnlichen Aufenthalts der Eltern (vgl. *Kunkel*, LPK-SGB VIII, § 86 Rn. 16).

Ergebnis: Zuständig ist Braunschweig.

Fall 10.1: Joana hat als Minderjährige zwar in der Regel ihren gewöhnlichen Aufenthalt am Ort der Eltern (*siehe Fall 9*), kann aber ausnahmsweise auch unabhängig von den Eltern einen gewöhnlichen Aufenthalt begründen. Dies wäre hier Hamburg. Da Joana sich aber in Hamburg in einer Einrichtung aufhält und gem. § 86 b Abs. 1 S. 2 SGB VIII § 86 a Abs. 2 SGB VIII entsprechend gilt, könnte sich daran die örtliche Zuständigkeit nicht anknüpfen. § 86 b Abs. 3 S. 1 SGB VIII trifft aber eine spezielle Regelung für den Fall, dass der Leistung nach § 19 eine Hilfe zur Erziehung vorausging. Dann soll der Träger zuständig bleiben, der für die Hilfe zur Erziehung zuständig war. Damit soll die Kontinuität des Hilfeprozesses gesichert werden. Für die Hilfe zur Erziehung zuständig war gem. § 86 Abs. 1 S. 1 SGB VIII Braunschweig, da die Eltern dort ihren gewöhnlichen Aufenthalt haben.

Ergebnis: Zuständig ist Braunschweig.

Fall 10.2:

Frage 1: Betreuung und Unterbringung der Mutter sind Teil der Leistung nach § 19 SGB VIII, wie sich aus Abs. 1 und 3 ergibt. Die Kosten hierfür trägt der für diese Leistung sachlich und örtlich zuständige Träger der Jugendhilfe (§ 92 Abs. 1 SGB VIII). Sachlich zuständig ist der örtliche Träger (§ 85 Abs. 1 SGB VIII); örtlich zuständig ist Braunschweig (*siehe Fall 10.1*).

Frage 2: Auch die Unterbringung des Kindes und seine medizinische Versorgung sind Teil der Leistung nach § 19 SGB VIII (Abs. 3). Über die Kosten ist deshalb wie bei Frage 1 zu entscheiden.

Ergebnis: Die Kosten für Betreuung, Unterbringung und medizinische Versorgung von Mutter und Kind trägt die Stadt Braunschweig.

Fall 11:

Frage 1: Sachlich zuständig ist der örtliche Träger (§ 85 Abs. 1 SGB VIII). Dessen örtliche Zuständigkeit richtet sich nach § 87a SGB VIII, da es um eine Pflegeerlaubnis gem. § 44 SGB VIII geht. Örtlich zuständig ist der Träger, in dessen Bereich die Pflegeperson ihren gewöhnlichen Aufenthalt hat. Die Pflegeperson Hannelore hat ihren gewöhnlichen Aufenthalt in Schwerin, also ist Schwerin örtlich zuständig.

Frage 2: Sachlich zuständig ist der örtliche Träger (§ 85 Abs. 1 SGB VIII). Dessen örtliche Zuständigkeit richtet sich nach § 86 SGB VIII, weil es um eine Hilfe zur Erziehung gem. § 27 SGB VIII geht. Nach § 86 Abs. 1 S. 2 SGB VIII ist der gewöhnliche Aufenthalt der Mutter maßgeblich. Ein solcher besteht hier nicht, da die Mutter ihren früheren g.A. in Rostock durch die ständig wechselnden Aufenthalte aufgegeben hat. Daher ist nunmehr § 86 Abs. 4 S. 1 SGB VIII einschlägig. Danach ist der gewöhnliche Aufenthalt des Kindes maßgeblich. Das Kind war 3 Monate bei der Pflegeperson. Da das Kind dort auch bleiben soll, handelt es sich nicht bloß um einen vorübergehenden Aufenthalt, sondern um einen gewöhnlichen Aufenthalt i.S.v. § 30 Abs. 3 S. 2 SGB I. Aus § 86 Abs. 4 S. 2 SGB VIII kann nicht etwa gefolgert werden, dass ein gewöhnlicher Aufenthalt erst nach 6 Monaten begründet werden könne, sondern Satz 2 kann im Gegenteil entnommen werden, dass auch im Zeitraum bis zu 6 Monaten ein gewöhnlicher Aufenthalt begründet werden kann.

Ergebnis: Die Mutter muss die Hilfe zur Erziehung beim Jugendamt in Schwerin beantragen.

Fall 12: Sachlich zuständig ist ein örtlicher Träger (§ 85 Abs. 1 SGB VIII). Die örtliche Zuständigkeit des örtlichen Trägers könnte sich hier aus § 86 SGB VIII ergeben, da hier eine Zuständigkeit für Leistungen gefragt ist. Maßgeblich ist gem. § 86 Abs. 1 S. 1 SGB VIII der gewöhnliche Aufenthalt der Eltern. Dies gilt auch dann, wenn ihnen das Personensorgerecht entzogen worden ist (*Kunkel*, LPK-SGB VIII,

§ 86 Rn. 12; *Busch/Ziegler*, GK-SGB VIII, § 86 Rn. 3). Diese Anknüpfung ist zwar unbefriedigend, weil in der Hilfe zur Erziehung die Mitwirkung des Personensorgeberechtigten entscheidend ist (§ 36 Abs. 1 S. 1 SGB VIII), aber nicht zu umgehen. Hier kommt es also lediglich auf den gewöhnlichen Aufenthalt der Eltern in Münster an.

Ergebnis: Sachlich und örtlich zuständig ist die Stadt Münster, für die das Stadtjugendamt handelt.

Fall 13: Sachlich zuständig ist gem. § 85 Abs. 1 SGB VIII der örtliche Träger. Die örtliche Zuständigkeit des örtlichen Trägers könnte sich aus § 86 SGB VIII ergeben, da es um Hilfe zur Erziehung (einschl. der wirtschaftlichen Hilfe), also um eine Leistung geht. Vorrangig zu prüfen ist § 86 Abs. 7 SGB VIII, da er eine spezielle Regelung für Leistungen an Asylbewerber ist. Harry hat weder um Asyl nachgesucht noch einen (förmlichen) Asylantrag gestellt, so dass Abs. 7 nicht einschlägig ist (*Beachte:* Unter das Asylbewerberleistungsgesetz fallen – entgegen der Bezeichnung – allerdings auch Bürgerkriegsflüchtlinge, wie sich aus § 1 Abs. 1 Nr. 3 und 4 AsylbLG ergibt.) Da es auf den gewöhnlichen Aufenthalt der Eltern, nicht aber den des Personensorgeberechtigten ankommt (*vgl. Fall 12*), ist § 86 Abs. 4 SGB VIII einschlägig. Der nach § 86 Abs. 1 S. 3 i.V.m. Abs. 4 S. 1 maßgebliche Elternteil – nämlich der Vater – hat in Deutschland keinen gewöhnlichen Aufenthalt; daher richtet sich die örtliche Zuständigkeit nach dem g.A. des Jugendlichen Harry vor Beginn der Hilfe zur Erziehung (§ 86 Abs. 4 S. 1 SGB VIII). Fraglich ist, ob Harry innerhalb eines Monats einen g.A. in München begründen konnte oder ob er hier lediglich seinen tatsächlichen Aufenthalt (§ 86 Abs. 4 S. 2 SGB VIII) hatte. Zwar ist in beiden Fällen München örtlich zuständig; eine Entscheidung, ob nach Abs. 4 S. 1 oder S. 2, ist aber dennoch notwendig, weil nur im Fall eines bloß tatsächlichen Aufenthalts die Kostenerstattung gem. § 89 d SGB VIII möglich ist.
Der gewöhnliche Aufenthalt eines Minderjährigen richtet sich im Regelfall nach dem seiner Eltern. Da der Vater von Harry im Untergrund in der Heimat lebt, ist ein solcher Regelfall aber nicht anzunehmen. Da die Großeltern das Personensorgerecht und damit auch das Aufenthaltsbestimmungsrecht haben, bestimmen sie den Aufenthalt von Harry. Solange der Minderjährige seinen (tatsächlichen) Willen, an einem anderen Ort zu leben, nicht manifestiert hat, gilt der vom Personensorgeberechtigten bestimmte Aufenthalt. Als gewöhnlicher Aufenthalt kann ein Aufenthalt aber nur bezeichnet werden, wenn er nicht nur vorübergehend ist, sondern den Mittelpunkt der Lebensbeziehungen bildet (§ 30 Abs. 3 S. 2 SGB I). Dabei ist zu prüfen, ob die Umstände der jeweiligen Lebenssituation den Schluss auf ein nicht nur vorübergehendes Verweilen zulassen (vgl. hierzu *Fasselt*, LPK-SGB VIII, § 6 Rn. 17 und *Busch/Ziegler*, GK-SGB VIII, § 86 Rn. 5). Nicht nur vorübergehend, sondern von Dauer kann ein Aufenthalt nur sein, wenn und solange er nicht auf Beendigung angelegt, sondern zukunftsoffen ist. Hat ein Ausländer einen Aufenthaltstitel nur für einen vorübergehenden Zweck erhalten, fehlt es in der Regel an der Zukunftsoffenheit. Gleichgültig, ob Harry als Bürgerkriegsflüchtling eine Aufenthaltserlaubnis nach § 25 AufenthG oder lediglich eine Duldung, also eine zeitweise Aussetzung der Abschiebung (§ 60a AufenthG) erhalten hat, ist wegen der ungewissen Dauer des Bürgerkriegs auch eine

ungewisse Verweildauer anzunehmen, sodass ein g.A. begründet werden konnte und zwar von Anfang an (vgl. hierzu *Fasselt*, LPK- SGB VIII, § 6 Rn. 17). Aus § 86 Abs. 4 S. 2 SGB VIII kann nicht etwa gefolgert werden, dass erst nach 6 Monaten Aufenthaltsdauer ein gewöhnlicher Aufenthalt begründet werden könnte (*vgl. hierzu Fall 11*). Auch aus § 89 d Abs. 1 S. 1 Nr. 2 SGB VIII folgt, dass auch innerhalb eines Monats schon ein gewöhnlicher Aufenthalt begründet werden kann, weil sonst die zusätzliche Voraussetzung des tatsächlichen Aufenthalts in Nr. 2 sinnlos wäre.
Ob dagegen ein gewöhnlicher Aufenthalt im Sinn des Minderjährigen-Schutzabkommens begründet wurde, ist für die Bestimmung der örtlichen Zuständigkeit unerheblich (vgl. hierzu *Fasselt*, LPK-SGB VIII, § 6 Rn. 16 f.). *Vgl. auch Übungsblatt 1 unter 8.*
Eine Kostenerstattung kommt nach § 89 d SGB VIII in Betracht. Dabei sind vorrangig Erstattungsansprüche gegen das Land (nicht identisch mit dem überörtlichen Träger) zu prüfen (§ 89 d Abs. 5 SGB VIII). Solche liegen hier aber nicht vor, da die Voraussetzung des § 89 d Abs. 1 S. 1 Nr. 2 SGB VIII fehlt, weil Harry einen gewöhnlichen Aufenthalt in München begründet hatte.
Ein Kostenerstattungsanspruch gegen den überörtlichen Träger gem. § 89 SGB VIII scheidet ebenfalls aus, da für die örtliche Zuständigkeit des örtlichen Trägers nicht der tatsächliche Aufenthalt gem. § 86 Abs. 4 S. 2 SGB VIII maßgeblich war, sondern der gewöhnliche Aufenthalt von Harry nach § 86 Abs. 4 S. 1 SGB VIII.

Ergebnis: Sachlich und örtlich zuständig ist die Stadt München und damit das dortige Jugendamt. Ein Anspruch auf Kostenerstattung gegen einen anderen Träger besteht nicht.

Frage 14: Für eine Beistandschaft sachlich zuständig ist der örtliche Träger (§ 85 Abs. 1 SGB VIII). Die örtliche Zuständigkeit des örtlichen Trägers richtet sich nach § 87 c SGB VIII. Gem. § 87 c Abs. 5 SGB VIII i.V.m. der entsprechenden Anwendung des Abs. 1 S. 1 gilt, dass es auf den gewöhnlichen Aufenthalt des allein sorgeberechtigten Elternteils ankommt (eine Beistandschaft kann auch für den allein sorgeberechtigten Vater eingerichtet werden). Nur wenn der gewöhnliche Aufenthalt des allein sorgeberechtigten Elternteils nicht festzustellen ist, richtet sich die örtliche Zuständigkeit des örtlichen Trägers nach dem tatsächlichen Aufenthalt des Elternteils.

Fall 15:

Frage 1: Das Land hätte die Kosten gem. § 89 d Abs. 1 SGB VIII zu erstatten, wenn dessen Voraussetzungen vorlägen. Die Voraussetzung nach Nr. 1 liegt vor, da innerhalb eines Monats nach Einreise eine Inobhutnahme gem. § 42 SGB VIII erfolgt ist. Auch die zusätzlich notwendige Voraussetzung nach Nr. 2 liegt vor, da sich die örtliche Zuständigkeit für die Inobhutnahme nach dem tatsächlichen Aufenthalt des Jugendlichen richtet (§ 87 SGB VIII). Ob der Jugendliche einem Verteilungsverfahren (§§ 44 ff. AsylVfG) unterliegt, kann hier dahingestellt bleiben.
Die Kosten sind aber nur zu erstatten, wenn die Aufgabenerfüllung durch das Jugendamt SGB VIII-konform erfolgt ist (§ 89f SGB VIII). Dies ist nur der Fall, wenn das Handeln des Jugendamts formell und materiell rechtmäßig war. Dafür ist nicht

Voraussetzung, dass die Inobhutnahme gem. § 42 SGB VIII in einer Einrichtung der Jugendhilfe stattfinden muss; § 42 Abs. 1 S. 2 SGB VIII lässt die Unterbringung in jeder Einrichtung zu. Die Inobhutnahme entsprach allerdings nicht den Vorschriften des § 42 Abs. 3 S. 4 i.V.m. Abs. 2 S. 2 SGB VIII. Danach hätte das Jugendamt den Personensorgeberechtigten unverzüglich von der Inobhutnahme unterrichten müssen. Dies hat das Jugendamt unterlassen, da es erst 2 Monate nach der Einreise, also nicht unverzüglich i.S.d. § 121 BGB, beantragt hat, einen Personensorgeberechtigten zu bestellen.

Ergebnis: Die Kosten sind daher nicht zu erstatten.

Frage 2: Nunmehr wurde Jugendhilfe gem. § 27 SGB VIII geleistet, für die die örtliche Zuständigkeit gem. § 86 Abs. 7 S. 1 SGB VIII begründet wird. Danach bleibt die gem. § 87 SGB VIII begründete Zuständigkeit bestehen. Jugendhilfe wurde innerhalb eines Monats nach Einreise gewährt – zunächst durch Inobhutnahme, dann durch HzE. Dass die Inobhutnahme nicht rechtmäßig erfolgt ist, ist für den Fortsetzungszusammenhang unerheblich. Allerdings war auch die Gewährung der HzE nicht rechtmäßig, da sie einen Verfahrensfehler hatte, nämlich § 36 SGB VIII verletzt hat (a.A. VG Münster a.a.O., das die Verletzung des § 36 SGB VIII nicht als zur Rechtswidrigkeit führenden Fehler ansieht). Dieser Fehler kann nicht gem. § 41 SGB X geheilt werden; er ist auch nicht unbeachtlich gem. § 42 SGB X, da nicht ausgeschlossen werden kann, dass bei der Durchführung des Verfahrens eine andere Entscheidung – z.B. über die Hilfeart – getroffen worden wäre.

Ergebnis: Eine Erstattung scheidet auch hier aus.

ÜBUNGSBLATT 14

SGB VIII, Kap. 8: Teilnahmebeiträge, Heranziehung zu den Kosten, Überleitung von Ansprüchen

In vier Abschnitten regelt das Kapitel die genannten Bereiche (**§§ 90–97a SGB VIII**).

Literaturhinweise:
Kunkel, Jugendhilferecht, Kap. 6
Münder/Wiesner/Meysen, Handbuch, Kap. 3.4

Einführung

Die Inanspruchnahme von Leistungen der Jugendhilfe ist teilweise für den Bürger kostenfrei, teilweise mit seiner Kostenbeteiligung verbunden. Eine Kostenbeteiligung setzt voraus, dass im SGB VIII für das Nutzen der Leistung ausdrücklich eine Kostenbeteiligung vorgesehen ist.
Generell sind eine pauschalierte Kostenbeteiligung nach § 90 SGB VIII für die Inanspruchnahme von Angeboten der Jugendarbeit, bestimmte Angebote der allgemeinen Förderung der Erziehung in der Familie sowie für die Förderung von Kindern in Tageseinrichtungen und Kindertagespflege und Kostenbeiträge nach § 91 SGB VIII für vollstationäre, teilstationäre sowie vorläufige Maßnahmen zu unterscheiden. Nur bei wenigen Aufgaben deckt die Kostenbeteiligung einen wesentlichen Teil der Kosten des Trägers der öffentlichen Jugendhilfe ab.
Diejenigen Personen, die sich an den Kosten zu beteiligen zu haben, sowie der Umfang, in dem diese zu den Kosten herangezogen werden können, ergibt sich aus den §§ 92–94 SGB VIII. Kostenbeiträge werden nach Einkommensgruppen gestaffelt als Pauschalbetrag entsprechend der Kostenbeitragsverordnung erhoben (§ 94 Abs. 5 SGB VIII).
Die Abteilung bzw. das Sachgebiet im Jugendamt, das die Höhe der Kostenbeteiligung (§§ 90 ff. SGB VIII) festsetzt – und die bzw. das auch über die Höhe durch das Jugendamt zu erbringender Geldleistungen (§§ 19 Abs. 3, 21, 23 Abs. 2, 39, 40 SGB VIII) entscheidet –, wird in der Regel als wirtschaftliche Jugendhilfe bezeichnet. Der Verwaltungsakt, der die Höhe der Kostenbeteiligung festsetzt, wird Leistungsbescheid genannt (§ 92 Abs. 2 SGB VIII). Die Kostenbeteiligung des Leistungsadressaten, Leistungsberechtigten, seiner Eltern oder anderer ihm gegenüber zivil- und/oder sozialrechtlich zu Unterhalts- bzw. Unterstützungsleistungen Verpflichteter ist von der Kostentragung durch den öffentlichen Träger der Jugendhilfe (§ 91 Abs. 5 SGB VIII) und der Kostenerstattung zwischen verschiedenen öffentlichen Trägern der Jugendhilfe (§§ 89–89h SGB VIII) bzw. zwischen einem öffentlichen Träger der Jugendhilfe und einem anderen Sozialleistungsträger (§§ 102–114 SGB X) zu unterscheiden. Soweit das Zahlen des Kostenbeitrags die Leistungsfähigkeit des Unterhaltspflichtigen mindert oder der Bedarf des jungen Menschen durch

Leistungen und vorläufige Maßnahmen nach diesem Buch gedeckt ist, ist dies bei der Berechnung des Unterhalts zu berücksichtigen (§ 10 Abs. 2 SGB VIII).

Fragen, Aufgaben und Fälle

Fragen:

1. Für welche Angebote des SGB VIII können Teilnahme- bzw. Kostenbeiträge erhoben werden?

2. Für welche Leistungen und Maßnahmen des SGB VIII kann eine Heranziehung zu den Kosten erfolgen?

3. Sind die Leistungsberechtigten an den Kosten für die in § 16 Abs. 2 Nr. 2 SGB VIII genannten Beratungsangeboten zu beteiligen?

4. Sind die Leistungsberechtigten an den Kosten einer Sozialpädagogischen Familienhilfe nach § 31 SGB VIII zu beteiligen?

5. Muss eine Staffelung der Teilnahme- bzw. Kostenbeiträge erfolgen oder kann sich der Satzungsgeber auch gegen eine Staffelung entscheiden?

6. Kann eine Beitragssatzung so gestaffelt werden, dass einkommensstärkere Personen die Plätze der einkommensschwächeren Personen mitfinanzieren?

7. Wer setzt die Kostenbeiträge für stationäre und vorläufige Maßnahmen fest?

8. In welcher Höhe müssen Eltern zumindest einen Kostenbeitrag für stationäre und vorläufige Maßnahmen leisten?

9. Gem. § 91 Abs. 4 SGB VIII kann keine Heranziehung zu den Verwaltungskosten erfolgen. Was sind Verwaltungskosten im Sinne dieser Vorschrift?

10. Fall: Der 4-jährige Patrick ist in Tagespflege untergebracht. Das Jugendamt bezahlt der Tagespflegeperson monatlich 1370 Euro. Die Eltern von Patrick haben ein Bruttoeinkommen (einschl. Kindergeld) von 1250 Euro. Sie bezahlen Steuer 1280 Euro, Sozialversicherung 1200 Euro, Haftpflichtversicherung (für Kfz 150 Euro und private 15 Euro) = 155 Euro monatlich. Für die Fahrt zum Arbeitsplatz benötigt Patricks Vater einen Pkw; die Entfernung von der Wohnung zum Arbeitsplatz beträgt 10 km. Die Kaltmiete beträgt 1280 Euro monatlich. In welchem Umfang kommt Kostenbeteiligung in Betracht?
Bitte hier zunächst das Lösungsschema zur Kostenbeteiligung (aus Kunkel, Jugendhilferecht, Rn. 336) heranziehen!

Erlass von Verwaltungsakten: Die Heranziehung zu den Kosten geschieht durch einen Leistungsbescheid; dieser ist ein Verwaltungsakt (§ 31 SGB X; *vgl. Übungsblatt 1, S. 28*). Ebenso Verwaltungsakt ist die Überleitungsanzeige, die notwendig ist, um den Anspruch, den ein Hilfeempfänger gegen einen Dritten hat, auf das Jugendamt überzuleiten (§ 95 Abs. 3 SGB VIII). Weitere Verwaltungsakte erlässt das Jugendamt, wenn es Hilfe zur Erziehung gewährt (§ 27 SGB VIII), bei Inobhutnahme (§ 42 SGB VIII), bei Pflegeerlaubnis (§ 44 SGB VIII) und Betriebserlaubnis (§ 45 SGB VIII), bei Anerkennung eines freien Trägers (§ 75 SGB VIII) oder bei Entscheidung über Zuschüsse (§ 74 SGB VIII). In diesen Fällen führt das Jugendamt ein Verwaltungsverfahren durch (§ 8 SGB X) und muss daher Verfahrensvorschriften beachten. Empfohlen wird die Beachtung des Prüfungsschemas in *Kunkel, Jugendhilferecht Anhang 2 Anlage 5.*

Lösungen zu Übungsblatt 14

1. Die Angebote der Jugendhilfe, für die Teilnahmebeiträge und Kostenbeiträge festgesetzt werden können, benennt § 90 Abs. 1 S. 1 SGB VIII wie folgt: Angebote der Jugendarbeit (§ 11 SGB VIII), bestimmte Angebote der allgemeinen Förderung der Erziehung in der Familie (§ 16 SGB VIII) sowie solche der Förderung von Kindern in Tageseinrichtungen und Kindertagespflege (§§ 22 ff. SGB VIII). Von Teilnahmebeiträgen wird bei zivilrechtlicher, von Kostenbeitrag bei öffentlich-rechtlicher Ausgestaltung des Benutzungsverhältnisses zwischen Einrichtung und Eltern/ Kind gesprochen.

2. Leistungen und Maßnahmen, bei denen eine Heranziehung zu den Kosten erfolgen kann, werden in § 91 Abs. 1 und Abs. 2 SGB VIII benannt. Die Höhe des Kostenbeitrags ist von der Art der Leistung – vollstationäre Leistungen und vollstationäre vorläufige Maßnahmen wie die Inobhutnahme einerseits, teilstationäre Leistungen andererseits – und der Höhe des Einkommens des Beitragspflichtigen abhängig (vgl. §§ 1 ff. KostenbeitragsV).

3. Nach § 16 Abs. 2 Nr. 2 SGB VIII umfasst die allgemeiner Förderung in der Erziehung in der Familie auch Angebote der Beratung in allgemeinen Fragen der Erziehung und Entwicklung junger Menschen. Dieses auf einen konkreten Anlass bezogene Beratungsangebot in erzieherischen Fragen dient in besonderem Maße der Prävention von Fehlentwicklungen. Ein niederschwelliger Zugang zu dieser Leistung wird durch das Fehlen einer Kostenbeteiligung gefördert.

4. Hilfe zur Erziehung in Form der Sozialpädagogischen Familienhilfe (§§ 27, 31 SGB VIII) ist kostenfrei. Die Kostenfreiheit bezweckt einen niederschwelligen Zugang zu dieser Hilfe, die in vielen Fällen stärker in familiäre Strukturen eingreifende – insbesondere die Unterbringung in einer Einrichtung oder einer Pflegefamilie – und für den Träger der öffentlichen Jugendhilfe zudem kostenintensivere Hilfearten vermeiden hilft.

5. Gem. § 90 Abs. 1 S. 2 SGB VIII kann Landesrecht einen Staffelung der Teilnahmebeiträge und Kostenbeiträge, die für die Inanspruchnahme der Tageseinrichtungen für Kinder zu entrichten sind, nach Einkommensgruppen und Kinderzahl oder der Zahl der Familienangehörigen vorschreiben oder selbst entsprechend gestaffelte Beträge festsetzen. Der Landesgesetzgeber ist in seiner Entscheidung frei. Er kann gänzlich von einer Staffelung absehen oder eine Staffelung nach einem oder mehreren der genannten Kriterien vorsehen. Derzeit finden sich in allen Kindertagesstättengesetzen der Länder Staffelungen. In der öffentlichen Diskussion dominiert die Frage, ob überhaupt bzw. in welchem Umfang »ein Nulltarif« – also eine allgemeine Kostenbeitragsfreiheit – rechtlich zulässig und sozialpolitisch sinnvoll ist.

6. Eine Beitragssatzung kann nicht so gestaffelt werden, dass einkommensstärkere Personen die Plätze der einkommensschwächeren Personen mitfinanzieren, da dies eine verdeckte Steuer darstellen würde. Obergrenze einer Kostenbeteiligung sind die Kosten, die beim Träger der öffentlichen Jugendhilfe für die Leistung entstehen.

7. Insoweit ist die allgemeine und die auf den Einzelfall bezogene Festsetzung der Kostenbeiträge zu unterscheiden. Für die Festsetzung der Kostenbeiträge von Eltern, Ehegatten und Lebenspartnern junger Menschen werden nach Einkommensgruppen gestaffelte Pauschalbeträge durch Rechtsverordnung des zuständigen Bundesministeriums mit Zustimmung des Bundesrats bestimmt. Die Beiträge sind von diesem alle zwei Jahre der Entwicklung des durchschnittlich verfügbaren Arbeitseinkommens anzupassen (vgl. § 94 Abs. 5 SGB VIII). Die Festsetzung des individuellen, auf den Einzelfall bezogenen Kostenbeitrags von Kindern, Jugendlichen, jungen Volljährigen, ihren Eltern, Ehegatten und Lebenspartnern erfolgt durch Erhebung eines Kostenbeitrags, der durch Leistungsbescheid festgesetzt wird (vgl. § 92 Abs. 2 SGB VIII). Die erforderlichen Feststellungen zum Einkommen (vgl. § 93 SGB VIII) bzw. bei jungen Volljährigen auch zum Vermögen (vgl. § 94 Abs. 6 SGB VIII) sowie die Festsetzung durch Leistungsbescheid erfolgen durch das zuständige Jugendamt. Intern ist für entsprechende Aufgaben die wirtschaftliche Jugendhilfe zuständig.

8. Eltern müssen für vollstationäre Maßnahmen zumindest einen Beitrag in Höhe des Kindergelds leisten (§ 94 Abs. 3 S. 1 SGB VIII, § 7 Abs. 1 KostenbeitragsV).

9. Verwaltungskosten sind diejenigen Kosten, die nicht der Maßnahme selbst als Kosten zugeordnet werden können, wie Kosten für Auslagen, Kopien, Telefon, Amtshilfe etc.

10. Hier kommt eine Kostenbeteiligung durch einen Kostenbeitrag in Betracht (§ 90 Abs. 1 Nr. 3 SGB VIII). Da Patrick kein eigenes Einkommen hat, ist das seiner Eltern einzusetzen, soweit dies zumutbar ist (§ 90 Abs. 4 SGB VIII). Das Bruttoeinkommen beträgt 2.500 Euro (gem. § 82 SGB XII ist auch das Kindergeld Einkommen). Davon sind zunächst Steuern und Sozialversicherung abzusetzen (§ 82 Abs. 2 SGB XII), also verbleiben 2.020 Euro Nettoeinkommen. Davon ist die Privathaftpflichtversicherung abzusetzen (§ 82 Abs. 2 Nr. 3 SGB XII), somit verbleiben zunächst 2.015,–. Für die Fahrt zum Arbeitsplatz sind Werbungskosten abzusetzen, die auch die Kfz-Haftpflichtversicherung abgelten, (§ 82 Abs. 2 Nr. 4 SGB XII i.V.m. § 3 Abs. 4 Nr. 2 VO zu § 82) in Höhe von monatlich 5,20 Euro pro Entfernungskilometer, das sind hier 52 Euro. Außerdem kann ein Pauschbetrag für Arbeitsmittel in Höhe von 5,20 abgesetzt werden (§ 3 Abs. 5 VO zu § 82). Also bleibt ein berücksichtigungsfähiges Einkommen in Höhe von 1957,80 Euro übrig.
Die Berechnung der Einkommensgrenze setzt sich zusammen aus einem Grundbetrag von 748 Euro (§ 85 Abs. 1 Nr. 1 SGB XII). Hinzu kommen die Kosten der Kaltmiete (gem. § 85 Abs. 1 Nr. 2 SGB XII wären die Kosten für Heizung nicht zu übernehmen, aber Nebenkosten wären zu berücksichtigen), also hier 280 Euro. Außerdem kommt gem. § 85 Abs. 1 Nr. 3 SGB XII ein Familienzuschlag von 255 Euro für den Ehegatten

und ein weiterer in derselben Höhe für das Kind hinzu. Somit ergibt sich eine Einkommensgrenze von 1552 Euro.

Hinweis: Der Regelsatz ergibt sich aus der Anlage zu § 28 SGB XII. Er beträgt 374 Euro (seit 1.1.2012).

Aus dem die Einkommensgrenze übersteigenden Betrag, also hier 405,– wird gem. § 87 SGB XII i.V.m. Sozialhilferichtlinien ein Anteil von 50 %, also hier 202,– herangezogen. Das Mittagessen wird im Rahmen des Bildungs- und Teilhabepakets (§ 28 Abs. 6 SGB II) übernommen, das vorrangig vor der Jugendhilfe ist (§ 10 Abs. 3 S. 2 SGB VIII).

Ergebnis: Die Eltern werden durch Leistungsbescheid in Höhe von 202 Euro zu den Kosten der Tagespflege herangezogen.